思想政治教育研究文库

—

马克思公共性视域下
大学生思想政治教育研究

莫春菊　著

光明日报出版社

图书在版编目（CIP）数据

马克思公共性视域下大学生思想政治教育研究 / 莫春菊著. -- 北京：光明日报出版社，2021.6
ISBN 978 - 7 - 5194 - 6063 - 1

Ⅰ.①马… Ⅱ.①莫… Ⅲ.①大学生—思想政治教育—中国 Ⅳ.①G641

中国版本图书馆 CIP 数据核字（2021）第 085969 号

马克思公共性视域下大学生思想政治教育研究
MAKESI GONGGONGXING SHIYU XIA DAXUESHENG SIXIANG ZHENGZHI JIAOYU YANJIU

著　　者：莫春菊

责任编辑：史　宁　　　　　　　责任校对：张　幽
封面设计：中联华文　　　　　　责任印制：曹　净

出版发行：光明日报出版社
地　　址：北京市西城区永安路 106 号，100050
电　　话：010 - 63169890（咨询），010 - 63131930（邮购）
传　　真：010 - 63131930
网　　址：http：//book. gmw. cn
E - mail：shining@ gmw. cn
法律顾问：北京德恒律师事务所龚柳方律师

印　　刷：三河市华东印刷有限公司
装　　订：三河市华东印刷有限公司
本书如有破损、缺页、装订错误，请与本社联系调换，电话：010 - 63131930

开　　本：170mm×240mm
字　　数：262 千字　　　　　　印　　张：16
版　　次：2021 年 6 月第 1 版　　印　　次：2021 年 6 月第 1 次印刷
书　　号：ISBN 978 - 7 - 5194 - 6063 - 1
定　　价：95.00 元

内容简介

公共性是这个时代的重要特征，关注公共性、介入公共性、构建公共性已成为各国各地区的重要事务之一。西方国家非常注重公共性的建设，并在理论和实践中都取得了一定的成果。中国是一个社会主义国家，更应关注、彰显公共性。思想政治教育作为整合社会的软权力，公共性是思想政治教育的应有之义，思想政治教育公共性构建是当代思想政治教育理论与实践发展的重要维度。与西方国家相比，中国的思想政治教育公共性构建应该是意识更自觉、力度更有力、成果更显著。

马克思公共性思想具有强烈的无产阶级意识，是对西方公共性思想的一种超越。马克思站在解放全人类的立场上，以实践性和历史性为生成逻辑，以"公共人"理想生成为主旨，从人类共同体、公共利益、自由人联合体三方面内容来构筑公共性思想大厦。作为马克思主义的二级学科，无论是思想政治教育的本质体现，还是思想政治教育的学科发展，抑或是思想政治教育的实践育人要求，思想政治教育必然要关涉公共性。思想政治教育公共性包含着两方面的内容，即思想政治教育走进公共性和公共性走进思想政治教育。可以说，公共哲学是思想政治教育公共性构建的必要理论视野和思想资源。但在古今中外，不同的思想家和哲学流派因所处的历史时态和阶级立场不同，对公共性内涵和内容的阐发就有很大程度的不同。与我国传统的"公"文化以及西方现代公共性理论相比，马克思公共性思想更具有先进性、科学性和价值性。无论是从实践活动、学科创新发展，还是思想政治教育事业发展来看，思想政治教育与马克思公共性都有着不可分割的内在联系。因此，马克思公共性视域是当代思想政治教育发展的必然选择。

从马克思公共性的视域出发观照大学生思想政治教育，我们才能生成新的思想方式，才能从人之根本把握教育的问题，才能从真理和思想的酵素中酿出合乎目的性和规律性的大学生思想政治教育的价值理念、目标和方式。具体而言，在学理价值上，马克思公共性思想为大学生思想政治教育公共性构建提供了包含描述性意蕴、分析性意蕴和价值性意蕴的致思理路，以及包括唯物辩证法、总体性方法、历史主义方法在内的方法论资源；在现实意义上，马克思公共性思想为大学生思想政治教育公共性构建提供了历史"问题意识"、实践性的思维范式以及中性智慧；在世界观意义上，马克思公共性思想为思想政治教育培养"接班人"的教育目的辩护，为大学生思想政治教育公共性提供行动指南，为大学生思想政治教育的价值澄清和真伪明辨提供判断标准。

大学生思想政治教育公共性的构建，必须审视大学生思想政治教育的当代境遇，深入分析其所面临的机遇和挑战，并从中把握大学生思想政治教育公共性的历史方位。从内部系统看，当代大学生思想政治教育遮蔽了马克思公共性思想。在外部环境上，现代化催生了人意识的觉醒，为大学生思想政治教育公共性构建提供了价值域；全球化扩大了公共生活，为大学生思想政治教育公共性构建提供了场景域；公共领域的凸显，为大学生思想政治教育公共性构建提供了空间域。当前国内社会的变革为大学生思想政治教育公共性构建提供了生长平台。新媒体和社会转型也给当代大学生思想政治教育公共性构建带来一定的困扰和挑战。

根据马克思公共性的三阶段理论，社会主义初级阶段是当代大学生思想政治教育公共性构建的历史方位。社会主义初级阶段呈现出人的依赖、物的依赖和人全面发展相并存的公共性特征。当代大学生思想政治教育公共性的构建必然要与社会主义的本质发展方向相一致，以培养社会主义"公共人"为当代大学生思想政治教育的历史使命，致力于摈弃以人的依赖关系为基础的消极公共性的弊病，克服以物的依赖关系为基础的虚幻公共性的弊端，培养真实的"公共人"。在马克思公共性视域下，当代大学生思想政治教育要以马克思"自由人联合体"的价值论确立培养大学生"公共人"的目标、以马克思"共同体"的存在论方式构建大学生思想政治教育的情境、以马克思"公共实践"的方法论创设公共教育和公共实践之路为路径依赖，构建当代大学生思想政治教育公共性。

目　录
CONTENTS

绪　论

第一节　选题理由和研究意义

一、选题的理由

思想政治教育是党和国家一切发展的生命线。改革开放以来，大学生思想政治教育在科学性和创新性上取得了长足发展，理论体系日益完善，实践效果显著。但是，以是否适应党和国家政治发展，是否推动社会文明进步，是否促进人的全面发展作为衡量标准，大学生思想政治教育无论在理论上还是实践上都需要进一步地改进和突破，与时俱进地适应当前的发展需要；尤其是在新的环境、新的形势下，面对新问题新情况新要求，大学生思想政治教育需要进一步的变革创新。大学生思想政治教育如何改革、发展、创新？这是一个时代问题。作为从事大学生思想政治教育的一线工作者，时常反思当代大学生思想政治教育的现状和问题，剖析缘由，并试图寻找一个切入点来解决一些实际问题，寻求一个视角来转换思想政治教育思路，引援一个思想来提升理论高度和实践效度。

（一）当代社会公共性"亟须"与"匮乏"矛盾的凸显

这是一个公共性"亟须"的时代。全球化和现代化的进程使我国的经济、政治、文化、社会发展都得以展示，置于世人的视野。经济上，取得了巨大增长，GDP 总量已跃居全球第二，社会主义市场经济制度基本建立，经济发展正朝着一个健康、有序的方向发展，物质文明迈上了一个新台阶。政治上，政治机制在逐步进行改革，社会主义民主制度日趋完善，社会民众通过多种渠道获得了更多参与社会治理和表达政治意见的权利，政治文明取得较大发展。文化上，东方文化与西方文化、精英文化与大众文化的相互碰撞、交汇、融合，打开了人们的文化视野，人们在多元文化中不断汲取所需，使精神得到充盈、视界得到开拓，精神文明建设得到大大提高。社会方面，逐步打破城乡分离，乡村城镇化进展迅速，人们的生活水平不断提高，对公共生活日趋提升要求；现代信息技术的发展，尤其是互联网、新媒体对日常生活的嵌入，大幅度扩大了人们的公共交往，线上线下公共空间不断扩大并连成一体，社会文明明显提升。也就是说，随着经济的全球化、民主政治的发展、新媒体技术的应用以及生活方式的转变，资源共享、公共生活以及社会交往的公共性特征日趋彰显，"公共性已成为全球化时代人类活动最重要的属性和要求"①。公共性原则成为现代社会不可或缺的基石，公共交往成为现代人生存与生活所必需的条件，公共生活成了人类社会一种新生活常态，公共精神成了当今人们追求的一种新时尚。

这又是一个公共性"匮乏"的时代。从宏观上分析，随着全球化和现代化的发展，关系全球社会整体利益的公共性问题大量涌现，如公共环境危机、全球经济危机、全球网络危机、公共安全、霸权主义、法西斯主义、恐怖主义等，这些问题盘错缠绕、规模庞大，极为复杂。再检视我国所面临的公共性问题，也直接影响着整个国家的发展。从微观上分析，尽管我们非常重视道德教育，从理论到实践，从规律到活动，从主体到价值，但我们依然无法解决个体的"原子化"问题，无法医治人与人、人与社会之间的"冷漠症"和"麻木症"。在市场经济和西方价值观的双重驱动下，在唯理性主义和功利主义的共同驱使下，人们过多地追求看得见、摸得着的标准、效率、数量、功名，忽视了对人的价值意义和社会发展的关注。现实中我们能感受到的是，人们越来越关注自我需求，与之相反的是对公共生活的淡漠。人与人之间的信任被人为地割裂，淡薄的公共意识致使个体没有归属感、自在感、价值感，人们通过挤兑而非合作，通过限制而非宽容，通过伤害而非互助来满足自己、确认自我。

当代社会公共性的"亟须"与"匮乏"不仅仅表征着公共性的"不在

---

① 郭湛. 社会公共性研究 [M]. 北京：人民出版社，2009：1.

场",更意味着公共性是当今社会发展的重要推力,是当今社会困境的重要解决方案。历史发展的自然演进必然要求公共性的伴随,但历史要更好地发展,更要要求人类主动、自觉地选择和获取公共性。习得公共性的途径很多,而最根本的途径是教育与实践,尤其是思想政治教育,是人们获得公共性品质的重要途径。有学者指出,"面对全球化的挑战,大学的思想政治教育首要之举,就是建构新的、更为合理的思想政治教育价值观,以便为思想政治教育工作改革提供指导"①。显然,这个"新的""更为合理"的思想政治教育价值观便是公共性。作为中国特色社会主义事业的合格建设者和可靠接班人,大学生是否具有公共性品质不仅对社会其他群体具有示范效应和辐射作用,还直接影响现代化建设以及中国和谐社会建设的成败,也直接影响着中华民族伟大复兴的中国梦的实现,还影响着人类命运共同体的构建与推进。

(二)对当代大学生思想政治教育陷入困境的追问

面对现代社会公共性的"亟须"与"匮乏"的矛盾,本应期待思想政治教育的有效介入。但在现实中,大学生思想政治教育不仅没有取得理想的成效,反而因遭受质疑而陷入了更大的困境。

困境之一:大学生思想政治教育发生了信用危机。市场经济的发展,催生了人作为个体意识的觉醒,主体性的权利主张得到前所未有的彰显。对于世界观、人生观、价值观还在形成中的大学生来说,"理想很丰满,现实很骨感",他们既想挣脱社会、学校、家庭的"枷锁"独立地自我表达,又难以在国家与"我"、社会与"我"、他人与"我"之间的网状关系中准确地自我定位,因此需要国家、社会、学校、家庭等指引和教育。大学生思想政治教育本应在此时"闪亮登场",解决大学生内心的冲突、矛盾、无序状态。但作为意识形态重要传播载体的大学生思想政治教育并未及时跟上新变化,未能抓住变化的本质,只是简单地利用了现代化的技术手段,仅局部、碎片式地植入了现代性的文化精神,而体系化的现代性的精神、意识、图式并未完全有效地融入大学生思想政治教育中,依然用旧式的一套理论和制度换种形式或包装"粉墨登场",这样的解决方案犹如隔靴搔痒。实践结果的无效

---

① 李江凌. 全球化与思想政治教育价值观的建构 [J]. 思想政治工作研究,2007 (10).

性进一步强化了大学生思想政治教育的虚无化，批判大学生思想政治教育的形式主义、经验主义、教条主义的声音渐多渐响，甚至出现了"思想政治教育无用论"之说。机械的理论和原则、忽视学生和社会现实状况的旧模式让大学生思想政治教育在现代化进程中遭受诟病和质疑，话语权逐渐旁落。

困境之二：大学生思想政治教育出现了"二律悖反"。在享受现代化所带来的良好环境和丰硕成果的过程中，大学生思想政治教育也在传统与现代中徘徊煎熬，出现了"二律悖反"，主要表现如下：一是背离培养目标。大学生思想政治教育的目标是"培养社会主义合格的建设者和可靠的接班人"。但随着现代化的发展，大学迎来了高等教育的大众化，面对突如其来的人数增加，大学生思想政治教育显得有点束手无策，慌乱中复制和同化似乎成了一以贯之的方式和手段。这样的教育模式无异于工厂的流水线生产，培养出来的只能是缺少个性和创新思维的"标准化产品"，这与大学生思想政治教育的目标要求有一定的差距。二是工具理性钳制了价值理性。大学生思想政治教育教育的本质是为了实现人自由而全面的发展。但在现实中，我们更多地采用以命令、灌输、批评等手段为主来"管理"学生，而不是采取交流、启发、鼓励等方式来"教育"学生，并辅以这样的好差生标准："听话、服从、循规蹈矩"的是好学生，"个性化、有想法、较真"的则被冠以"差等生"。这样的教育理念难以培养出适应社会发展的人，更勿谈促进社会的发展了。

这一切困境的产生，很大程度上都源自大学生思想政治教育公共性的阙如。市场经济的发展促进了个体意识的觉醒，这本身是人类进步的一个表现；但是，市场经济也加剧了人的"原子化"程度，导致个体更关注私人的琐碎事务，漠视公共问题的存在，更勿谈及"公共精神""公共理性""公共伦理"等的倡扬了。这反映到部分大学生的价值取向上，就直接表现为以追求效率与竞争、功名与利禄等个人主义价值取向代替了追求社会正义、公共精神等公共价值取向。

个人主义、功利主义等在大学生中泛滥，不仅不利于大学生自身的成长，也是整个社会发展之殇。当然，我们不能绝对地全盘否定当代大学生公共精神的完全丧失，如万名大学生志愿服务西部计划，面对特大灾难如汶川地震大学生所表现出来的公共理性和公共精神，百万人参加奥运会、残奥会、青奥会志愿服务工作等，这些无不彰显当代大学生的公共精神。但是，我们只能说这只是突发事件和重大事件所表现出来的公共情怀，离社会要求的常态化的公共性品质相差甚远。增强公共性维度的构建与教育，让公共性成为大学思想政治教育的新常态，是当今大学生思想政治教育的重要任务之一。

（三）马克思公共性视域，是当代大学生思想政治教育问题得以展露和解决的切入点

无论时代之需还是自救之用，公共性都是当代大学生思想政治教育必须纳入的研究视角、价值取向和内容建构。但我们必须清醒地认识到，公共性的增设和构建，并不是简单地对以往的思想政治教育做细枝末节的修整和处理，也不是在具体内容上设计一招一式的活动形式，而是要注入思想政治教育的各要素中，渗入思想政治教育的全过程中，融入思想政治教育的本质中。从另一个角度看，公共性揭示了人存在的状态和一般意义，是哲学研究的一个基本问题，公共性理应成为当代大学生思想政治教育的哲学理念。如果忽视对公共性的哲学沉思，大学生思想政治教育是无法触及根本的。因此，公共性并不是大学生思想政治教育在量上的增加，而是在质上的改变。

马克思主义是大学生思想政治教育的指导思想，马克思公共性思想是马克思主义的重要内容。然而，在当今的马克思主义理论研究中，与对马克思的人学思想、人性理论、交往观、实践观等热火朝天的研究相比，马克思的公共性思想尚未引起理论界和学术界足够的关注，更遑论马克思公共性与大学生思想政治教育的关系的研究了。在当前的公共性研究中，更多的学者青睐借鉴西方学者的各种理论，如阿伦特的公共领域、哈贝马斯的公共交往、罗尔斯的正义论等，而马克思公共性思想只有零星的几个学者提及。到底谁的公共性更具有先进性？到底什么样的公共性对我国大学生思想政治教育更具有指导意义？答案是显然的。2006 年，国务院学位委员会和教育部《关于调整增设马克思主义理论一级学科及所属二级学科的通知》，将思想政治教育调整为马克思主义理论一级学科内的二级学科，这必然要求思想政治教育学要具有更高的立意。马克思主义是我国的主流意识形态思想，它的立场是为无产阶级服务的，它的终极目标是实现共产主义，实现人自由全面的发展。高校教师在进行大学生思想政治教育中不仅要宣传和传播马克思主义理论，还要以马克思主义为指导思想和理论基础，构筑自己的理论大厦，并将其有效地运用于大学生思想政治教育实践中。

　　高瞻远瞩和与时俱进是马克思主义理论的优秀品质，它总能为自己所处时代出现的问题提出解决的思路和方式。公共性问题是当今具有时代意义的前沿问题，也是与人类共同体发展密切相关的基础性问题，马克思公共性思想坚持历史与逻辑相统一的方法论原则，坚持立足于国家、社会、个人之间的相互关系，从"现实的人与社会关系"入场揭示实践对人的意义，并在对现实社会的公共生活科学批判的基础上探寻人类解放、实现人类真正共同体的道路。这表达了马克思对人类的终极关怀，而这种关怀是蕴含着公共理想和公共信仰的诉求的。

　　马克思公共性视域对于当代大学生思想政治教育有着重要的指导意义。笔者尝试解读并运用马克思公共性思想作为当代大学生思想政治教育学理与实践的研究视域，并运用马克思主义的立场、观点和方法研究、解决大学生思想政治教育过程中出现的公共性问题，构建大学生思想政治教育公共性的实践路径，培养社会主义"公共人"，并最终促进人与社会的共同发展。

二、研究的理论价值和现实意义

（一）理论价值

　　第一，开启了大学生思想政治教育研究的马克思公共性视域。探究马克思公共性的内涵，挖掘马克思公共性思想对大学生思想政治教育理论与现实的观照，寻绎大学生思想政治教育公共性构建的方向和路径，弥补了对当代大学生思想政治教育公共性研究的不足。从更深层次上说，本研究进一步加深了马克思经典著作与当代思想政治教育的关联，使马克思公共性为大学生思想政治教育研究注入了新的思维、新的活力。

　　第二，加强公共性研究有助于完善思想政治教育学科的建设，彰显思想政治教育学科与时俱进的魅力。思想政治教育学科从成立之初，就以关怀天下事为己任，以培养"公共人"——"社会主义合格的建设者和可靠的接班人"为己责。但近年来，思想政治教育研究趋势是由"宏大叙事"转为"微小叙事"，一方面，"微小叙事"的研究视角使得思想政治教育在面对具体的问题时能有效应对，但从另一方面说，过分关注"微小叙事"的研究视角，放弃"宏大叙事"，会消隐思想政治教育理论的本质属性、矮化思想政治教育理论的公共立意、窄化思想政治教育的研究领域。公共性已是当今时代的显著特征，思想政治教育学科应从现实出发，从学理的高度，研究回答关乎人类社会命运与前途的问题。因此，加强对公共性的融入、研究，不仅能拓展思想政治教育的研究领域，提升思想政治教育研究的境界，从纵深的历史发展维度来认知，它还是思想政治教育学科建制的一个重要方向。

（二）实践意义

第一，顺应时代对大学生思想政治教育发展的要求。公共性问题一直是人类历史发展的基础性问题，又是一个与当今全球化社会背景密切相关的具有时代意义的问题，这是我们必须正视的现实。大学生思想政治教育通过对公共性尤其是马克思公共性思想的研究，不仅为自身而进行公共性构建，也为社会公共性发展而进行公共性培育。大学生思想政治教育公共性的构建，能进一步推动社会公共领域和公共生活的发展，促进大学生认同公共规则，并养成公共品质，实现社会公共的良性互动。可见，大学生思想政治教育对公共性问题展开研究，是现实社会一件迫切的事情，是时代发展的根本需要。

第二，有助于提高大学生思想政治教育实践的效度和信度。近年来，大学生思想政治教育"隔靴搔痒"的效用一直困扰着思想政治教育的理论研究和实践工作者。从马克思公共性的视域对当代大学生思想政治教育进行研究，能进一步明确大学生思想政治教育的目的必然指向人类的共同生活、国家的公共生活和个人的自由生活，指向这些生活的福祉和优化，从而拓宽了思想政治教育解题的思路和领域。大学生思想政治教育通过密切关注和深入研究公共性问题，培养大学生的公共性品质，能有效地回应和解决当前大学生思想政治教育困境，有助于提高大学生思想政治教育的效度和信度。

第三，有助于彰显大学生思想政治教育工具理性和价值理性相统一的本质。在现实的研究中，人们过分关注大学生思想政治教育的工具理性，遮蔽了大学生思想政治教育的价值理性。无疑，促进大学生政治社会化是思想政治教育的一项重要功能，但政治社会化必然要体现在对人的培养和塑造上。加强对大学生思想政治教育公共性的研究，不仅在实践中能有效地推动大学生政治社会化，而且在满足人的政治社会化需要过程中，大学生思想政治教育也能通过在思想上把握人、精神上塑造人，通过对人的归宿关怀来建设人、发展人，并最终实现人的自由全面发展。

第二节　国内外相关的研究现状及述评

在国外，截至目前，笔者没有发现国外有人从马克思公共性的视域研究思想政治教育或者公民教育；即使是直接阐述马克思公共性问题的，在国外也几乎没有，但关于公共性以及与马克思公共性相关的一些理论如马克思共同体等则有较多的研究成果，尤其是对公共性方面的研究成果颇丰。在国内，受西方研究的影响以及社会发展的需要，各学科如哲学、行政学、社会学、管理学等领域对公共性关注比较多，并形成了有学科特色的公共性理论体系，但思想政治教育学关于公共性的研究仍然比较少。国内关于马克思公共性的研究始于近十年，尽管成果相对较为微弱，但已经开始引起马克思主义理论研究者的关注，并具有蓬勃发展之势，这是令人欣喜的。

一、关于公共性理论的梳理

公共性是人类永恒的话题，尤其是在当代社会，公共性问题的凸显以及公共性实践的困境引起了国内外学者的关注。西方在公共性领域方面研究的代表人物主要有康德（Immanuel Kant）、黑格尔（G. W. F. Hegel）、阿伦特（Hannah Arendt）、哈贝马斯（Jürgen Habermas）、罗尔斯（John Bordley Rawls）等。在我国，公共性范畴纷纷进入各学科视野，它们以马克思或西方其他学者关于公共性的思想和理论为学理基础，以自身学科的研究视野、角度、方式对公共性进行了探讨、分析、构建。公共性研究方兴未艾。

（一）西方关于公共性研究的主要代表人物及其观点

西方学者对公共性的探讨可以追溯到古希腊的城邦生活，正是基于对城邦公共生活方式的思考，亚里士多德（Aristotle）提出了"人是政治的动物"的著名论断。后经康德、黑格尔对公共性的追寻，阿伦特对公共领域的构建，哈贝马斯关于公共领域的拓展，罗尔斯对正义的公共性的透视，西方公共性思想日臻成熟。相关的公共性理论相继面世，不仅促进了西方社会文明的发展，还影响着我国社会公共性的建设。

1. 康德和黑格尔的公共性思想

康德的公共性思想主要体现在其著作《历史理性批判文集》中，康德对公共性的追思是基于对启蒙问题的思考，并认为拥有理性而且具有公开使用的自由才能带来人类的启蒙。康德还认为，这种理性的运用要独立于国家政治的掌控之外，"当整个民族想要申诉自己的疾苦时，这一点除了通过公开化的办法而外，就再没有别的办法。所以禁止公开化，也就妨碍了一个民族朝着改善前进"①。在康德看来，言论的公开和自由就是公共性的体现。康德指出，学者的自由，尤其是哲学家的自由尤为重要，哲学家肩负着传播真理、教导、启蒙人民的作用，学者公开的理性批判也是公共性的一个要求。康德还把公共性与正义联系起来，他指出公众权利神圣不可侵犯，维护公众的权利就是遵循公共性原则，任何与公共性背道而驰的准则、行为都是不正义的；在这里，康德意指公共性是政治合法性的基础，国家政治权力必须维护公众权利。

黑格尔对公共性的探讨是建立在近代市民社会和国家二元划分的基础之上的，确切地说，是建立在"国家决定市民社会"这样的论调之上。近代市民社会个体之间松散，无法达成内在的统一性，现实的分裂境地让黑格尔思寻一种"普遍性"原则。在批判市民社会的自然状态的缺陷和问题基础上，黑格尔把这种"普遍性"的建立寄希望于国家这个实体中，"现代国家的原则具有这样一种惊人的力量和深度，即它使主观性的原则完美起来，成为独立的个人特殊性的极端，而同时又使它回复到实体性的统一，于是在主观性的原则本身中保持着这个统一"②。他认为，可以通过国家整合市民社会，但必须借助公众的舆论，公众舆论可以促使国家做出更合乎理性的判断。

2. 阿伦特和哈贝马斯公共领域论

阿伦特对公共性理论最大的贡献是概念化了"公共领域"，并对公共领域问题进行了系统的思考，构建了一套关于公共领域的新理论范式。阿伦特在思考、分析"关于极权主义的起源""人的条件""革命论"的基础上，提出了一个"'劳动—工作—行动'以及与之相对应的'私人领域—社会领域—公共领域'的三分理论框架，以取代以国家与社会二分为基础的市民社会理论范式，并据此建立起公共领域的理论解释系统"③。阿伦特认为公共领域应具有这样的品质：政治自由、公开开放、自由交流、共同共在。从中

---

① [德]康德. 历史理性批判文集 [M]. 北京：商务印书馆，2005：169.
② [德]黑格尔. 法哲学原理 [M]. 北京：商务印书馆，1961：260.
③ 杨仁忠. 公共领域论 [M]. 北京：人民出版社，2009：15.

可以窥探出阿伦特的公共性是具有希腊城邦制度的公共生活影子，是对 20 世纪极权主义政治和个体原子化问题的一种申讨和反思。可以说，阿伦特的公共领域具有完美主义的理想色彩，但不管如何，至此公共领域开始真正进入政治家和理论家的视野。

哈贝马斯的公共领域理论主要体现在其《公共领域的结构转型》和《交往行动理论》两部著作上。《公共领域的结构转型》是哈贝马斯在前人尤其是阿伦特的基础上，构建了具有现实性和创新性的公共领域理论大厦。哈贝马斯的公共领域至少包含三个层面的内容。第一，他打破了阿伦特关于公共领域的模块化框架的划分，把公共领域置于市民社会的语境下，关心生活世界中人的意义和价值。第二，公共领域是一个公开空间，具有开放性，任何人都可以自由进入、平等交往、自由表达、公开讨论，这是对阿伦特公共领域特征的进一步阐述。第三，强调公益性，即生成公共意见，谋求公共利益，个人只有为公利而非私利才能成为公众的一员。在哈贝马斯晚期，他洞察到钱权宰制了自由平等、殖民化了生活世界的社会现象，这引起了他对"交往行为"的重视和研究。他在《交往行动理论》中阐述了人正是通过"交往行为"——寻求认同与理解、共处互动、个体社会化来推动社会发展的，而交往理性是重建自主公共领域的保证。

3. 罗尔斯的正义论

罗尔斯从个人主义出发，提出了个人与社会正义叠加的理论。罗尔斯的公共性理论有两大亮点，即重叠共识和公共理性。罗尔斯从政治自由主义立场出发，认为各种完备性学说具有排他性，因而不能作为一种立宪政体的政治观念，构成多元性事实统一基础的只能是"重叠共识"。在罗尔斯看来，"重叠共识"是一个道德观念，在道德的基础上为可能具有不同完备性知识背景的人们所认可，具有较高的稳定性；它的目标指向是政治的正义观。罗尔斯在探讨重叠共识的形成中指出，公民公共理性的形成是重叠共识形成的重要前提和基础。罗尔斯认为，"公共理性是一个民主国家的基本特征"，是政治正义的重要组成部分，公共理性的公共性主要表现在以下三个方面："作为自身的理性，它是公共的理性；它的目标是公共的善和根本性的正义；它的本性和内容是公共的。"①因此，在罗尔斯看来，在公共利益的生成和分

---

① ［美］罗尔斯. 政治自由主义 ［M］. 南京：译林出版社，2000：225 - 226.

配过程中，必须通过公共理性才能实现公平的正义。

4. 对西方学者关于公共性理论观点的简要述评

尽管因历史的局限，康德和黑格尔关于公共性的理论思想具有一定的唯心主义色彩，但不可否认，康德和黑格尔不但开启了现代公共性话语的开端，两者的思想内容也为后来的研究者提供了基础，最为突出的是马克思关于公共性的思想有很大部分是来源于并基于对两者思想的吸收借鉴和批判扬弃上而形成的。阿伦特和哈贝马斯从公共领域的话语系统入手，阐释了公共性的价值和意义，构建、完善了公共领域理论。但两者的理论脱离了现实的经济和政治状况，有明显的"乌托邦"色彩。罗尔斯始终站在政治自由主义和个人自由主义的理念下抒发自己的公共性思想，"重叠共识"和"公共理性"是罗尔斯从政治实践出发设计出来的政治理念，其包含着罗尔斯对社会公共性，尤其是公共利益实现的一种政治情怀和政治理想，为多元的社会指出了一条较为明朗的道路。但不可否认，罗尔斯没有意识到决定社会公平、正义的，不只是政治制度和人的道德水平，更根本的决定因素是经济基础和生产方式。撇开经济要素探讨公共性建设，犹如镜中花、水中月，是无法在现实中站得住脚的。更为根本的是，西方学者的公共性理论思想始终是站在资产阶级的立场、为资产阶级的利益代言的。因此，尽管西方学者关于公共性理论的研究内容相当丰富，许多思想和观点值得我们借鉴，但其阶级的局限性使得西方学者的公共性理论并不能完全为我们所用，"拿来主义"更是要不得。

(二) 我国各学科对公共性的阐释

1. 哲学关于公共性的论述

公共性一直是哲学研究的范畴，是哲学对人类历史演绎和逻辑发展的思索与追问。哲学在批判现代社会公共性困境和公共性危机的基础上，考察和分析现代公共性的内涵和意蕴、结构和方式，着力于建构现代公共性的理论大厦，并从终极性价值的高度为当代社会公共性困境提供可能的解决方案，进而产生了"公共哲学"这门学科。

对公共性的关注与思考，是公共哲学最重要的使命。公共哲学不仅要对历史的公共性做出阐释和检视，对现实的公共性做出反思，还要以理性、睿智的方式对未来公共性进行建构。关于公共性，哲学家们纷纷著书立言，对公共性的内涵意蕴、形态类型、价值意义等进行了追问、探寻、构建。迄今，关于公共性的内涵外延没有统一的定义，比如郭湛认为，对公共性概念的把握要置于宏观的历史背景中，公共性是"在社会当中，人与人之间，或者说主体与主体之间，国家和民族之间相互尊重、相互了解、相互交往，合作、共处去解决我们所面临的共同的世界，甚至解决人类和自然的关系这样一系列大问题的根本的理念和根本的方法"①。胡群英认为，"公共性是关于人类共在和共处活动与现象的根本属性概括和反映"②。金林南在研究西方关于公共性界定路径的学理资源的基础上，认为公共性具有以下基本意蕴："公共性显然是相对于私人性而言的……公共性关乎某种共享价值……公共性还意味着某种独立于私人空间的社会空间。"③关于公共性的形态类型也是不尽相同，沈湘平认为，"公共性有三个存在层面，一是存在论意义上的公共性，二是价值意义上的公共性，三是方法论意义上的公共性"④。晏辉认为，"公共性的存在形态可以从两个角度来着眼，一个是从组织形态来说，包括家庭、市民社会和国家；另外一个是从活动领域来说，包括经济形态公共性和政治形态公共性，而且政治形态公共性是经济公共性发展到全球范围内必然提出的价值诉求"⑤。郭湛认为，"人类的活动从公共性的角度看，由沟通、观念和实践所构成，因此可以将公共性划分为结构的公共性、功能的公共性、沟通的公共性、观念的公共性和实践的公共性"⑥。尽管各学者关于公共性的哲学理论思想略有不同，但是对公共性的哲学研究的逻辑起点是相同的，即关注人类生存和发展的公共性状态，深刻意识到现代社会公共性的重要性以及理性反思当代社会公共性问题；而其研究的归宿都指向公共的善，即以关注人类福祉、促进公共利益实现为根本目标。

作为哲学发展的新的理论形态、新的增长点，公共哲学是从认识论到价

① 张莉华．"唯物史观视野中的公共性问题"理论研讨会综述 [J]．思想理论教育导刊，2009（9）．
② 胡群英．社会共同体公共性建构 [M]．北京：知识产权出版社，2011：149.
③ 金林南．思想政治教育学科范式的哲学沉思 [M]．南京：江苏人民出版社，2013：284.
④ 张莉华．"唯物史观视野中的公共性问题"理论研讨会综述 [J]．思想理论教育导刊，2009（9）．
⑤ 张莉华．"唯物史观视野中的公共性问题"理论研讨会综述 [J]．思想理论教育导刊，2009（9）．
⑥ 郭湛．社会公共性研究 [M]．北京：人民出版社，2009：106.

值论转换的一种新范式，它重视主体性（个体的存在），又强调公共性（共同体的交往），在"主体性—公共性"的研究框架下，既关注个人的发展，也注重于人类社会和谐的共生共长。

2. 公共行政学关于公共性的阐释

公共行政学是在对僵化官僚科层制度的批判上，认为行政管理是不可能价值中立的，它应该在其作为合法性基础的价值——公共性的论证中诞生的。公共行政的意蕴是旨在建立和培育一个具有合法性基础、代表和促进公共利益、具有民主法治精神、具有回应性和公共责任能力、高效和廉洁的政府。西方学者弗里德里克森（H. George Frederickson）认为，"政府的'公共性'需要四个基本要素：一是宪法，二是公民精神，三是对集体的和非集体的公众回应，四是乐善好施与爱心"①。张康之则认为，"作为公共行政学中的基本范畴，公共性主要是指公共部门、政府的属性。……也就是说，政府产生、存在的目的是为了公共利益、公共目标、公共服务以及创造具有公益精神的意识形态等"②。

公共行政学关于公共性的理解与运用，主要体现在以下三个方面。第一，公共行政学中的公共性，是一种"硬公共性"。行政管理的公共性以公共权力为核心，以公共利益实现为目的，它因靠公共权力和国家强制力保证而呈现出一种"硬"的特性。第二，公共性是判断政府活动基本性质和价值取向的重要分析工具。夏铸久指出，"公共性界定的关键不在于什么永恒的品质，而在于其政治的特质……因此，公共性其实就是政治；公共关系论述实际上就是政治论述"③。因此，公共行政学上的公共性涉及公共事务、公共权力、公共责任、公共利益等方面。第三，消极的公共性理念依然占有重大比例。政治学、行政学关于公共性的论述并未摆脱"权利让渡"和"契约"论的观点和立场，并通过"权利让渡"和"契约"论来论证国家、政府产生的合法性，认为公共性不应该是一种自觉自律的道德要求，而是一种法律要求和责任义务。

无论如何，把公共性引入行政学是现代行政的根本要义，也是行政管理

---

① ［美］弗里德里克森. 公共行政的精神［M］. 张成福，等译. 北京：中国人民大学出版社，2003：44 - 47.
② 张康之，李传军. 公共行政学［M］. 北京：北京大学出版社，2007：10.
③ 夏铸久. 公共空间［M］. 台北：台北艺术家出版社，1994：14.

的本质回归。"公共行政的发展史就是一部探索改进公共性实现方式的历史"①,随着理论的深入研究和实践的纵深推进,行政的公共性发展将包含着更丰厚的内涵,如已有学者从公共伦理的视角研究政府的关于公共意识、公民道德、公共责任等德性,也有学者视公共性为一种职业精神和信念信仰。因此,政治哲学的视角,正成为研究行政公共性的一个重要视域。

3. 公共管理学关于公共性的探析

公共管理作为一门学科,发展于20世纪70年代,是在公共行政学的基础上发展而来的。公共管理是指"以政府为核心的公共部门整合社会的各种力量,广泛运用政治的、经济的、管理的、法律的方法,强化政府的治理能力,提升政府绩效和公共服务品质,从而实现公共福祉与公共利益"②。从这个概念我们可以看出,公共管理学关于公共性有着自己的内涵意蕴。第一,政府的角色定位问题。公共管理学认为政府在提供公共物品上也存在着"政府失灵"问题。公共管理学认为除政府外,还要引入民间团体、非营利组织、私营企业等多元主体来提供公共产品和公共服务,这样才能最大限度地协调并实现公共利益。第二,以效率为导向,公共管理强调引进企业的管理技术和管理战略。公共管理致力于探索政府机构与企业管理有效结合的新策略,最常用的有以外包、业务分担、共同生产等方式的公共服务民营化的策略。第三,主张善治。公共管理强调,公民也是管理的主体,公共管理就是一个官民共同管理的过程;通过善治,能实现更大的公共利益。

尽管公共管理还没有很好地解释和解决政府的自利性问题以及不正当的民营化对公共利益的侵害问题,也没有从哲学的高度去阐释公共性价值和意义,但我们可以看到一种改良方向,即理论界和实务界都期望建立一个有能力、负责任、高效率的,能体现和实现民主社会基本价值的政府治理模式,这无形中进一步确认了人类对公共性构建的迫切需要。

当然除了上述学科外,还有许多学科领域对公共性展开了探索,比如公共伦理学对普世价值的研讨以及对公民现代公共道德的培养探究,生态环境学关于全球化时代各国各民族对可持续发展的公共生态的探寻,公共艺术学关于公共艺术对于人类审美、修养的提高以及人类精神追求的影响的探寻,

---

① 张康之.论"公共性"及其在公共行政中的实现 [J].东南学术,2005 (1).
② 张成福,党秀云.公共管理学 [M].北京:中国人民大学出版社,2007:4.

等等。尽管各个学科依据自己研究领域的不同对公共性做出了不同的学理分析和路径论述以满足学科性的需要，但从上述中，我们不难看出各学科关于公共性的阐释是有交叉、重叠之处，学科间相互借鉴、相互影响，如公共行政学所倡导的善治、合作治理与社会学强调的公民参与都是旨在通过制度建设、公共素养和公共能力提高等推进公民参与公共事务。如公共行政学与公共管理学都强调政府的职责权限的有限性，强调政府在提高公共物品、促进公共利益上具有不可推卸的责任；再如公共管理学与社会学都强调民间团体、NGO 在公共事务的处理上具有不可替代的作用和地位。从更高层面我们可以洞察出，尽管各学科关于公共性有自己的学科释义，但实质都反映着人类社会对当代生活的现代性背后的文化基础以及价值意义——公共性的认同、寻思、追问、张扬，并尝试去构建具有当代意义或永恒价值的公共性。

二、关于马克思公共性思想的研究述评

关于公共性的研究，国内外学者更多地从西方传统思想家或者近现代政治哲学家那里寻找理论依据，鲜有人关注马克思的公共性立场及其阐释。马克思著作文本中蕴含丰厚的思想，涉及政治、经济、哲学等方面，而人们比较多关注于马克思的哲学原理如唯物主义论、认识论、实践论等方法论，政治经济学的资本批判、剩余价值、利益论等内容，哲学中的人学论、人性论、需要论等理论。由于马克思没有使用过"公共性"一词，马克思公共性思想的研究被有意无意地搁置或遗忘。随着社会公共性问题的凸显，部分学者开始在马克思文本中寻找思想关照和理论指导，并有了一些研究成果。

有学者从关系论的视角论述马克思公共性。袁祖社从现实个人与社群共同体的关系入手，运用历史与逻辑的方法阐释马克思的公共性意蕴——共产主义的追求，认为"公共实践"是对劳动异化的破解，是实现马克思公共性理想的途径[1]。杨仁忠等从人的发展与社会发展的关系出发，指出"马克思按照人的发展方式，把人类社会发展分为三个阶段并论述了各阶段的特征：在人的依赖关系阶段，人丧失了独立性，社会呈现出群体存在方式下的虚幻公共性；在以物的依赖性为基础的社会，人的独立性虽然得以张扬，却被物

---

[1] 袁祖社. 公共性实践的逻辑与人类自我造就和自为拥有的意义结构：现实个人的自主活动与马克思社群共同体的理想 [J]. 河北学刊, 2007（2）.

化从而阻碍了社会公共性的实现；以人的全面发展为基础的未来社会，在人的自由个性得以实现的同时，社会公共性得以充分发展"①。周志山等从马克思社会关系论出发，揭示公共性产生的根源，即"人的社会关系存在即'共在'是公共性产生的存在论根源；在实践中实现人与人之间社会关系的最佳结合是人类公共性形成的根本动因；构建社会关系秩序、实现个人的自由发展是公共性产生的又一根源"②。刘东丽从人、类、自然三者的关系阐述了马克思的公共性思想。第一，个体与类的公共性。人与类关系的异化和矛盾，只能靠消灭分工，建立真正的共同体，在自由人联合体中实现个体与类的真实公共性。第二，人类与自然之间的公共性。人类与自然共在和谐发展，是马克思公共性所要达到的最高目标③。

　　有学者从政治哲学的视野中阐述马克思公共性。沈湘平指出，马克思的哲学思想的当代形而上学批判已经完成，在后形而上学时代，公共性正成为马克思主义哲学视域的转换点。他认为马克思公共性意蕴主要包含两个层面：第一，共产主义是人类对"共同活动方式"的追求，其中共同方式既是个人之间联系的表现，又是对个体私性的一种超越；第二，公共性最终体现的是自由人的联合体的实现，因此资本主义社会是虚幻共同体，必须扬弃和消灭。张翀分别从公共利益的诉求、人类共同体的本质、自由人联合体的价值旨归三个方面探讨了马克思的公共性，提出了马克思公共性是"一种集物质与精神、个性与全面、理想与现实为一体的总体性存在"④的观点。金林南以为学界对政治哲学的关注开放了马克思的公共性视域，他认为马克思是"站在劳动（社会主体）与历史（时间）的维度来塑造公共性"⑤。董晓丽认为，从马克思哲学的整个框架、立场、方法和旨趣中能体认、领会马克思丰富的公共性思想，"马克思在政治国家与市民社会的二分理论框架内批判了

---

① 杨仁忠，任滢. 马克思人的发展思想的公共性向度 [J]. 吉首大学学报（社会科学版），2012（3）.

② 周志山，冯波. 马克思社会关系理论的公共性意蕴 [J]. 马克思主义与现实，2011（4）.

③ 刘东丽. 公共性：马克思思想的原初阐释 [J]. 延边大学学报（社会科学版），2011（2）.

④ 张翀. 马克思公共性思想的政治哲学意蕴及其当代价值 [J]. 理论探讨，2010（6）.

⑤ 金林南. 思想政治教育学科范式的哲学沉思 [M]. 南京：江苏人民出版社，2013：284.

资本主义社会政治公共生活的异化，以劳动范式为根基主张通过革命的手段建立理想的政治公共领域即共产主义社会"①。

有学者从公共利益的视角阐述马克思公共性。袁玉立从公共利益出发，认为公共性融于实践性和阶级性中，"以工人劳动者阶级需要为核心利益的大多数人的公共性才是马克思主义哲学创始人的最基本的生活维度"②。蒋卓晔等人认为，公共利益是马克思公共性思想的核心概念，马克思正是通过公共利益的现实性与虚幻性的论述，进而提出"只有在个体意义上'实现人的自由全面发展'，在总体意义上使共同体发展为'自由人的联合体'，才能保障公共利益实际地实现"③。

有学者从政府的视角研究马克思公共性。刘义强等人认为马克思"从政府基础的人民性、政府为人的全面发展、实现人类社会与自然界的和谐创造条件定位政府的公共性"④。王同新等人则认为马克思的公共性思想主要是对空想社会主义的继承和超越，它的主要内容是"关于政府公共本质理论、关于政府公共职能理论、关于政府公共产品理论、关于政府公共管理理论等"⑤。

截至目前，对马克思公共性有着较为系统研究的是贾英健撰著的《公共性视域：马克思哲学的当代阐释》。贾英健认为，回到马克思，发现马克思，解读马克思是当代马克思主义发展的重要话题，公共性是解读马克思哲学的当代视域，他"围绕着马克思哲学所开启的人类实践及其生活世界这一公共性平台，着重从实践、人、社会、历史等四个方面揭示了马克思哲学中蕴含的公共性维度"⑥。该书第一章从"西方哲学史中的公共性""传统人性论的

---

① 董晓丽. 哈贝马斯政治公共领域思想研究：马克思公共性思想的视角 [D]. 沈阳：辽宁大学，2014：77.

② 袁玉立. 公共性：走进我们生活的哲学范畴——马克思主义哲学的一个新视点 [J]. 学术界，2005（5）.

③ 蒋卓晔，时立荣. 马克思的公共性思想与当代中国社会建设 [J]. 科学社会主义，2014（2）.

④ 刘义强，刘镭. 论马克思的政府公共性理念 [J]. 中南民族大学学报（人文社会科学版），2011（2）.

⑤ 王同新，傅慧芳. 论马克思恩格斯公共性思想对空想社会主义的继承与发展 [J]. 中共福建省委党校学报，2010（9）.

⑥ 丰子义. 公共性：马克思哲学创新的新视域：评《公共性视域：马克思哲学的当代阐释》[J]. 东岳论丛，2010（5）.

公共性诉求及其实质""理性的传统及其局限""政治国家与市民社会的理论及其矛盾"四个方面梳理了马克思哲学以前的公共性传统脉络，指出传统哲学是一种"对人的现实世界的遗忘"①。第二章重点论述了马克思公共性的理论视界和思想平台是现实的公共生活世界，指出了马克思公共性的实质和内在价值，认为马克思公共性是对传统形而上学、抽象的公共性理论的超越和变革。第三章从实践的视角阐发马克思的公共性，指出马克思实践观具有公共性的品格，"改变世界"是马克思实践观的价值旨归和公共理想。第四章、第五章分别从人的角度和共同体的角度阐述公共性的价值情怀和理想指向。马克思基于人本立场，揭示现实人必然走向"'公共人'的理想生成"；同时，马克思从社会的本质出发，揭示了马克思哲学的唯物主义性质超越了个体价值本位，是社会共同体价值本位的公共理念。第六章把公共性生成放到世界历史进程中，通过考察马克思社会形态的三阶段论来阐释公共性的生成和发展。马克思历史地、动态地考察公共性，这样一种"过程"而非"实体"的思维方式和历史辩证主义方法论，为我们开启了一个既具有真实性又具有理想性的公共性视界。

尽管我国关于马克思公共性思想的研究处于起步阶段，研究成果还相对较少，但我们已经明显感觉到学术界，尤其是哲学界已经开始掀起了对马克思公共性研究的热潮。马克思公共性成为马克思哲学视域的创新点已然成为学界的一种共识，同时学者们开始自觉地扬弃西方传统公共性思想或西方近现代公共理论作为解决中国公共问题的理论依据，重新回到马克思文本，深入发掘马克思的公共性思想，为现代社会发展所遇到的公共问题寻找理论指导和实践方式。

可以说，现有的马克思公共性研究成果为我们研究公共性、研究马克思公共性开启了一个新的历史视野、新的问题意识、新的解读方式、新的逻辑思维。但现有的研究依然存在许多亟待解决的问题，如研究层面较为宏观，研究的切入点比较多，研究内容还比较零散。因此，对于马克思公共性思想，我们还需要进一步深入到微观层面去研究，从磅礴深邃的马克思哲学思想内容中，完整地构建出马克思公共性思想范式，明确马克思公共性之所以

---

① 贾英健. 公共性视域：马克思哲学的当代阐释［M］. 北京：人民出版社，2009：63.

不同于其他西方学者的公共性思想的本质所在，理顺马克思公共性的生成逻辑，进一步深挖、提炼马克思公共性所包含的观念内容和价值意蕴，探寻马克思公共性思想的主旨。

三、关于公共性与思想政治教育关系的研究现状述评

公共性，首先在政治学得到热捧，随后很快在哲学、社会学、教育学等领域引起广泛的关注，成为各学科各领域热议的话题。但思想政治教育，无论是学科建设还是理论实践，对公共性关注和涉猎甚少。也就是说，无论是视域还是场域，公共性问题少之又少地进入思想政治教育研究者、管理者以及实践者的视野。不过令人兴奋的是，近年来学界开始有人在"思想政治教育"上关注"公共性"问题，或者以"公共性"视野思考"思想政治教育"问题了。可谓，星星之火，可以燎原。

2009 年，夏庆波发表了第一篇"思想政治教育"与"公共性"联结的文章《论公共性视域中的思想政治教育》。文章指出，公共性的缺位是造成当前大学生思想政治教育困境的根源，并分别从受教育者公共精神的阙如和教育者交往原则的缺席两方面展开论述，最后指出要从"加强人文教育，培养公共精神"和"坚持主体间性，遵守交往原则"两方面来构建思想政治教育的公共性①。

2012 年，王永益发表文章《思想政治教育的公共性和差别性考察》，他从思想政治教育的概念和本质出发，认为思想政治教育具有"维护社会共同利益需要"的公共性和"体现不同利益集团的利益需要"的差别性②。

2013 年，戴锐在文章《思想政治教育的公共化转型》中指出，"思想政治教育现代转型的总体趋势在于思想政治教育的公共化，其目标在于社会主义公共人的培养"③，同时他指出公共空间和公共生活应该成为思想政治教育新的教育形式和新的场域，我们可以通过公共环境和设施的构建、公共文化空间和公共传播途径的搭建以及公共活动的开展来推动思想政治教育公共性的形成。

2014 年，赖纯胜在文章《论思想政治教育的公共性转型》中分析了思想

---

① 夏庆波. 论公共性视域中的思想政治教育［J］. 思想教育研究，2009（6）.
② 王永益. 思想政治教育的公共性和差别性考察［J］. 求实，2012（11）.
③ 戴锐. 思想政治教育的公共化转型［J］. 马克思主义与现实，2013（1）.

政治教育公共性转型的依据和必然性，认为公共性的转型具有较高的合理性，并论述了思想政治教育的价值目标、教育内容和方式方法等方面的公共性转型，即"在价值目标方面，公共利益的增进是思想政治教育的价值目标，公共精神等公共性品质是考核的标准。在思想教育的内容方面，公共事务是关注的内容。在话语形式方面，以每个人的幸福生活为基点，将个人利益与公共利益紧密联系起来，让思想政治教育落实到每个人的生活和人生幸福，也就是让思想政治教育'接地气'。在活动机制方面，充分采用公共交往的方式来进行思想教育"①。

关于马克思公共性与思想政治教育融合，在 2012 年金林南发表的文章《论思想政治教育的公共性》中有相关的论述。2013 年，金林南在其著作《思想政治教育学科范式的哲学沉思》中，以思想政治教育公共性作为思想政治教育学科范式研究的范例来考察分析，在界定公共性的不同路径、阐明公共性的基本意蕴的基础上，重点从劳动与历史视域论述了马克思主义公共性（主要是马克思公共性）的生成，并指出"马克思的公共性理论为现代公共性理论提供了最为扎实的社会基础"②。金林南分析了当前思想政治教育公共性的缺失，指出"马克思主义公共性视域能够为思想政治教育提供世界观意义上的启示：马克思主义的公共性视域可以为思想政治教育开创出具有自足性的生命形态——公共政治"。具体来说，"第一，……马克思主义的公共性视域启示我们：当思想政治教育是马克思主义不可分割的组成部分时，它既有远大的人类进步解放的思想，又深深扎根在现实的公共关怀中，是马克思主义确证自己理论品格的不可或缺的社会空间和载体。……第二，马克思主义的公共性视域使思想政治教育拥有自觉的历史意识，即思想政治教育是人类政治形态历史变迁的产物，是政治公共性逐步拓宽的产物，是政治文明进入到相对高级阶段的产物，是人类进步力量逐步拥有高度自觉性的象征。……第三，马克思主义公共性视域使思想政治教育拥有了在意识形态政治领域明辨是非善恶的基本标准和能力"③。

① 赖纯胜. 论思想政治教育的公共性转型 [J]. 学术论坛，2014（4）.
② 金林南. 思想政治教育学科范式的哲学沉思 [M]. 南京：江苏人民出版社，2013：297.
③ 金林南. 思想政治教育学科范式的哲学沉思 [M]. 南京：江苏人民出版社，2013：301－302.

尽管只有寥寥数篇文章，尽管关于思想政治教育公共性的研究才开始，但它给我们打开了思想政治教育研究的另一扇窗，这无论对于思想政治教育的理论发展还是实践指导都具有非凡意义。不可否认，现有的关于思想政治教育公共性的研究成果，相对比较单薄，部分内容出现了把思想政治教育中的"公共性"问题简单等同于"公共精神"，或把"思想政治教育"与"公共性"机械地结合等问题，关于"思想政治教育"与"公共性"之间的耦合关系、思想政治教育公共性的概念和内涵、思想政治教育公共性的本质特征等基础性问题还有待进一步厘清和阐明。

思想政治教育的理论源头是马克思主义理论，马克思主义一直是我国思想政治教育的指导思想，但是思想政治教育对马克思的公共性思想鲜有关注，更勿谈研究成果了。大学生思想政治教育的公共性的"亟须"与"缺失"之间的矛盾，迫切要求我们以马克思公共性为研究视域，开启当代大学生思想政治教育公共性的理论研究和社会实践。在这点上，金林南教授已经给我们开了一个好头，我们需要做的就是进一步全面考察，从"思想政治教育为何要关涉公共性、如何关涉公共性"起开始思考，深入研究马克思公共性与当代思想政治教育的关联，系统分析马克思公共性在学理上和实践上对大学生思想政治教育的观照，以期为大学生思想政治教育公共性研究尽绵薄之力。

第三节　研究思路、研究方法和创新之处

一、研究思路

厘清思路是进行有效研究的前提基础。本书研究思路主要是从"基础理论阐明—理论嫁接分析—理论转化为实践"三个环节展开的。

第一，通过对马克思公共性思想的总体梳理，正确把握马克思公共性思想的理论指向，揭示马克思公共性思想的当代意义和价值启示。进而深入探讨马克思公共性与我国思想政治教育的关系。在两者的关联性上，首先从本体论意义上阐明思想政治教育为何要关涉公共性以及如何关涉公共性问题；其次，通过对中国传统文化中"公"的思想、西方公共性理论等与马克思公

共性思想的比较研究，明确马克思公共性是大学生思想政治教育公共性构建的视域选择。

第二，确立马克思公共性是当代大学生思想政治教育理论发展和实践指导的视域，这意味着马克思公共性对大学生思想政治教育要具有重要的观照性，而非机械地嫁接、简单地移植和生硬地套用。具体而言，就是要以"马克思公共性"为研究视角、分析工具和打底模板，审视当代大学生思想政治教育公共性的构建之路。观照，不是单一的，不是粗浅的，而是总体的、细致的。从学理上、实践上以及世界观意义上来剖析马克思公共性对大学生思想政治教育的观照，是当代大学生思想政治教育公共性理论和实践发展的重要之路。

第三，层层的研究推进，不仅仅是理论发展的需要，也是实践发展的需要。基于马克思公共性的视域，对大学生思想政治教育的当代境遇进行深入分析，有效把握当代大学生思想政治教育的历史方位，是构建当代大学生思想政治教育公共性的前提条件。当代大学生思想政治教育公共性构建，既要充分利用现有的机遇，又要破除所面临的困境，以马克思公共性内容为路径依赖，才能在具体的实践中实现当代大学生思想政治教育的公共性目标。

二、研究方法

研究方法的选择是保障研究成效的关键元素之一。本研究坚持用马克思历史辩证唯物主义作为研究的总体方法论。在此基础上，主要采取以下几种具体的研究方法：

1. 文献研究法。这是本书研究的基础方法。马克思公共性视域下大学生思想政治教育研究涉及哲学、政治学、教育学、社会学等多学科领域，通过广泛阅读有关的图书、杂志和期刊，充分利用网络这一庞大的资源查阅相关的理论和研究成果，并进行文献的收集、整理、归纳，吸收借鉴文献中有用的成分，为本书的研究提供可支撑的理论基础和思维方法。更为关键的是，对马克思经典著作进行文本通读与文献梳理，是准确把握马克思公共性思想最为根本和有效的方法。

2. 历史与逻辑相统一的方法。这方法要求在研究事物时，要把对事物历史过程的考察与对事物内部逻辑的分析有机地结合起来，逻辑的分析应以历史的考察为基础，历史的考察应以逻辑的分析为依据，以达到客观、全面地揭示事物本质及其规律的目的。大学生思想政治教育公共性的研究离不开对其历史的研究，从当前的语境出发对思想政治教育公共性问题进行追问，并依据马克思公共性的要义对思想政治教育公共性进行逻辑分析，把握大学生思想政治教育公共性构建的当代境遇，通过路径设计，以马克思公共性视域来解决当代大学生思想政治教育所遇到的困境和挑战。

3. 系统分析方法。大学生思想政治教育作为一项范围广阔的社会活动，不能离开社会系统孤立地讨论大学生思想政治教育问题，公共性问题的研究同样要置于社会环境系统中才具有价值和意义。因此，大学生思想政治教育公共性要在社会系统中进行考察。不仅如此，思想政治教育公共性本身就是一个系统，其所包含的理念、机制、操作等方面都是相辅相成的，因此，需用系统分析方法对大学生思想政治教育公共性研究做总体上的把握。

4. 微观与宏观相结合的研究方法。大学生思想政治教育关系到国家社会的稳定、和谐发展，需要从宏观的国家战略层面加以把握和审视；同时，大学生思想政治教育是做"人"的工作，要从研究一个小群体，甚至是从一个个体的情况出发，促进个体的完善和发展，这需要从微观层面加以具体化分析。宏观与微观相结合除了是由大学生思想政治教育的目标和任务所决定外，更是本文"公共性"在方法论和价值旨归上的体现。公共性是社会与人、共同体与个体互动互利、共同发展的一种价值追求，这本身就体现了宏观与微观的相辅相成、密不可分。

三、创新之处

1. 本研究在已有的马克思公共性研究成果的基础上，进一步梳理了马克思公共性生成的立场方法与逻辑，明确指出马克思公共性思想与西方其他公共性理论的根本区别在于马克思公共性具有强烈的无产阶级意识；进而阐述了马克思公共性的主要内容和思想主旨，较为清晰、系统地呈现了马克思公共性的整体思想。

2. 从马克思公共性视域来研究大学生思想政治教育，亟待解决的问题有马克思公共性与思想政治教育的关系、马克思公共性在当代大学生思想政治教育过程中的指导性意义等。就目前的研究来看，除了金林南教授论述了"马克思主义公共性视域能够为思想政治教育提供世界观意义上的启示"外，尚无其他研究。本研究从思想政治教育为何要关涉公共性、如何关涉公共性出发，指出马克思公共性是当代大学生思想政治教育公共性研究的重要视域；并从学理和实践方面深入分析马克思公共性对当代大学生思想政治教育的观照。

　　3. 本研究在阐明马克思公共性与思想政治教育关联的基础上，根据马克思的公共性思想理论，确定和把握大学生思想政治教育公共性构建的当代境遇和历史方位，并以马克思公共性思想作为理论根基和实践指南，搭建大学生思想政治教育公共性的发展之路。

第一章

马克思公共性思想

马克思本人并没有专门对"公共性"概念和内涵进行系统而全面的理论阐述，但阅读马克思的经典文本，我们无不时刻感受到马克思对"公共性"的关注和关怀。基于对现代公共性问题意识和社会公共性缺失的现实，无论是"回到马克思"还是"走进马克思"，我们都有必要对马克思"公共性"思想资源进行深度发掘和充分彰显。马克思关于"公共性"这一整体思想是如何一以贯之的？"公共性"在马克思政治哲学视域中又是如何生成、嬗变的？通过对马克思文本的整体性把握和本质探究，我们能够清晰地感受到马克思"公共性"思想喷薄而出。

第一节 马克思公共性的立场与生成逻辑

尽管我们在马克思著作文本中没有找到"公共性"这一表述，但正如有研究者指出，马克思"公共性在唯物史观中是以蕴含性的方式存在，要从马克思主义哲学的整个立场方法和逻辑来理解"①。美国学者古尔德（CarolC. Gould）也指出，"马克思是根据人的活动在社会生活中所采取的具体形式来看待人的活动的，根据人的可能性在不同历史阶段的发展来看待人的可能性的"②。马克思对人的关注和理解，并不是对静态的一般性的人的生存状况进行客观的实体性思维描述，而是对动态的、具体的、历史阶段的

---

① 蔡青竹. 公共性理论研究的缘起与现状：兼论马克思的公共性思想［J］. 学术界，2014（9）.

② ［美］古尔德. 马克思的社会本体论：马克思社会实在理论中的个性和共同体［M］. 王虎学，译. 北京：北京师范大学出版社，2009：12.

人的异化发展进行批判，并且主要是对资本主义社会对人的异化状况进行深刻批判。批判不只是为了批判，马克思对资本主义的批判深蕴着对人类发展的深切关怀，饱含着对人类发展的公共性理想的诉求与期待。

一、马克思公共性的立场：全人类的解放

不管哪个时代的哲人们基于怎么样的立场去阐述公共性的意蕴，有一点是相通的，即公共性始终与人的发展相关联，只是不同的公共性立场所代表的人的发展取向和路径不同。可以说，这是站在不同阶级立场、代表不同阶级利益所阐述的公共性的根本区别。与其他西方公共性思想所具有的资产阶级意识和个人主义倾向不同，马克思公共性思想具有强烈的无产阶级意识，它为广大人民群众的普遍利益摇旗呐喊，站在全人类解放的立场上去塑造一种全新的、人类真实的公共性状态——"自由人的联合体"。

马克思在《共产党宣言》中明确指出："被剥削被压迫的阶级（无产阶级），如果不同时使整个社会一劳永逸地摆脱任何剥削、压迫以及阶级差别和阶级斗争，就不能使自己从进行剥削和统治的那个阶级（资产阶级）的控制下解放出来。"①马克思旗帜鲜明地指出：只有无产阶级解放了全人类，才能彻底解放自己。马克思关于人类的解放并不是指政治解放，也不是一种简单的让大多数无产阶级劳动者与少数的资产阶级统治者实现统治地位的翻转，而是直指无须国家、没有阶级之分的共产主义的实现。但马克思并没有因此而否定政治解放，他认为政治解放是人类解放的重要前提，"在迄今为止的世界制度的范围内，它是人类解放的最后形式"②。作为国家消亡前的最终阶级表现形式，无产阶级通过专政而致力于生产力的发展，在自我扬弃和过渡中实现全人类的解放。可以说，"解放全人类"既是无产阶级的历史使命，也是无产阶级的革命路径。

"解放全人类"是整个马克思哲学的主旨，也是马克思阐发公共性思想的基本立场，体现了马克思公共性思想的革命性。第一，与传统西方公共性思想具有狭隘性和局限性的立脚点不同，马克思公共性思想的立脚点具有广

---

① 马克思，恩格斯. 马克思恩格斯选集：第 1 卷 [M]. 北京：人民出版社，1995：237.

② 马克思，恩格斯. 马克思恩格斯全集：第 1 卷 [M]. 北京：人民出版社，1995：429.

泛性和包容性，即"旧唯物主义的立脚点是市民社会，新唯物主义的立脚点则是人类社会或社会的人类"①。马克思肯定市民社会在摧毁封建社会中所起的积极作用，但由于市民社会是建立在私有制的基础上，市民社会对私有财产的自由处理的权利是一种"自私自利的权利"②，市民社会中的个体从整体主义的国家中解放出来成为"自私自利的人"，资产阶级是在市民社会的基础上建立起来的，因此，市民社会的局限性必然带来资产阶级公共性的虚幻性。马克思深刻地揭示了资产阶级公共性的历史局限性，即"构成市民社会的无产阶级由于一无所有而被排斥在公共领域之外"③。除此之外，马克思公共性思想的视野更恢宏，具有更高远的立意。"共产主义不是一种单纯的工人阶级的党派性学说，而是一种最终目的在于把连同资本家在内的整个社会从现存关系的狭小范围中解放出来的理论。"④可见，马克思的解放全人类正是通过"无产阶级专政"这一中介来消灭国家和阶级、消融整体主义和个人主义，进而实现"自由人联合体"的生成以及每一个人的自由全面发展。

第二，马克思"解放全人类"的价值立场不是一种虚无缥缈的道德悬设，不是一种浪漫主义的价值宣扬，也不是一种脱离实际的理论假设，而是马克思基于"昨天"和"今天"的发展对于人类"明天"的一种理性、科学的判断。马克思关于未来公共性发展的思考、关于人类未来发展的探索、关于人类解放学说的阐述等都是基于对无产阶级这一群体的社会特征的科学判断和准切把握，"无产阶级的优势仅仅在于，它有能力从核心出发观察社会，并把它看作是相互联系的整体，并因而能从核心上，从改变现实上来采取行动；就在于对它的阶级意识来说，理论与实践是相互吻合的；就在于它因此能自觉地把它自己的行动作为决定性的因素投放到历史发展的天平

---

① 马克思，恩格斯. 马克思恩格斯选集：第 1 卷［M］. 北京：人民出版社，1995：57.

② 马克思，恩格斯. 马克思恩格斯全集：第 3 卷［M］. 北京：人民出版社，2002：184.

③ 郭湛. 社会公共性研究［M］. 北京：人民出版社，2009：29.

④ 马克思，恩格斯. 马克思恩格斯选集：第 4 卷［M］. 北京：人民出版社，1995：423.

上"①。因此，马克思在对无产阶级革命和资产阶级革命做出本质区分时指出："正像人比国家公民以及人的生活比政治生活意义更是无穷无尽一样，消灭这种想脱离的状况，或者哪怕是对它作出局部的反应，发动起义反抗它，其意义也更是无穷无尽。因此，产业工人的起义不管带有怎样的局部性，总包含着恢弘的灵魂，而政治起义不管带有怎样的普遍性，在其最庞大的形式中却隐藏着狭隘的精神。"②

马克思付出毕生的心血所从事的一切理论的批判和建构以及无畏的革命实践都是围绕着"人类的解放"这一公共价值目标展开的。正是基于"人类的解放"的公共立场，马克思公共性思想具有了实践性和历史性的生成维度。

二、马克思公共性的生成逻辑

马克思公共性不是抽象化和知性化的精致理论，而是一种实实在在的存在，是在人类认识世界并改造世界的过程中逐渐生成的；同时，马克思公共性不是一种一成不变的、静态的价值形态，它是在历史时间中生成、发展的，它与人类历史发展中的社会形态、社会制度密切关联。也就是说，我们可以从唯物史观中窥探马克思公共性生成的历史与逻辑，依靠唯物史观的方法论资源阐释马克思公共性的生成。

（一）马克思公共性生成的实践维度

马克思一生都致力于人类的解放事业，他在反思传统哲学的过程中扬弃了"实践理性"的思维，在批判现实生活的异化现象中赋予了"实践"新的内涵。马克思在人类共同体的发展中指出，正是基于实践，人类才能由前资本主义社会发展到资本主义社会，也正因为实践，资本主义社会必将被共产主义社会所取代。有学者指出，"马克思哲学的'实践'，在本质上只能是为马克思所理解和规定的'公共性的实践'"③。也就是说，实践对于人类的发

---

① ［匈］卢卡奇. 历史与阶级意识［M］. 杜章智，等译，北京：商务印书馆，1999：130.

② 马克思，恩格斯. 马克思恩格斯全集：第3卷［M］. 北京：人民出版社，2002：394.

③ 袁祖社. 公共性真实：当代马克思主义哲学范式转换的基点［J］. 河北学刊，2008（4）.

展有着本体性的意义，是人类世界及其历史产生、存在和发展的根基，是现实世界公共性历史生成的根本途径。

1. 劳动实践：人类共同体的生存之根

马克思的实践观包含着两方面的内容，一方面是劳动实践，另一方面是交往实践，其中，劳动实践是人类共同体的生存之根，交往实践是从劳动实践中衍生出来的。马克思批判了传统哲学的先验思维和唯心主义，认为传统哲学忽视了生产劳动在人类发展中的基础作用，脱离生产劳动的道德实践和理性实践必然导致人的发展走向主观主义和神秘主义。马克思认为，劳动是人与动物的根本区别，是人获得社会主体性的一项最根本的实践活动。马克思指出，"首先应当确定一切人类生存的第一个前提，也就是一切历史的第一个前提，这个前提是：人们为了能够'创造历史'，必须能够生活。但是，为了生活，首先就需要吃喝住穿以及其他一些东西。因此第一历史活动就是生产满足这些需要的资料，即生产物质生活本身，而且正是这样的历史活动，一切历史的一种基本条件，人们单单是为了能够生活就必须每日每时去完成它，现在和几千年前都是这样"①。生产劳动是人获得生存生活的基本手段，人的意识在劳动中产生，人也在劳动中逐渐确立了人的社会主体性。当这种社会主体性为人所察觉时，人就不仅仅满足于生存的需要，人开始将自身置于外部的世界，按照自己的目的来改变劳动对象，创造人所需要的价值。

从历史的境遇去理解马克思劳动的内涵，劳动不仅仅是"种"的自然生存，还是"类"的社会发展；劳动实践创造了历史，创生了公共空间，创建了公共生活，并最终实现人的目的。马克思曾明确指出，"整个所谓世界历史不外是人通过人的劳动而诞生的，是自然界对人说来的生成过程"②。人的劳动实践过程是人的自我创造的过程，但这个过程并非直接发生的，而是一个双向的对象化过程，即人通过与他人、与自然的相互作用而发生的；这种"相互作用"形成了各种关系以及各种关系项。这又逆向证明了劳动实践本身就在一定的社会关系中发生，劳动对象化的过程就是人的公共性的形成过程。人与人之间正是通过劳动形成了经济关系、政治关系、文化关系等社

---

① 马克思，恩格斯. 马克思恩格斯选集：第 1 卷［M］. 北京：人民出版社，1995：34.

② 马克思. 1844 年经济学哲学手稿［M］. 北京：人民出版社，2000：92.

会关系，这些社会关系的网交织为人的"类"；"类"按照人的尺度去追求一种适合人发展的共同体，最终获得人的全部的本质性规定。

劳动实践是探讨人类历史公共性的突破口。马克思把劳动分为两种状态：一种是人类谋生的手段和工具，一种是自由自觉的活动。在不同的历史阶段，不同的生产力状态下，劳动的自由自觉程度不同，决定了人类公共性发展程度不同。在原始社会，人类的劳动仅仅只能解决基本的温饱生存问题，人类公共性尚在萌芽中；在奴隶社会、封建社会，人的劳动具有强制性和依附性，是不自由的，因此这一阶段人类的公共性是一种基于人的依赖的消极的公共性；在资本主义社会，劳动与财富分离，劳动的异化使得人的发展走向片面化、单向度，这一阶段人类的公共性是一种物化的虚幻的公共性。马克思认为，当人类进入共产主义，劳动摆脱了谋生等工具理性的束缚，成为一种闲暇，成为"实在的自由"时①，人类才能形成一种积极的公共性。可见，"人的公共性的实现、公共领域的发展以及公共利益的普遍性，与人类摆脱异化劳动、重新使劳动成为人的自主活动走的是同一历史发展道路"②。

　　2. 交往实践：人类公共性的共在之本

在《德意志意识形态》中，马克思指出："生命的生产——无论是自己生命的生产（通过劳动）或他人生命的生产（通过生育）——立即表现为双重关系：一方面是人与自然的关系，另一方面是社会关系。"③这是马克思历史唯物主义的基本原则，也是我们理解马克思公共性的基础。劳动实践保证了人活动的客观物质性和真实性，确认了人与自然之间的主体与客体的关系，并催生了人类的交往实践。正是在人类相互依存关系的交往实践的视域中，马克思关于人类公共性的生成、转变、发展才能真实地呈现出来。交往实践使人的活动具有普遍性和实在性，它确认了人与人之间的主体与主体的交互关系，使得公共性获得完整边沿。

人类之所以能获得普遍性，是人在社会化中产生的交互主体性使得个体

---

① 马克思，恩格斯. 马克思恩格斯全集：第30卷［M］. 北京：人民出版社，1995：615.

② 郭湛. 社会公共性研究［M］. 北京：人民出版社，2009：42.

③ 马克思，恩格斯. 马克思恩格斯选集：第1卷［M］. 北京：人民出版社，1995：76–77.

之间因追求"历史目的"而共同走向社会，这就是马克思理解的"交往实践"。贾英健认为，"马克思哲学给我们提供了一种从生活世界的交往实践活动出发去理解和把握人类公共性本质的研究范式或研究向路"①。马克思认为，"不论是生产本身中的人的活动的交换，还是人的产品的交换，其意义都相当于类活动和类精神——它们的真实的、有意识的、真正的存在是社会的活动和社会的享受，因为人的本质是人的真正的社会联系，所以人在积极实现自己本质的过程中创造、生产人的社会联系、社会本质，而社会本质不是一种同单个人相对立的抽象的一般力量，而是每一个单个人的本质，是他自己的活动，他自己的生活，他自己的享受，他自己的财富"②。从马克思这段话中，我们可以解读到马克思"交往实践"的三层含义：

第一，交往实践是人的一种对象性的交往。人在交往实践中形成各种各样的社会关系，这些社会关系是人与人共同存在方式的表现，是他人对自我存在的确证。人在交往中形成"公共关系"，并生成、体现社会性，进而确证公共性的存在。"一个人的需要可以用另一个人的产品来满足，反过来也一样；一个人能生产出另一个人所需要的对象，每一个人在另一个人面前作为这另一个人所需要的客体的所有者而出现，这一切表明：每一个人作为人超出了他自己的特殊需要，等等，他们是作为人彼此发生关系的；他们都意识到他们共同的类的本质。"③

第二，交往实践是体现人之为人的本质的前提。马克思坚持认为社会性和公共性是个体存在和发展的前提，交往让人成为总体性的存在物。"每个人为另一个人服务，目的是为自己服务；每一个人都把另一个人当作自己的手段互相利用。"④在马克思看来，人不可能是孤立的原子似的存在，人既是个体，也是总体，人的个体性和私人性必须在人总体交往中才能得以实现，人的本质是在交往实践中实现的。

第三，普遍交往体现了马克思的公共性价值图景。交往实践把现实世界

---

① 贾英健. 公共性视域：马克思哲学的当代阐释 [M]. 北京：人民出版社，2009：121.

② 马克思.1844 年经济学哲学手稿 [M]. 北京：人民出版社，2000：170-171.

③ 马克思，恩格斯. 马克思恩格斯全集：第 30 卷 [M]. 北京：人民出版社，1995：197.

④ 马克思，恩格斯. 马克思恩格斯全集：第 30 卷 [M]. 北京：人民出版社，1995：198.

变为一个有机联系的整体，在这样的交往实践场景中，人类的公共性被现实、具体地表现出来。随着交往实践的变化、发展、深入，人的社会关系将由单一、间接、静态的联系转为普遍、直接、动态的联系，人类公共性亦趋近于其本来面目，人类将在世界范围内获得共赢和共享，获得彼此之间的相互确认、相互成就。

3. 改变世界：马克思实践观内蕴着公共性理想

马克思的实践观，不仅仅停留在认识、理解、诠释和把握世界的层面，马克思认为更重要的是在批判的基础上"改变世界"，正如其在文本中掷地有声地说道："哲学家们只是用不同的方式解释世界，问题在于改变世界。"①"改变世界"是马克思实践观中具有革命性、根本性的特质，其"内蕴了对现存世界超越的公共性的理想目标，体现了马克思基于现实而又不满现实的一种公共性的关怀和理念"②。马克思置身于资本主义社会中，却能深刻洞察到资本主义社会所谓"自由""平等"等理念的抽象性和形式主义，他批判资本带有赤裸裸的剥削、商品带有血淋淋的压榨，在这个社会里，"几乎把一切权利赋予一个阶级，另一方面却几乎把一切义务推给另一个阶级"③。因此，马克思一针见血地指出："自由这一人权的实际应用就是私有财产这一人权。"④对物的依赖使人异化，让资本主义时期的公共性呈现出虚幻性和虚伪性，这种虚假的公共性成了一种统治人的外在异己力量，压制、限制着人的自由全面发展。在马克思看来，这种不合乎人发展的虚假共同体终究是要被打破、推翻、超越的。

如何进行打破、推翻、超越？马克思指出，这必须要进行革命性的实践，"理论的对立本身的解决，只有通过实践方式，只有借助于人的实践力量，才是可能的"⑤。马克思以"改变世界"为己任，站在"人类解放"的

① 马克思、恩格斯. 马克思恩格斯选集：第 1 卷［M］. 北京：人民出版社，1995：78 – 79.

② 贾英健. 公共性视域：马克思哲学的当代阐释［M］. 北京：人民出版社，2009：130.

③ 马克思，恩格斯. 马克思恩格斯选集：第 4 卷［M］. 北京：人民出版社，1995：178.

④ 马克思，恩格斯. 马克思恩格斯全集：第 3 卷［M］. 北京：人民出版社，2002：183.

⑤ 马克思. 1844 年经济学哲学手稿［M］. 北京：人民出版社，2000：127.

立场上，预设"自由人的联合体"必将实现，每个人都能自由全面地发展。马克思对理想公共性的预设不是先验的，不是"理论"的，也非"彼岸"的，他是基于对资本主义不可化解的基本矛盾的剖析，也是对"人民群众创造历史"的确证，坚信人是会根据"种的尺度"创造生活、创作美。可见，马克思的实践旨趣始终指向从"现实"走向"理想"，让"理想"变为"现实"。从这个意义上说，人类实践的实质就是人类在恒久地追求真实的公共性。

由此可见，人类要实现"自由人联合体"，要让每个个体都能充分展现作为人的本质，能够自由全面地发展，必须进行实践活动。当然，实践的发展并不是一蹴而就的，正如马克思所指出的，"感性世界决不是某种开天辟地依赖就直接存在的、始终如一的东西，而是工业和社会状况的产物，是历史的产物，是世世代代活动的结果，其中每一代都立足于前一代所达到的基础上，继续发展前一代的工业和交往，并随着需要的改变而改变它的社会制度"①。正是这一代代的实践，人类的公共性才得以不断改善、发展。当然，这"世世代代""每一代""前一代"等不仅仅是指作为主体的人，更重要的是指历史时间的概念，这就是我们下面要论述的"历史维度"。

（二）马克思公共性生成的历史维度

1. 社会共同体形态演进——马克思公共性的生成历史

在马克思看来，"全面发展的个人——他们的社会关系作为他们自己的共同的关系，也是服从于他们自己的共同的控制的——不是自然的产物，而是历史的产物"②。公共性的生成历史，就是社会形态的演进历史。这正如古尔德指出的那样，"马克思把不同的经济组织模式解释为不同的时间的经济，因而马克思把时间看作是他的社会发展理论中的一个根本范畴"③。马克思从历史发展的视角出发划分出人类发展的三种社会形态，并以此分析人与社会的关系所依托的"共同体"的嬗变特征，即"人的依赖关系（起初完

---

① 马克思，恩格斯. 马克思恩格斯选集：第 1 卷［M］. 北京：人民出版社，1995：89 - 90.

② 马克思，恩格斯. 马克思恩格斯全集：第 30 卷［M］. 北京：人民出版社，1995：112.

③ ［美］古尔德. 马克思的社会本体论：马克思社会实在理论中的个性和共同体［M］. 王虎学，译. 北京：北京师范大学出版社，2009：46.

全是自然发生的），是最初的社会形式，在这种形式下，人的生产能力只是在狭窄的范围内核孤立的地点上发展着。以物的依赖性为基础的人的独立性，是第二大形式，在这种形式下，才形成普遍的社会物质变换、全面的关系、多方面的需求以及全面的能力体系。建立在个人全面发展和他们的共同的、社会生产能力成为从属于他们的社会财富这一基础上的自由个性，是第三个阶段"①。

马克思把公共性看作随着人类共同体发展的不同阶段而历史地发展着的，公共性的三阶段状态因受历史的限制有着时间的先后顺序。在前资本主义社会，由于生产力的低下以及人与人交往的单一化，人与社会高度重合，必然产生出一种具体的、不平等的、具有人身依赖关系的消极公共性；在资本主义社会，商品经济的发展使个体有了较大的独立性，尽管通过易物关系、货币关系产生了商品共同体和货币共同体，建立起了人的表面的普遍联系，但由于旧式分工和剥削的存在使得人变成单向度的人，于是产生了以物为依赖的虚幻公共性。马克思认为，随着历史的发展，生产力大幅度提高，人类必将进入一个真正的积极的共同体——共产主义，在这"自由人联合体"里，人将"自由全面的发展"，公共性由物化、虚幻的公共性转为真实、积极的公共性。

2. 在"是"与"应当"之间——公共性如何在实践中生成

马克思不但从社会形态发展的历史维度阐释了公共性的产生、发展过程，还通过对公共性的"实然"与"应然"的辩证分析来论述公共性的历史性维度。在公共性的"应然"与"实然"之间，马克思摒弃了传统抽象的人本主义立场，抛弃用抽象的"应然"批判"实然"的方法论，转而从现实出发，从"实然"中去揭示"应然"，把"应然"建立在对"实然"科学分析的基础上，即从社会发展的内在矛盾运动中揭示人类共同体公共性的历史发展方向。

马克思指出，人类进入资本主义社会，虽然生产力得到大幅度发展，但公共性的发展依然受到较大的限制，生产劳动的异化使得阶级矛盾进一步激化，无产阶级处于鲜有自由甚至不自由的状态，这是公共性的"实然"。但

---

① 马克思，恩格斯. 马克思恩格斯全集：第30卷［M］. 北京：人民出版社，1995：107 – 108.

马克思并没有就"实然"而批判"实然",他在"实然"中发现了公共性的"应然"。"历史的每一阶段都遇到一定的物质结果,一定的生产力总和,人对自然以及个人之间的历史地形成关系,都遇到前一代传给后一代的大联合生产力、资金和环境,尽管一方面这些生产力、资金和环境为新的一代所改变,但另一方面,它们也预先规定新的一代本身的生活条件,使它得到一定的发展和具有特殊的性质。"①马克思认为,社会不同形态之间不是割裂开来的,恰恰相反,社会形态之间的过渡与发展是具有历史无缝隙的连续性,这种连续性决定着现实的"实然"和理想的"应然"之间的关系是具体的历史的统一,实践积累的历史结果是国家共同体必然过渡到"自由人联合体",人类将生成真实的积极的公共性,"将是这样一个联合体,在那里,每个人的自由发展是一切人的自由发展的条件"②。

"'历史'并不是把人当作自己目的的工具来利用的某种特殊人格。历史不过是追求着自己目的的人的活动而已。"③马克思从总体上揭示了人类共同体嬗变的逻辑,把握了人类历史发展的规律,揭示人类通过"认识世界"并"改造世界"的实践活动生成公共性,并按照自己的目的追求与每个人自由发展相一致的公共性。可以说,"马克思的历史观是一种在人的历史创造活动不断生成的人的公共性的历史"④。

第二节 马克思公共性思想的主要内容

可以说,马克思运用大量的文字描述经济、政治原理,批判资本主义的异化,扬弃传统哲学的一些"真理",无非是在梳理一个公共性世界的发展脉络。马克思认为,无论是人还是社会,都是依托人类共同体而存在发展

---

① 马克思,恩格斯.马克思恩格斯选集:第1卷[M].北京:人民出版社,1995:92.
② 马克思,恩格斯.马克思恩格斯选集:第1卷[M].北京:人民出版社,1995:294.
③ 马克思,恩格斯.马克思恩格斯选集:第2卷[M].北京:人民出版社,1995:118-119.
④ 贾英健.公共性视域:马克思哲学的当代阐释[M].北京:人民出版社,2009:372.

的，人类的公共活动、公共空间和公共领域都发轫于人类共同体中；不同的历史阶段，人类共同体具有不同的性质，与此相对应的人类公共性状态也不相同。马克思还立足于人类社会的发展历史，抓住与人类发展息息相关的"利益"问题，始终从私人利益与公共利益之间的辩证关系论述公共利益的产生和发展、真实性和虚假性等问题，揭示了公共利益的普遍性程度与人类共同体的发展步调是一致的。基于对人类共同体和公共利益发展的历史趋势的判断，马克思指出，人类共同体终将摆脱历史的局限性，发展为"自由人的联合体"；公共利益也将终结历史的虚幻性，成为人类的普遍的利益。

这里，我们将以公共性的视角探寻马克思关于人类共同体、公共利益以及"自由人联合体"的论述，进一步深挖、提炼马克思公共性思想所包含的价值意蕴和观点内容。

一、人类共同体：公共性的生成场域

马克思没有从个体本位的角度来理解社会，也不单纯地从社会本位来解释社会，而是从类的生存和发展视角来审视社会，具体而言，就是从人类共同体的深层次结构来捕捉一切与人和社会生存发展相关的现象和本质。"人的共同体既是马克思理解人类历史发展的一个重要概念，也是马克思建构未来理想的人类共在的组织形式的工具性概念。"①马克思坚持把人的发展与社会发展统一起来考察，他探讨人的本真时必然把"人"融入社会中来把握，他在剖析社会内蕴时必然时刻关注"人"的在场性。人与社会关系构成了人类共同体，人类共同体的内部关系结构及其变化牵引着人类公共性的虚实与真伪，公共性的发展与人类共同体的发展密不可分。也就是说，马克思在阐述其公共性思想时，并非形而上地追问或抽象地论述，而是始终立足于现实世界，始终基于"人类共同体"这个场域来分析和考察；正是基于"共同体"，公共性才具有对象性、现实性、历史性和价值性。换言之，公共性就是依附在人类共同体中的，人类共同体是公共性的生成场域。

（一）共同体中的人与社会

马克思没有专门性、针对性地去论述共同体，但在其文本中对共同体样态有许多不同的描述，如氏族共同体、家庭共同体、国家共同体，也有自然

---

① 胡群英. 社会共同体公共性建构 ［M］. 北京：知识产权出版社，2011：52.

共同体、抽象共同体、自由人联合体……尽管在不同语境中共同体有不同的内涵和外延，但马克思始终强调任何一种共同体都是人和社会的共同体。

"人"与"社会"是整部马克思思想史的基本词根，马克思所批判、扬弃、建构的一切思想都是围绕着"人的发展"与"社会的发展"来展开的。可以说，人与社会的互动既是共同体的全部内容，也构成了马克思公共性的出场视界。与传统哲学运用唯心主义或者机械唯物主义的方法论来研究"人"不同，马克思从辩证唯物主义历史观的方法论来分析"人"。第一，人是现实中的人，而非抽象的、观念中的人。马克思说："这里所说的人们是现实的、从事活动的人们，他们受自己的生产力和与之相适应的交往的一定的发展——直到交往的最遥远的形态——所制约。"①第二，人是社会关系中的人。马克思在文本中就指出："人的本质不是单个人所固有的抽象物，在其现实性上，它是一切社会关系的总和。"②这种社会关系包括人与自然、人与类、人与人之间的关系等，正是这些关系构成了人的总体性存在。第三，人是历史时空中的人。马克思从时空观视域出发，认为人不是一成不变的，人既需要立足于现实，也要能超越现实，在实践中不断扬弃异化，推动历史发展，并最终"占有自己的全面的本质"③。

"社会"也是我们理解马克思公共性的一个重要窗口。马克思认为人与动物最大的区别在于人具有社会性，人在社会中表现自我、超越自我、实现自我。马克思的"社会"内涵具有多维性。第一，社会是由具体的人以及具体的人的关系构成的有机体；第二，社会是一个从低级到高级的自然和自觉演进、发展的整体；第三，社会的发展是有规律可循的，随着生产力的发展，社会是不断向更高级的方向发展的，新的社会制度必然取代旧的社会制度。

人与社会之间的交互和耦合，在马克思看来，呈现以下特征。第一，社会是人的关系的有机共同体。与个体松散、自然交往的群体不同，社会是一

---

① 马克思，恩格斯. 马克思恩格斯全集：第 1 卷［M］. 北京：人民出版社，1995：72.

② 马克思，恩格斯. 马克思恩格斯选集：第 1 卷［M］. 北京：人民出版社，1995：60.

③ 马克思，恩格斯. 马克思恩格斯全集：第 3 卷［M］. 北京：人民出版社，2002：300.

个有机体，它"不是由个人构成，而是表示这些个人彼此发生的那些联系和关系的总和"①。"社会"不只是一个实体实物概念，更是一种人与人相互联系、相互依存的关系存在。人的普遍的具体的关系说明了人具有社会性，社会成了人的一种存在方式，是人存在的根本。第二，人是社会的主体，社会发展的核心是人的发展。对人的关怀和眷顾、对社会的追问和期待是马克思一生所追寻的理想。马克思认为，"人永远是这一切社会组织的本质"②，社会是因人产生的，社会的一切都是为了人；社会的发展，归根结底是人的发展，人的发展就是个性的发展以及人际的和谐。因此，"已生成的社会，创造着具有人的本质的这种全部丰富性的人，创造着具有丰富的、全面而深刻的感觉的人作为这个社会的恒久的现实"③。

考察西方关于"人""社会"的传统哲学，从普罗泰戈拉的"人是万物的尺度"思想，到伊壁鸠鲁的个人自由理论，到霍布斯的"自然权利说"、洛克的"人民主权论"、卢梭的社会契约论，再到黑格尔的个体主义市民社会观，我们可以发现个人价值本位的哲学观一直是西方哲学的主流学说。而马克思在对这种传统哲学的批判中逐渐建立起人与社会相互生成的社会共同体价值本位观。马克思认为，"正像社会本身生产作为人的人一样，社会也是由人生产的"④。在人类共同体里，人是社会的人，社会是人的社会，人与社会是相互确证的，任何脱离社会来理解人或者撇开人来阐述社会都会陷入无法圆说的困境；没有社会的人只能如动物般生活在丛林里，没有人的社会只能是虚幻的海市蜃楼。

（二）人与社会的逻辑演绎呈展了马克思公共性图式

从某种意义上说，共同体中的人与社会关系的演绎与马克思公共性的出场、演变是同步的，人与社会的相互生成、相互明证、相互阐释充分彰显了马克思公共性的全景图式。

第一，人与社会的关系是一种生存、发展共同体，其揭示了以共同体本

---

① 马克思，恩格斯.马克思恩格斯全集：第30卷［M］.北京：人民出版社，1995：221.
② 马克思，恩格斯.马克思恩格斯全集：第1卷［M］.北京：人民出版社，1995：293.
③ 马克思.1844年经济学哲学手稿［M］.北京：人民出版社，2000：88.
④ 马克思.1844年经济学哲学手稿［M］.北京：人民出版社，2000：85.

位为基础的公共性的意蕴。马克思一再强调要避免把抽象的社会与具体的个人对立起来，社会的总体性应与人的个体性相互统一、相互彰显、相互塑造。人与人之间通过人的生产实践和交往实践构成了社会，社会又以自然关系、物质关系、精神关系、社会关系等为纽带把一个个个体联合起来成为"生存共同体"。共同体所表征的是人的社会性，是一种人之为人的价值存在。因此，人在实践中积极创造、实现人的本质，在实践中把个人存在转变为社会的共在，而社会的共在又成全着个人的发展，正是在个人的存在与社会的共在之间良性循环的互助互释中生成了共同体的公共性。而这种公共性是人与社会所专属的规定性，只有人与社会实现了共在双赢才是真正的公共性。任何罔顾个人存在价值的或者脱离社会共在意义的，都是一种异化了的共同体，是一种虚假的公共性。

第二，人学是马克思哲学的焦点，人是马克思公共性的中心问题。马克思开创性地把人的发展问题置于共同体中来考察，因此人类共同体如何促进和保障人的发展是马克思公共性致力于解决的问题。马克思指出："人们的社会历史始终只是他们的个体发展的历史，而不管他们是否意识到这一点。"[1]个人的发展离不开共同体的发展，在共同体里人才能充分获得自身本质的自由性和全面性，但并不是所有的共同体形式都能促进人的发展。因此，这必然要求我们不断发展生产力、调整生产关系以构建新的共同体、扬弃不合理的共同体要素、调整共同体的内部结构，从而促使"人之为人"，"把人实现为人"。"从这个意义上说，马克思关于共同体哲学的理解强调的是建立在公共实践基础之上的公共性的价值理念。"[2]

第三，公共性是人类共同体的理念先导和价值追求。马克思哲学与西方传统哲学的不同，不仅仅是因为马克思把人与社会的关系升华为人类共同体，更重要的是他强调共同体的发展应具有公共性价值理念。马克思认为，"只有在共同体中，个人才能获得全面发展才能的手段。也就是说，只有在

---

① 马克思，恩格斯.马克思恩格斯全集：第4卷［M］.北京：人民出版社，1995：532.

② 贾英健.社会关系的实践基础及共同体的价值追求：马克思社会观的精神实质及公共性意蕴［J］.东岳论丛，2009（3）.

共同体中才能有个人自由"①。人不可能单纯地为满足个人利益而存在，必须通过与他人的联系才能走向公共生活和公共领域，并在公共交往中诉诸公共性理念，对社会富有公共情感、负有公共责任并具有公共能力，为社会的整体利益、公共利益而做出个人的行动。作为人的生存和发展的空间，共同体所追求的公共性价值理念，正是表达了个体对社会共在的体悟，也表达了社会是每一个人的社会；反过来，追求公共性也是为了更好地实现个人利益。由此看来，公共性包含着个人利益与公共利益的统一，"在本质上说，公共性是一种放大了的个体性"②。

（三）人类共同体的嬗变牵引着公共性的嬗变

共同体是人存在和发展的前提条件和空间场域，也是人本质的体现，"没有共同体，这是不可能实现的"③。马克思认为共同体不是永恒不变的，在不同的生产条件，人与社会所组成的共同体的内部结构有着根本的区别，共同体正是随着历史时间的发展不断地发生嬗变。而人与社会所构成的共同体的内部结构及其变化牵引着人类公共性的虚实与真伪。可以说，人与社会关系的生成与嬗变历程是我们思索、透视、阐明马克思公共性的思想资源和理论依据，立足于人与社会所构成的共同体是马克思公共性的存在根基和客观基础，是马克思公共性的出场视界，也是马克思对传统公共性价值立场和立足点的彻底革命和根本转换。

马克思以历史唯物主义的方法论科学地阐述了人类社会的发展形态演进理路，他从现实生活世界出发，根据生产力的发展程度，指出前资本主义社会是自然共同体，这一阶段的生产力低下决定了人类共同体具有分散性、孤立性和隔绝性的特点；而资本主义下劳动的异化、人的技术化、社会关系的异化、人发展的单向度，使得这一阶段的共同体呈现机械的物化关系、非理性的对抗关系，整个资本主义共同体呈现虚幻性。马克思批判了这两种共同体对人的发展的束缚，但同时也指出作为一个被异化而扬弃的阶段，它必然

---

① 马克思，恩格斯. 马克思恩格斯选集：第1卷［M］. 北京：人民出版社，1995：119.
② 贾英健. 公共性视域：马克思哲学的当代阐释［M］. 北京：人民出版社，2009：225.
③ 马克思，恩格斯. 马克思恩格斯选集：第1卷［M］. 北京：人民出版社，1995：119.

成为真实公共性生成的积极环节。"物质生活的生产方式制约着整个社会生活、政治生活和精神生活的过程。社会的物质生产力发展到一定阶段，便同它们一直在其中运动的现存生产关系或财产关系发生矛盾。于是这些关系便由生产力的发展形式变成生产力的桎梏。那时社会革命的时代就到来了。"①因此，随着生产力的高度发展，社会关系将发生变革，使原来对抗、片面、单向度的社会关系转变为和谐、全面、丰富的社会关系，而社会形态也必然迈向更高形态，人类必能跨越"虚幻的共同体"，真正实现"自由人的联合体"。这一过程是虚幻共同体走向真正共同体的过程，也是公共性从虚幻性转变为真实性的过程。

可见，马克思对共同体的把握有三种维度指向。第一，从历史与逻辑的维度看，共同体是个人赖以存在和发展的方式和手段，不同样态的共同体为人的发展提供了不同的有利条件或发展桎梏。第二，从实践的唯物主义历史观维度看，共同体是人类历史发展的真实依托，社会形态的演变始终与共同体嬗变一致；在这个维度上，马克思着重批判了资本主义虚幻共同体对人的异化。第三，从价值理想维度看，批判是为了更好地建构，共同体反映了马克思对人类解放和理想社会的一种价值追求和人文关怀。马克思通过对共同体的论述全景式地展示了不同历史阶段、不同时期的公共性面貌，认为共同体的发展始终贯穿着人与社会的发展，贯穿着"自由全面发展""自由人联合体"的价值目标指向。可见，任何类型任何阶段的公共性如果脱离了共同体场域而孤立地自说自话，那么就会陷入虚幻的泥沼，都将成为毫无意义的空谈。

二、公共利益：公共性的核心构件

解读马克思文本，我们发现"财产""利益"也是贯穿于马克思思想和话语体系的重要词汇；"公共利益""共同利益""普遍利益"等成为马克思公共性思想的重要概念和核心内容之一。马克思认为，利益是人的基本需要，而公共利益是维系共同体存在的根本，没有公共利益，共同体就会解体，公共性也不复存在。可见，对公共利益相关的论述和解读反映了马克思

---

① 马克思，恩格斯. 马克思恩格斯全集：第 2 卷［M］. 北京：人民出版社，1995：32 - 33.

公共性对公共利益的关注与重视，没有公共利益维度的公共性不仅是不完整的，而且会走向唯心主义和抽象主义的公共性。公共利益是马克思阐述公共性的一条重要主线，它始终贯穿融汇在整个马克思公共性思想中。

（一）马克思关于利益的观点阐述

与传统西方哲学的理想主义不同，马克思坚持以唯物史观看待公共利益的生成问题，坚持以辩证唯物主义的方法论看待个人利益和共同利益之间关系的问题。马克思坚持认为，人们所努力争取和奋斗的一切都与他们的利益息息相关，如果离开利益去探讨社会问题、考察历史现象是无法从根本上解决问题、触及事物的本质的。马克思从现实的人与现实社会的关系出发，发现利益问题就是解开人类历史之谜的钥匙，人的历史关系的问题归根结底就是个人利益与公共利益的关系问题，公共利益的实现程度代表着人类共同体处于什么样的历史阶段，也直接反映了人类公共性的真实程度。

首先，马克思从唯物史观出发揭示了利益的作用，宣称追求利益是人和社会存在、发展的基础和动力。马克思认为，人类生存的"历史第一个前提"是物质利益得到满足和实现，在此基础上才能形成其他各种利益关系。正是对物质利益的关注，才使得马克思摆脱了唯心主义的拘囿，走向了对利益历史唯物主义的科学阐释中。马克思深刻洞见到，现有的共同体"并不是某一独特利益的天下，而是许许多多利益的天下"①，尽管追求利益使得人有了目的性和行动的内在动力，但人们在追求利益的同时必然在不同主体、不同立场、不同领域之间产生各种各样的错综复杂的利益冲突和矛盾，而这些利益冲突和矛盾会进而引发社会经济、政治、文化等其他方面的冲突和矛盾。因此，在阶级社会里，统治阶级与被统治阶级之间的利益矛盾是社会的一项基本的、主要的矛盾，也是一切社会矛盾的根源。"人们奋斗所争取的一切，都同他们的利益有关"②，只有解决好人们的利益问题，才能从根本上促进人与社会的发展。

其次，马克思在阐明利益对于人和社会发展重要性的基础上，进一步指

---

① 马克思，恩格斯. 马克思恩格斯全集：第 1 卷［M］. 北京：人民出版社，1956：165.

② 马克思，恩格斯. 马克思恩格斯全集：第 1 卷［M］. 北京：人民出版社，1995：187.

出利益决定着人的思想，决定着权力的指向和政治的价值向度。在《神圣家族》中，马克思说道："'思想'一旦离开'利益'，就一定会使自己出丑。"①马克思不是简单地认为利益决定思想，思想为利益服务，而是从利益观出发，揭示了"世界上既不存在脱离人的现实利益的纯粹的思想，也不存在所谓的完全抽象的'普遍利益'理论"②，就正如资本主义社会所谓的"共同利益"论，尽管说得冠冕堂皇，但其所有的理论思想实质上都只是在维护资产阶级少数人的利益。马克思在《关于林木盗窃法的辩论》中也指出法律为统治阶级利益服务，"应该为了保护林木的利益而牺牲法的原则呢，还是应该为了法的原则而牺牲林木的利益——结果利益占了法的上风"③。在这里，马克思明确指出了政治权力是实现统治阶级利益的工具和手段，思想意识形态不仅是阶级利益的集中体现，还为阶级利益代言。因此，马克思认为只有依靠代表广大人民利益的无产阶级推翻资产阶级统治，废除剥削制度，"公共利益"或"共同利益"才能普遍实现。

最后，马克思指出利益在本质上是一种经济关系和社会关系，利益随着社会不同的发展表现出不同的形式。"每一既定社会的经济关系首先表现为利益。"④利益是基于人的需要而产生的，人的生产关系也直接表现为人的经济利益关系。从历史发展进程看，原始社会的利益主要表现为原始共同体的共同利益，随着社会分工、私有制出现、阶级的产生，私人利益也逐渐出现，私有利益与公共利益并存于阶级社会中。利益既是人们相互联结的出发点，也是人们追求的归宿点，国家则扮演着调和个人利益与个人利益之间、个人利益与国家利益之间的矛盾冲突的主要角色，并以公共利益的代表者身份出现。马克思深刻剖析了在资本主义社会，国家所代表的公共利益并非真实的公共利益，"因为每一个企图取代旧统治阶级的新阶级，为了达到自己

---

① 马克思，恩格斯. 马克思恩格斯全集：第2卷［M］. 北京：人民出版社，1995：103.

② 杨相琴. 马克思主义的利益观探究［J］. 理论月刊，2010（9）.

③ 马克思，恩格斯. 马克思恩格斯全集：第1卷［M］. 北京：人民出版社，1956：179.

④ 马克思，恩格斯. 马克思恩格斯选集：第3卷［M］. 北京：人民出版社，1995：209.

的目的，不得不把自己的利益说成是社会全体成员的共同利益"①，"只要异化的主要形式，即私有制仍然存在，利益就必然是私人的利益，利益的统治必然表现为财产的统治"②。马克思指出，要实现人类社会真正的公共利益，必然需要无产阶级推翻资本主义，而无产阶级的历史地位决定了"无产阶级的运动是绝大多数人的，为绝大多数人谋利益的独立的运动"③。

因此，无论是从利益的产生、利益的作用还是利益的本质上看，人与社会的发展都离不开利益的实现，共同体的历史发展实则是私人利益与公共利益之间的关系展现。这不得不说，公共利益的实现程度如何，直接体现了公共性的发展状态，公共利益的真伪性直接反映了公共性的真伪性。

（二）公共利益是马克思公共性的核心要素

马克思不仅承认公共利益的现实存在，还将公共利益置于现实关系中、社会生活中、历史发展中进行考察，从而揭示公共利益生成的历史逻辑和社会本质。同时，马克思是站在无产阶级立场上论述公共利益的，是在批判传统西方公共利益思想的基础上进行超越的，因此马克思的公共利益思想更具有前瞻性和科学性。

第一，公共利益的生成是多维度的。在马克思利益观中，公共利益生成的第一个维度是从私人利益到公共利益。马克思指出："人并不是抽象的栖息在世界以外的东西。人就是人的世界，就是国家、社会。"④人是社会关系中的人，人的私人利益必然要在社会关系中才能得以实现，因此人们必须要跳出私人利益的圈子，通过公共利益来实现个人的私人利益。即使是在虚幻共同体里，虚幻的公共利益依然被需要，只是当公共利益真正代表所有人的利益时，公共利益才是真实的公共利益。公共利益生成的第二个维度是从抽象公共利益到具象公共利益。马克思对人的理解实现了从"抽象的人"向"现实的人"的飞跃，因此在对公共利益的理解上也实现了从"抽象"到

① 马克思，恩格斯. 马克思恩格斯全集：第1卷［M］. 北京：人民出版社，2009：552.
② 马克思，恩格斯. 马克思恩格斯选集：第1卷［M］. 北京：人民出版社，1995：60.
③ 马克思，恩格斯. 马克思恩格斯选集：第1卷［M］. 北京：人民出版社，1995：283.
④ 马克思，恩格斯. 马克思恩格斯选集：第1卷［M］. 北京：人民出版社，1995：1.

"具象"的转变。马克思以实践生活来考察现实的人及现实的社会关系，认为公共利益的实现程度是与当时的生产力条件、社会所有制关系相关联的，这实际上是揭示了公共利益的现实性和真实性。公共利益生成的第三个维度是从单纯的物质利益到全面性的公共利益。马克思所理解的公共利益并不单纯地指向物质层面的公共利益，尽管马克思承认物质利益是人发展的基础。除了经济关系外，人与人在交往中还形成了政治关系、文化关系等，因此人的各种关系反映到公共利益中，必然要求公共利益囊括经济公共利益、政治公共利益、文化公共利益等，唯有如此，人才能"以一种全面的方式""占有自己的全面的本质"①。

第二，公共利益的发展具有历史性。与传统西方哲学家静态地研究公共利益不同，马克思始终坚持以历史发展的动态角度对公共利益进行研究，认为公共利益在不同的历史时期所表现出来的内涵、性质、特征等是不同的。马克思不仅研究前资本主义社会的公共利益问题，还立足于自己所处的资本主义社会，批判现实资本主义公共利益的虚幻性，指出私有制和社会分工是造成公共利益与个人利益冲突的根本原因；进而着眼于未来，认为在共产主义社会，国家消亡、私有制被废除、社会分工消灭，人类的公共利益的真实性才得以呈现出来。

第三，马克思的公共利益思想具有坚定的无产阶级立场。与西方理论家"虽然打着各种各样的旗帜，而最终目的则是为资产阶级利益服务的"②不同，马克思从一开始就旗帜鲜明地站在广大人民群众的立场上，为广大人民的公共利益代言，马克思所有的理论和实践都致力于实现最广大人民的根本利益。可以说，鲜明的阶级性是马克思公共利益观的根本特性。马克思特别指出，在资本主义社会里，公共利益是特殊的统治阶级利益，是虚幻的，公共利益与个人利益的矛盾冲突是难以克服的；虚幻公共利益虽然在一定程度上推动了社会的发展，但这种虚幻的公共利益对人的发展是一种异化，是不符合人类发展的终极目标的，虚幻的公共利益必然要被无产阶级所推翻，人类真实公共利益只有在共产主义中才能实现。因此可以说，马克思是站在未来理想社会的高度来研究公共利益问题的。

---

① 马克思.1844年经济学哲学手稿 [M].北京：人民出版社，2000：85.
② 褚江丽，李少伟.论马克思主义关于公共利益的理论特质 [J].河北省社会主义学院学报，2008（4）.

（三）公共利益与私人利益、公共利益与人类共同体之间的关系

马克思在阐述公共利益时，始终围绕着公共利益与私人利益的关系、公共利益与人类共同体的关系来展开。从这两对关系体中，我们可以更加清晰地窥探到马克思公共性在公共利益层面上是如何呈现的。

第一，公共利益与私人利益的关系。马克思在批判费尔巴哈"抽象的人"基础上，从"现实的人"出发，阐述了公共利益的产生、异化、实现等历史发展脉络。马克思认为公共利益的产生与私人利益密切相关，他肯定私人利益是满足人基本生活需要的前提，也肯定私人利益在社会历史中的发展作用，但他认为私人利益的实现是有条件的，"私人利益本身已经是社会所决定的利益，而且只有在社会所设定的条件下并使用社会所提供的手段，才能达到；也就是说，私人利益是与这些条件和手段的再生产相联系的。这是私人利益，但它的内容以及实现的形式和手段则是由不以任何人为转移的社会条件决定的"①。那么这个"社会条件和手段"是什么呢？是他人，是他人与社会的联系，是他人私人利益的实现必须借助和依赖另一他人私人利益的实现。换个角度说，公共利益是私人利益之间妥协的结果，公共利益的存在化解了私人利益之间的冲突与矛盾。对于人的发展来说，公共利益与个人利益的发展是密不可分，缺一不可的，个人利益和公共利益是"个人发展的两个方面，这两个方面同样是个人生活的经验条件所产生的，它们不过是人们的同一种个人发展的表现"②。

第二，公共利益与人类共同体的关系。马克思认为公共利益并非时刻展示"公共"意蕴。马克思指出，分工和私有制产生了阶级和国家，人类利益也随之划分为私人利益与公共利益，统治阶级以国家共同利益的名义攫取自己的私人利益，而对于被统治的阶级来说，这样的共同利益是虚幻的，是与人们实际的共同利益完全脱节，甚至是背道而驰的。马克思从现实出发，分析了前资本主义社会和资本主义社会关于公共利益的虚假性，尤其是对资本主义社会公共利益的异化进行了深入的剖析。"正因为各个个人所追求的仅

---

① 马克思，恩格斯．马克思恩格斯全集：第30卷［M］．北京：人民出版社，1995：106.

② 马克思，恩格斯．马克思恩格斯全集：第3卷［M］．北京：人民出版社，1960：274.

仅是自己的特殊的、对他们说来是同他们的共同利益不相符合的利益……这些特殊利益始终在真正地反对共同利益和虚幻的共同利益，这些特殊利益的实际斗争使得通过以国家姿态出现的虚幻的'普遍'利益来对特殊利益进行实际的干涉和约束成为必要。"①尽管国家的干涉和调控缓解了个人与社会的矛盾，但在虚幻的共同体里，个人利益与共同利益无法达成一致，人类公共性呈虚幻状态。马克思在批判资本主义的虚幻公共利益的同时，指出公共利益要摆脱虚幻性，真实地反映普遍人们需要，个人利益与公共利益诉求一致、真实融合，只能在共产主义"自由人联合体"里才能实现。"在共产主义社会里，任何人都没有特殊的活动范围，而是都可以在任何部门内发展，社会调节着整个生产，因而使我有可能随自己的兴趣今天干这事，明天干那事，上午打猎、下午捕鱼、傍晚从事畜牧、晚饭后从事批判，这样就不会使我老是一个猎人、渔夫、牧人或批判者。"②

可见，马克思阐述的公共利益，不仅是一种物的实体，而且是一种关系体现——一种个体与个体的关系以及个体与社会的关系。从这点上说，公共利益与人类共同体的发展是相呼应的。马克思指出，"各个人的出发点总是他们自己，不过当然是处于既有的历史条件和关系范围之内的自己"③。这表明人们在追求私人利益时须借助于一定的社会条件和手段，同时，他还指出"共同利益不是仅仅作为一种'普遍的东西'存在于观念之中，而首先是作为彼此有了分工的个人之间的相互依存关系存在于现实之中"④。因此，无论是私人利益还是公共利益，必然体现在人与人、人与社会之间的历史关系和实践关系中，并直接反映当时社会发展阶段的公共性状态。

三、自由人联合体：公共性的理想归宿

无论是人类共同体的发展，还是公共利益的发展，马克思都将人类发展

---

① 马克思，恩格斯. 马克思恩格斯全集：第 1 卷 [M]. 北京：人民出版社，1995：85.

② 马克思，恩格斯. 马克思恩格斯选集：第 1 卷 [M]. 北京：人民出版社，1995：85.

③ 马克思，恩格斯. 马克思恩格斯全集：第 1 卷 [M]. 北京：人民出版社，1995：277.

④ 马克思，恩格斯. 马克思恩格斯选集：第 1 卷 [M]. 北京：人民出版社，1995：84.

的落脚点指向了"自由人的联合体"。马克思指出,"从前各个人联合而成的虚假的共同体,总是相对于各个人而独立的;由于这种共同体是一个阶级反对另一个阶级的联合,因此对于被统治的阶级来说,它不仅是完全虚幻的共同体,而且是新的桎梏"①。而"人的本质是人的真正的共同体"②,只有自由人的联合体才符合人的发展需要,自由人的联合体才是真实的共同体,自由人联合体才具有普遍的真实的公共利益。可见,自由人联合体是马克思公共性的理想归宿。

(一) 自由人联合体的实现条件

自由人的联合体,不是马克思公共性的空想,而是马克思公共性的理想指向。在马克思看来,尽管资本主义存在异化现象,资本主义的共同体是虚幻的共同体,人为物所奴役而表现得不自由,但是我们还是可以看到,随着生产力的发展,人的主体性和独立性日益明确地显现于人们的现实生活和行为活动中,人们对于自由的追求和向往亦日渐强烈。这是因为,生产力获得了极大的发展以及人的交往得到了前所未有的扩大,为人的主体性、独立性以及自由创造了条件。可见,一方面,资本主义因其分工和私有制造成了人的异化,另一方面,它创造的更为发达的生产力催促着人的觉醒,催生着更高级的社会形态的来临。这种高级的社会形态必然是一种超越私有制的公有制形式,并实现人从形式上的独立和自由走向实质上的独立和自由的"自由人联合体"。

当然,生产力的高度发展、物质财富的高度发达、生产资料私有制的消灭是实现共产主义的前提条件,但一个社会形态向更高级的社会形态的过渡从来都不是自然而然的事情,实现资本主义向共产主义的过渡也不例外。马克思指出,资本主义向共产主义的过渡不是人的主观愿望所决定的,无产阶级须通过革命即政治解放实现对"异化力量"的控制和消除。只有这样,"自主活动才同物质活动一致起来,而这又是同各个人向完全的个人的发展以及一切自发性的消除相适应的。同样,劳动向自主活动的转化,同过去受

---

① 马克思,恩格斯. 马克思恩格斯全集: 第 3 卷 [M]. 北京: 人民出版社, 2002: 324.

② 马克思,恩格斯. 马克思恩格斯全集: 第 3 卷 [M]. 北京: 人民出版社, 2002: 394.

制约的交往向个人本身的交往的转化，也是相互适应的。随着联合起来的个人对全部生产力的占有，私有制也就终结了"①。马克思清楚地意识到，"历史自身发展中不断孕育产生一种自我决断的力量"②。尽管资本主义的公共性具有虚幻性，但不可否认，资本主义生产力的发展为共产主义的实现提供了最为根本的物质基础，而伴随着生产力的发展，无产阶级也逐渐壮大、成熟，日益成为人类共同体发展的一支重要力量。正是基于对历史发展逻辑的准确预测，马克思提出了"自由人的联合体"的公共性理想。

（二）自由人联合体的基本特征

马克思认为，自由人联合体作为一种真实的、积极的公共性存在，其基本特征是"由联合起来的个人对他们的总生产实行控制"③。也就是说，真实积极的公共性生成，只有在社会成员控制了自己的生存条件和生产条件的共同体中才有可能实现，因为"在这个共同体中各个人都是作为个人参加的。它是各个人的这样一种联合……这种联合把个人的自由和全面发展和运动的条件置于他们的控制之下"④。

进一步深入分析，自由人联合体强调的是"共同占有和共同控制"。"共同"意味着，尽管在自由人联合体中，劳动、分工和交换依然存在，但与资本主义那种外在的、被动的分工有着本质的区别。如在劳动方面，"在以前各个时期，自主活动和物质生活的生产是分开的，这是因为它们是由不同的人承担的，同时，物质生活的生产由于各个人本身的局限性还被认为是自主活动的从属形式，而现在它们竟互相分离到这般地步，以至物质生活一般都表现为目的，而这种物质生活的生产即劳动（它现在是自主活动的唯一可能的形式，然而正如我们看到的，也是自主活动的否定形式）则表现为手

---

① 马克思，恩格斯．马克思恩格斯选集：第 1 卷 [M]．北京：人民出版社，1995：89 - 90.

② 贾英健．公共性视域：马克思哲学的当代阐释 [M]．北京：人民出版社，2009：369.

③ 马克思，恩格斯．马克思恩格斯全集：第 30 卷 [M]．北京：人民出版社，1995：108.

④ 马克思，恩格斯．马克思恩格斯选集：第 1 卷 [M]．北京：人民出版社，1995：121.

段"①。在自由联合体中，劳动则摆脱了物质生活生产形式的限制和束缚，不再因是谋生的手段而成为异己的力量；恰恰相反，劳动成了一种自觉自在的实践活动，成了人的目的和内在需要，劳动实现了手段与目的的一致。同样，分工和交换不再依赖于以物为中介，固定分工的局限已消除，人与人之间的物化关系已消灭，自由交换成了一种基于共同目的的交换。

　　同时，马克思认为，普遍交往在自由人联合体中得以实现。马克思认为人既是个体也是总体，"人是一个特殊的个体，并且正是他的特殊性使他成为一个个体，成为现实的单个的社会存在物，同样，他也是总体，观念的总体，被思考和被感知的社会的自为的主体存在，正如他现实中既作为对社会存在的直观和现实的享受而存在，又作为人的生命表现的总体而存在一样"②。普遍交往是人的总体性的最直接也最为根本的表现状态。但对应于三个社会历史形态，马克思认为人的公共交往也呈现三种历史形态。一是前资本主义社会，人们的行动随机、偶然，并受生产力发展的限制而使得人局限在有限的地域里，地缘性的居住使得个体对外交往受限并对现有群体的依赖非常大，因此其所显现出来的是具体的、特殊的、不平等的、依附于人的交往关系，这种交往关系对应的是一种人丧失个性和独立性的消极公共性。二是资本主义社会，商品经济使人的主体意识逐渐增强，人与人之间因为商品交换具有了抽象的普遍的关系，人与人之间有了相对的独立性，但由于分工和私有制的存在导致劳动的异化，人成了货币资本社会的规定性存在，人只是实现了形式上的自由和平等，这种交往关系对应的是以物的依赖为基础的公共性。三是共产主义社会，马克思认为随着生产力的发展，阶级的消失、分工的消隐、剥削的消退，"真正的共同体"才会出现。在真实的共同体里，"社会本质不是一种同单个人相对立的抽象的一般的力量，而是每一个单个人的本质，是他自己的活动，他自己的生活，他自己的享受，他自己的财富"③。人能够自觉、自主、自由无中介地与他人交往，不依赖于人，不异化于物。在共产主义社会，人与人的状态使形式平等和实质平等的分离得

① 马克思，恩格斯. 马克思恩格斯选集：第 1 卷 ［M］. 北京：人民出版社，1995：128.
② 马克思. 1844 年经济学哲学手稿 ［M］. 北京：人民出版社，2000：84.
③ 贾英健. 社会关系的实践基础及共同体的价值追求：马克思社会观的精神实质及公共性意蕴 ［J］. 东岳论丛，2009（3）.

到了融合，普遍性和个体性的对立得到了和解，抽象性和具体性的分裂得到了消融。也就是说，在自由人联合体里，人们形成了人与人之间一种具体的、普遍的、实质平等的关系，普遍交往成了常态。

综上所述，马克思公共性不是一个概念性的词语，而是一个庞大的思想王国，是一种观念性和价值性的范畴，是一个理论与实践、历史与逻辑、现实与理想相统一的思想体系。人类共同体的存在是马克思公共性的存在依据和现实基础，是马克思公共性的具象框架；"公共利益"是马克思公共性的始基性构件和基本要义，一切离开公共利益来谈公共性问题都是徒劳的；自由人联合体是马克思公共性的理想指向和全面体现，它是马克思公共性引导和规范未来的实践图景。三者层层递进又互相融合，共筑马克思公共性大厦。有研究者指出，马克思的公共性思想"它不是一种形而上学原则，而是从批判现实资本主义出发而产生的理想性取向。这一理想的最终目标是社会解放以及与之相伴随的真正的个体自由；它不是一种永恒有效的至善图景，而是与人类的创造性活动密切相关的具体的社会生活规范；它不是一种具体的制度安排，而是具有'范导'作用的思想观念"①。

第三节　"公共人"理想生成是马克思公共性思想的主旨

"公共人"理想生成是马克思公共性思想的"主旨"，说明了"公共人"是统摄马克思公共性的内核，是贯通马克思公共性思想的"大动脉"，表征着它是人类永恒追求公共性的重要根源。通过对马克思公共性思想立场与生成逻辑以及主要内容的分析与阐述，我们越发清晰地确定，马克思公共性思想是"一种面向人的现实生活世界敞开，以无产阶级为实践主体、以人类解放为实践主旨"②的哲学思想。无产阶级是公共性的实践主体，这不仅反映了马克思公共性的"类"的价值向度，更为关键的是，马克思公共性思想在关心类的发展问题的同时对抽象人进行了无情的批判，并在此基础上生成了与传统哲学完全不同的人学观。从这个意义上说，马克思的公共性是关于现

---

① 卜绍斌. 马克思的"社会"概念 [M]. 济南：山东人民出版社，2010：141.
② 贾英健. 公共性视域：马克思哲学的当代阐释 [M]. 北京：人民出版社，2009：145.

实的人的公共性，是关于从现实的人生成理想的"公共人"的公共性。"公共人"的生成，既是实现共产主义的途径，又是实现共产主义的重要目标。马克思公共性始终坚持人本的立场，体现一种基于现实又超越现实的"公共人"终极关怀。

一、"公共人"是马克思公共性思想的落脚点

马克思坚持把人的问题作为其贯穿公共性研究过程的永恒性主题。马克思公共性思想深邃厚重，内容磅礴丰厚，立意高远深刻，无论是从人类解放的立场来看，还是共同体的发展看，无论是从公共利益来考察，还是从自由人联合体来审视，"马克思哲学的终极关怀依然是人，马克思在公共性思想上所做的贡献其最终指向也是人"①。人的公共性问题是马克思公共性思想的灵魂性问题。马克思公共性从"现实的人"出发，批判传统的唯心主义和机械唯物主义对人的"抽象化"，批判黑格尔关于国家与市民生活的颠倒关系，批判资本主义劳动对人的异化，科学地勾勒了理想的人——"公共人"的生成。可见，致力于"公共人"生成的理想设计贯穿着整个马克思公共性思想。

"公共人"是马克思公共性思想的落脚点，主要体现在下述判断中。

第一，社会发展形态与人的发展形态是大体相适应的。在马克思的历史哲学视野中，人类社会形态经历了由低级到高级、简单到复杂、野蛮到文明、封闭到开放的发展过程。按照马克思社会发展三阶段理论，在前资本主义社会，人的发展处于"对人的依赖"阶段，在资本主义社会，人的发展处于"物的依赖"阶段，在共产主义社会，人能实现"自由全面的发展"。可见，社会形态的发展变迁反映了人的发展变化，而人的发展变化也体现了社会形态的变迁。在这基础上转化为公共性问题研究，"公共人"的生成问题就表征着公共性的生成问题。

第二，公共性历史的进展也伴随着人的交往形式的变迁。在马克思的公共性思想逻辑中，公共性发展史就是人类的交往发展史。马克思不仅研究了人类交往的历史、价值、意义，也提出了交往的媒介所导引的人的发展向度。随着媒介的变迁，人的交往方式不断发展、跃迁，人的社会关系不断得到拓展，人的综合能力素质不断得以提升，"公共人"的生成最终得以实现。

① 张建国. 公共性视角下马克思人学的当代阐释［J］. 企业导报，2013（21）.

第三，公共利益是马克思公共性的核心，追求公共利益是"公共人"的应有之义。在追求公共利益的过程中，"公共人"首先要具有公共意识，不仅要满足个人的需要，更要将个人私利放到更为宽广的群体、社会、共同体的整体中来理解，明确公共生活、公共利益对于个人的发展具有重要的作用，并自觉拥有为实现公共利益而努力的公共承诺。其次，"公共人"要具有公共关怀的情感和态度。在公共活动和公共交往中，"公共人"要对公共利益有热情的关注，把追求公共利益作为自己的人生态度，把维护公共利益作为评价自己和他人的重要尺度。最后，"公共人"要积极地促进公共利益的实现。"公共人"必然要在公共生活中，参与公共事务，为实现一个又一个具体的公共目标、公共利益而不断付诸行动。

可见，马克思公共性思想从不同的角度实现着对"公共人"理想生成的精神指引。马克思公共性思想始终站在全人类解放的立场上，把全人类的终极命运紧密联系起来，把"公共人"作为理想目标寄托在自由人联合体上，把人的自由全面发展的价值承诺书写在共产主义旗帜上。

二、"公共人"理想生成的前提

马克思的公共性思想王国的建立主要基于两条路径的有机汇合：一方面是在理论上对西方传统公共性思想的批判、解构并在此基础上继承和创新；另一方面是在实践上马克思通过对人类不同社会形态的历史考察，尤其是对现行的资本主义社会的批判，科学地预测未来社会的理想状态。因此，对于"公共人"的理想生成，马克思同样没有直接论述"公共人"应然状态，而是一方面批判传统哲学的"抽象人"，并从现实的人出发，规约现实人的公共存在；另一方面批判市民社会，强调只有私有制被消灭，人的个体利益与公共利益高度一致时，"公共人"才得以生成。可以说，马克思是从人的维度和社会的维度来探讨"公共人"的生成逻辑的。

（一）现实的人的公共存在是"公共人"理想生成的前提之一

"斯芬克斯之谜"一直是哲学家们关心和关注的话题，马克思同样非常关注。但马克思并没有延续传统西方哲学唯心主义的方法论从形而上的人性观和精神化的纯粹理念来预设和研究"人"；相反，马克思在摸索中创生了历史辩证唯物主义——一种新的方法论和思维方式。马克思认为"它的前提是人，但不是某种处在幻想的与世隔绝、离群索居状态的人，而是处在一定条件下进行的、现实的、可以通过经验观察到的发展过程中的人"①。马克思从具体的、现实的、关系的维度来理解和分析人,从而开启了科学研究"人"的新语境,也是使人的理论发展成为科学的一次重要哲学革命。

首先,人是现实生活中的人。"现实的人"是马克思解剖"人"的逻辑起点,是分析"关系中的人"的前提基础,也是追寻"历史与逻辑发展中"的"自由而全面发展的人"的诉求基点。在对费尔巴哈关于人的观点的批判、扬弃以及超越过程中,马克思不再像前人那样脱离现实而抽象地谈论虚幻的人,而是把人看作是处在一定的物质生产条件下的实实在在的人。因此,马克思认为人是"可以用纯粹经验的方法来确认"的"有生命的个人的存在"和"从事活动的人们"②。马克思正是对人做了"人们的存在就是他们的现实的生活过程"③这样简单明了却掷地有声的理解,从而把人拉回到现实,让人从圣坛走向世俗,明确了人是有意识、有需要的存在物。"意识"让人成为自觉自主的主体,"需要"推动人"从现成人向生成人的跃迁"④。人通过有意识的生产、劳动、实践满足自己的需要,在这个过程中人形成各种社会关系,并不断向前发展。

其次,现实的人是公共存在的。马克思在人学上的变革不仅仅实现了从"抽象的人"到"现实的人"的跃迁,而且还以公共关系和公共交往的视角对"现实的人"做出了"对象性、总体性、价值性"的规定⑤。人的对象性,说明人"是受动的、受制约的和受限制的存在物"⑥。人不仅受到周围人和物的制约、受到既成关系的制约,还受到了前人、同时代人和后人等代际之间的制约,纵横向的关系存在证明了人就是一个公共存在。同时,人的对象性还表现为人通过对象化的活动才能确立自己的本质。这揭示了在人与

---

① 马克思,恩格斯.马克思恩格斯选集:第1卷 [M].北京:人民出版社,1995:73.

② 马克思,恩格斯.马克思恩格斯全集:第1卷 [M].北京:人民出版社,1995:67.

③ 马克思,恩格斯.马克思恩格斯全集:第1卷 [M].北京:人民出版社,1995:72.

④ 贾英健.公共性视域:马克思哲学的当代阐释 [M].北京:人民出版社,2009:161.

⑤ 贾英健.公共性视域:马克思哲学的当代阐释 [M].北京:人民出版社,2009:172.

⑥ 马克思.1844年经济学哲学手稿 [M].北京:人民出版社,2000:107.

人的交往过程中，人们必须要遵守公共规则、互为主体，将互制性转化为同在性、联合性、互通性。如果说对象性主要是从人与人的关系视角来阐述的话，那么总体性强调的是群体性，尤其是超越族群的类存在，这是从人与共同体的关系视角阐述的。说明人不只是单独的自然个体，人还是社会的存在物，是人的类的存在物，没有一个人能与外界毫无联系而能维持生存和发展。正如马克思宣称："人是最名副其实的社会动物，不仅是一种合群的动物，而且是只有在社会中才能独立的动物。"① 马克思认为，无论是生产性的交往、物质性的交往，还是精神性的交往，都显示了个体作为类的存在而具有社会性。马克思"人的本质是一切社会关系的总和"的著名论断正说明了人的总体性，强调人作为一种"总体存在物"，必然受社会关系的制约，因此人以遵循共同秩序作为保障，才能获得个人合理的权利和合法的利益。在马克思看来，人还具有价值性。人作为一种价值存在物，"既要合乎规律地去生存，又要合乎目的地去活动"②。始终追求"应然"价值，并以"应然"为价值目标去从事实践活动，超越"实然"状态，构筑、创造更美好的生活。马克思认为，"一个种的整体特性、种的类特性就在于生命活动的性质，而自由的有意识的活动恰恰就是人的类特性"③。因此，人类总是在现有生产力的基础上不断奋进，把人的价值存在转化为现实标准尺度和规范存在，在现实中超越现实，实现类的理想，实现"公共人"的理想生成。

（二）批判市民社会是"公共人"理想生成的前提之二

马克思"公共人"的理想生成，是建立在对资本主义意识形态虚伪性的批判上的，因此"公共人"不是一个中性向度的词语，其具有浓厚的意识形态性。意识形态作为一个群体或共同体在世界观和价值观上的认知系统，在很大程度上反映了在特定社会制度下公共性的真实状态。马克思对资本主义意识形态的批判，从来都不是就意识形态而批判意识形态，马克思是从意识形态的存在论基础来把握和批判意识形态的。马克思指出："从直接生活的物质生产出发阐述现实的生产过程，并同这种生产方式相联系的，它所产生

---

① 马克思，恩格斯. 马克思恩格斯全集：第46卷（上）[M]. 北京：人民出版社，1979：20.
② 贾英健. 公共性视域：马克思哲学的当代阐释 [M]. 北京：人民出版社，2009：183.
③ 马克思. 1844年经济学哲学手稿 [M]. 北京：人民出版社，2000：56.

的交往方式即各个不同阶段的市民社会理解为整个历史的基础，从市民社会作为国家的活动描述市民社会，同时从市民社会出发阐明各种不同理论的产物和形式，如宗教、哲学、道德等，而且追溯它们产生的过程。"①因此，马克思"公共人"理想生成的另一前提是对市民社会的批判。

马克思的市民社会理论在很大程度上是继承了黑格尔关于市民社会的著述，并在此基础上批判了黑格尔关于市民社会与国家之间关系的论述，剖析了资本主义市民社会的局限和矛盾，提出了人类的发展必须要超越市民社会，进而实现从政治解放到人类解放的公共理想。首先，马克思批判了黑格尔的国家决定市民社会论，认为应该是市民社会决定国家，这样才能使"人民成为国家制度的原则"②，才能消除市民社会与国家的二律悖反。于是，马克思对国家的批判转向了对市民社会的批判。马克思在对资本主义市民社会的批判中指出，私利性构成了市民社会的根本规定，是市民社会的基本特征。市民社会的政治解放并没有消灭私有制，它只是使人们从处于封建生产关系中转变为处于资本主义生产关系中，进而把资产阶级变为统治阶级，使其成为公共利益的代表，把曾经一起进行封建主义革命的无产阶级变成了被统治阶级。马克思深刻地揭露了资本主义市民社会的历史局限性，指出市民社会所谓的普遍利益实则是资产阶级的阶级利益，市民社会所谓的普遍原则实则是为资产阶级统治服务的阶级原则，市民社会所谓的公共活动实则是资产阶级巩固其统治的局部的政治活动。因此，资本主义市民社会是一种虚幻的公共领域，其所代表的利益也是虚假的公共利益。

与市民社会异化相并行的是人的异化问题。马克思认为市民社会的私利性直接导致了人与人之间的分离与异化。在《德意志意识形态》中，马克思就借助于"分工"把市民社会对人造成的异化进行了批判，他指出分工使得个人利益与共同利益产生了矛盾，"只要特殊利益和公共利益之间还有分裂，也就是说，只要分工还不是出于自愿，而是自然形成的，那么人本身的活动对于人来说就成为一种异己的、同他对立的力量"，"正是由于私人利益和公共利益之间的这种矛盾，共同利益才采取国家这种与实际的单个利益和全体

① 马克思，恩格斯．马克思恩格斯选集：第 1 卷［M］．北京：人民出版社，1995：92.

② 马克思，恩格斯．马克思恩格斯全集：第 3 卷［M］．北京：人民出版社，2002：72.

利益相脱离的独立形式"①。对于人的异化问题的解决，马克思进一步指出："个人力量（关系）由于分工而转化为物的力量这一现象，不能靠人们从头脑里抛开关于这一现象的一般观念的办法来消灭，而只能靠个人重新驾驭这些物的力量，靠消灭分工的办法来消灭。没有共同体，这是不可能实现的。只有在共同体中，个人才能获得全面发展其才能的手段。也就是说，只有在共同体中才可能有个人自由。"②可见，马克思"公共人"的生成与人类解放的实现是具有交互性的同步完成的。

马克思站在无产阶级的立场和人本的立场对市民社会进行了批判，指出市民社会造成了人的异化，使人成了"利己主义"的个人。无产阶级要超越市民社会政治解放的眼界，以解放人类为目标，消灭私有制，消除市民社会与政治国家的矛盾与分裂，让国家共同体转变成为人类真实的共同体，使公共利益与个人利益达到一致性，人才能从"利己主义者"转变为"公共人"。

三、走向"公共人"的理想生成

马克思以历史时空观阐述的人不仅仅是现实的、静态的人，还是动态的"生成中"的人，"生成性也构成了马克思考察现实的人的重要维度"③。在马克思的思想语境中，人是一种总体性存在，人能主动克服异化而能动地复归自我，以类整体的存在发展本位追求公共性。因此，马克思的"公共人"隐喻着对人类解放的殷切希望。马克思指出在资本主义时代原子式的个体以追逐个人私利为生存目的，鲜有关注或考虑公共利益，因此，"公共人"的生成，必须破解劳动异化之谜，破除交往异化之绊。他批判了资本主义共同体的虚幻性，分析了资本主义公共性缺失的根本原因，并在此基础上，超越性地建构了基于公共交往的公共价值和公共原则，并把"公共人"的培育和塑造诉诸在"自由人的联合体里"的人的全面自由发展这一价值目标。

其实，正如马克思并未提及"公共性"一样，马克思也没有提及"公共

---

① 马克思，恩格斯. 马克思恩格斯选集：第 1 卷［M］. 北京：人民出版社，1995：84 - 85.

② 马克思，恩格斯. 马克思恩格斯选集：第 1 卷［M］. 北京：人民出版社，1995：118 - 119.

③ 贾英健. 公共性视域：马克思哲学的当代阐释［M］. 北京：人民出版社，2009：196.

人"概念。马克思的"公共人"的主要观点和理论内蕴在马克思人学思想中。但与我们平时所看到的当代研究者关于马克思人学的论述内容所不同的是，"公共人"彰显了马克思公共性的主旨，而普通的人学思想则有意无意地消隐了公共性视域，就"人的全面自由发展"而论述人的自由全面发展。或者，我们应该换句话来表述马克思的"公共人"观点，即公共性视角下的马克思人学，这样，我们就非常清晰地了解到马克思所塑造的"公共人"意蕴。马克思在"公共人"的论述上，不仅以"现实性"为出发点进行了视野的置换，而且以公共关系和公共价值对人做了一系列的公共规定。换言之，马克思人学观中所追求的"自由而全面发展的人"，实质上是一种在不断实践中以公共价值为追求的"公共人"的历史生成。

马克思"公共人"的理想生成，至少包含了三方面的要义，即"追求丰富的公共生活""走向全面的人的发展""体现自由的发展个性"①。

（一）追求丰富的公共生活

马克思始终把人置于现实的生活中来探讨人的发展问题。他认为，人的现实生活不是抽象的，是直观的感性的、在经验中能够确证的真实生活。马克思所指的现实生活具有多方面的内容。首先，人不仅有物质生产，还有精神生活。人要维持其生存和发展，必须具有物质生活条件，因此物质生产生活构成人现实生活的重要一部分，只有物质财富获得巨大发展，人才能摆脱劳动的奴役。马克思肯定物质生产生活对人的发展起到决定性的作用，但马克思认为完整的人的生活还包括精神生产活动，精神生产始终与物质生产的发展相一致，并且认为只有精神生活活动也达到自由了，人才能真正实现自由。马克思指出："自由王国只是在必要性和外在目的规定要做的劳动终止的地方开始；因而按照事物的本性来说，它存在于真正物质生产领域的彼岸。……在这个必然王国的彼岸，作为目的本身的人类能力的发展，真正的自由王国，就开始了。"②可见，马克思对人的生活的理解，既包含了物质生产生活，也包括了精神生产生活，体现了人的生活世界的丰富性。

在此基础上，"马克思还从个人生活和公共生活的角度来把握现实的人

---

① 贾英健. 公共性视域：马克思哲学的当代阐释［M］. 北京：人民出版社，2009：
196－203.

② 马克思. 资本论：第3卷［M］. 北京：人民出版社，2004：929.

的生活"①。在个人生活方面，主要是指满足个体的日常生活中衣食住行等基本生存需要的物质生产生活，当然也包括一部分私人的精神方面的生活。但作为完整的人、具有社会性的人，人需要不断地在公共生活中确证自己，在更广泛的交往中释放自身的能量，这就是马克思讲的人与动物的区别，"动物只是按照它所属的那个种的尺度和需要来构造，而人懂得按照任何一个种的尺度来进行生产，并且懂得处处都把内在的尺度运用于对象；因此，人也按照美的规律来构造"②。从这个意义说，人的生成过程，实际上就是人的需要不断丰富、人的能力不断完善的过程，"人不仅通过思维，而且以全部感觉在对象世界中肯定自己"③。

在追求公共生活中，必然饱含着对公共利益的追求。利益与人的发展紧密相连，追逐个人利益是人的基本需求之一，但马克思坚决反对"当每个人追求自己私人利益的时候，也就达到私人利益的总体即普遍利益"这种抽象的说法，他认为"共同利益恰恰只存在于双方、多方以及各方的独立之中，共同利益就是自私利益的交换"④。换言之，公共利益是私人利益实现的条件，公共利益生成于与私人利益相互实现的基础上。私人利益在多大程度上得到实现，人的自主自由发展到什么程度，这取决于公共利益的实现程度。反过来，人的自由活动发展到什么程度，参与公共领域的广度和深度就会达到什么程度，公共利益就会在什么程度上得以实现。可见，人的自由发展与公共利益的实现是在同一历史发展进程中的。

因此，马克思对"公共人"的理想生成，首先体现在对人的丰富的公共生活的美好向往。

（二）走向人的全面发展

马克思关于人的"全面"发展，主要是针对资本主义所出现的分工、剥削等异化行为而导致人发展的单向度和不平等提出来的。马克思指出，"当分工一出现之后，任何人都有自己一定的特殊的活动范围，这个范围是强加

---

① 贾英健. 公共性视域：马克思哲学的当代阐释［M］. 北京：人民出版社，2009：198.
② 马克思. 1844 年经济学哲学手稿［M］. 北京：人民出版社，2000：58.
③ 马克思. 1844 年经济学哲学手稿［M］. 北京：人民出版社，2000：87.
④ 马克思，恩格斯. 马克思恩格斯全集：第30卷［M］. 北京：人民出版社，1995：198.

于他的，他不能超出这个范围：他是一个猎人、渔夫或牧人，或者是一个批判的批判者，只要他不想失去生活资料，他就始终应该是这样的人"①。分工使人片面、畸形发展，因此人要走向全面发展，就必须要消灭资本主义的分工。

马克思认为，人的全面发展包括三方面的内容。第一，人的需要的全面发展。需要是人生存的基础，也是人发展的动力。"需要的存在和满足，人的生命活动的存在和持续；需要的深化和扩展，表明人的生命活动水平的提高和范围的扩大；需要的萎缩和停止，表明人的生命活动的衰退或终止。"②人的需要越多样化，表明人的全面发展程度越高。第二，人的能力的全面发展。人的能力包括体力、智力、追求真善美的能力以及综合素质的发展等，人的能力在资本主义社会中是畸形片面发展的，但随着生产力的发展，人的实践活动不断丰富化和多样化，人的能力也随之发展起来，并得以体现。这正如马克思所说："在共产主义社会里，任何人都没有特殊的活动范围，而是都可以在任何部门内发展，社会调节着整个生产，因而使我有可能随自己的兴趣今天干这事，明天干那事……"③第三，人的交往关系的全面发展。"社会关系实际上决定着一个人能够发展到什么程度。"④而"个人的全面性不是想象的或设想的全面性，而是他的现实联系和观念联系的全面性"⑤。人的交往范围越广阔、交往层次越丰富、交往次数越频繁，对人的能力和素质要求就越高，人的发展就会越全面。除此之外，走向人的全面发展，不是指群体性的人的普遍发展，也不仅仅是指个别的、偶然的个人的全面发展，而是指每一个个体的全面发展。

全面性，还具有更深层的意蕴，即人的主体间性得到全面发展。马克思首先确定人是一种对象性存在，除了立足于人与自然的维度，马克思更强调

① 马克思，恩格斯．马克思恩格斯选集：第 1 卷 ［M］．北京：人民出版社，1995：85．

② 赵家祥．马克思关于人的本质的三个界定 ［J］．思想理论教育导刊，2005（7）．

③ 马克思，恩格斯．马克思恩格斯选集：第 1 卷 ［M］．北京：人民出版社，1995：85．

④ 马克思，恩格斯．马克思恩格斯全集：第 3 卷 ［M］．北京：人民出版社，1960：295．

⑤ 马克思，恩格斯．马克思恩格斯全集：第 30 卷 ［M］．北京：人民出版社，1995：480．

从社会的视角来探索人的对象性，即人与人之间对象性存在问题。马克思承认个体的存在性、合理性和利益性，同时马克思认为个人的个性化发展必须置于社会中，在人与人的共生共在、共存共享中获得。因此，这不仅仅需要确认人的主体性，还需要建立人与人之间的主体间性关系。主体间性，首先应该是平等的关系，是自我主体与对象主体间通过中介如劳动、生产、交换、交往等建立的共生性和平等性的关系。但马克思在考察人类社会形态发展的动态过程中，发现人并非天生平等，在前资本主义社会，创造历史的人民群众毫无主体性可言，更勿谈主体间性了。在资本主义社会，人似乎有了平等性和主体性，但主体之间的关系是一种形式上的平等，劳动的不自由、关系的物化让人与人之间异化为赤裸裸的商品和货币的关系，"在交换价值上，人的社会关系转化为物的社会关系；人的能力转化为物的能力"①。物化遮蔽了人的个性，也阻隔了人与人之间的主体交往，人们只能通过物这个中介进行交往，因此对物的依赖让处于资本主义社会的人们的关系也仅仅是肤浅的、虚幻的主体间性的关系。马克思并没有悲观于此，在他看来，"人不是在某一种规定性上再生产自己，而是生产出他的全面性；不是力求停留在某种已经变成的东西上，而是处在变易的绝对运动之中"②。他预设生产力发展到一定程度，每个人都将是一个完整的发展主体，人与人之间自主、直接地交往，每个人在交往过程中既促进自己的全面发展，也促进了他人的全面发展，人与人的主体间性关系得到完整完善和完美的呈现。

（三）体现自由的发展个性

马克思的"自由"理念是针对劳动的不自由、人的依附性和物的依赖性现象而提出来的。马克思认为，自由是一种没有被肢解的完整和一种自觉自在，是"为了人并且通过人对人的本质和人的生命、对象性的人和人的产品的感性占有，不应当仅仅被理解为直接的、片面的享受，不应当仅仅被理解为占有、拥有。人以一种全面的方式，也就是说，作为一个完整的人，占有自己的全面的本质"③。马克思关于自由的阐释是建立在对"国家""市民社

---

① 邵发军. 马克思的共同体思想的阶段性问题研究［J］. 社会主义研究，2011（2）.

② 马克思，恩格斯. 马克思恩格斯全集：第30卷［M］. 北京：人民出版社，1995：480.

③ 马克思，恩格斯. 马克思恩格斯全集：第3卷［M］. 北京：人民出版社，2002：300.

会"等整体概念的唯物史观解读的基础之上，共同体的发展、嬗变则是马克思论述"自由"发展历程的直接工具。可以说，马克思关于"自由"的思想和理论旨归是与对资本主义现象与本质的批判紧密联系在一起的。马克思考察了现实资本主义社会的异化现象，指出个人与社会的分裂、私人性与公共性的矛盾造成了人的不自由。

马克思认为，不同的社会历史阶段，共同体有着不同的形态和表现形式，相对应的人的自由状态也不同。在前资本主义阶段，社会表现为自然形成的共同体和国家共同体，个人"就表现为不独立，从属于一个比较大的整体"①，严重的依赖于人的关系使得个人表现极为不自由。与前资本主义共同体相比，在资本主义社会的"市民社会共同体"里，人尽管是独立的，但"在前一场合表现为人的限制即个人受他人限制的那种规定性，在后一场合则在发达的形态上表现为物的限制即个人受不以他为转移并独立存在的关系的限制"②。"每个人不是把他人看作自己自由的实现，而是看作自己自由的限制。"③ 也就是说，尽管资本主义比前资本主义社会有了相对的自由，但这种自由仍然受到物的牵绊和宰制，人与人之间是一种不真实的自由，是一种抽象的、片面的自由，而这样的自由使得主客体之间割裂开来，使人不能成为"完整的人"。

也就是说，在人的个性自由发展中必然有着他者的维度。所谓他者维度，马克思认为，生活在一定社会关系中的自我与他人，都难以仅靠自己的力量体认生活的各个领域，"人对自身的关系只有通过他对他人的关系，才成为对他来说是对象性的、现实的关系"④。"假定我们作为人进行生产。在这种情况下，我们每个人在自己的生产过程中就双重地肯定了自己和另外一个人。（1）我在我的生产中使我的个性和我的特点对象化，因此我既在活动时享受了个人的生命表现，又在对产品的直观中由于认识到我的个性是对象性的、可以感性地直观的因而是毫无疑问的享受到个人的乐趣。（2）你在享

① 马克思，恩格斯.马克思恩格斯全集：第30卷［M］.北京：人民出版社，1995：25.

② 马克思，恩格斯.马克思恩格斯全集：第30卷［M］.北京：人民出版社，1995：114.

③ 马克思，恩格斯.马克思恩格斯全集：第3卷［M］.北京：人民出版社，2002：184.

④ 马克思.1844年经济学哲学手稿［M］.北京：人民出版社，2000：60.

受我或使用我的产品时，我直接享受到的是：既意识到我的劳动满足了人的需要，从而使人的本质对象化，又创造了与另一个人的本质的需要相符合的物品。（3）对你来说，我是你与类之间的中介，你自己认识到和感觉到我是你自己本质的补充，是你自己不可分割的一部分，从而我认识到我自己被你的思想和你的爱所证实。（4）在我个人的生命表现中，我直接创造了你的生命表现，因而在我个人的活动中，我直接证实和实现了我真正的本质，即我的本质，我的社会本质……情况就是这样：在你那边所发生的事情同样也是我这方面所发生的事情。"①可见，自我必须作为他人的手段时，才能实现自己的目的；同样，自我只有作为自己目的而自为地存在时，才能成为别人的手段，助力他人达到其目的；每个人既是目的又是手段，"凡是有某种关系存在的地方，这种关系都是为我而存在的"②。当每个人既能实现利己性又能实现利他性时，他者维度即产生在公共性的意涵中。

从上文对共同体历史发展的解读中，我们知道，自然共同体体现的是个人完全依附于社会而没有独立性，这种个体湮没在社会的状态导致"自我"的不存在，他者维度更是无从说起。尽管在资本主义共同体中，人因脱离对社会的依赖而变得独立，但又陷入"物化"的泥潭中而导致个体与社会互相撕裂和对抗，"共同体作为内部关系构成的相对直接的总体分裂为原子式的碎片，它们现在不再处于内部关系中，而处于相互对立的外部关系中"③。"他者"在商品面前被形式化、抽象化，"各个人看起来似乎独立地……自由地互相接触并在这种自由中互相交换"，但这"只不过是错觉"，"确切些说，可叫作——在彼此关系冷漠的意义上——彼此漠不关心"④。这种社会关系的异化注定了"他者"维度的稀缺，人无法通过他者直观自身、确证自我。马克思预见，只有在"自由人的联合体"里，人才能通过他者认识自我、回归自我。"联合"在德语中就是强调对象性的他者存在，是自我和他者共融共在的一种状态。因此，在真实的共同体里，个体与社会实现了统一，你中

---

① 马克思.1844 年经济学哲学手稿［M］.北京：人民出版社，2000：184.
② 马克思，恩格斯.马克思恩格斯选集：第 1 卷［M］.北京：人民出版社，1995：35.
③ ［美］古尔德.马克思的社会本体论：马克思社会实在理论中的个性和共同体［M］.王虎学，译.北京：北京师范大学出版社，2009：28 - 29.
④ 马克思，恩格斯.马克思恩格斯全集：第 30 卷［M］.北京：人民出版社，1995：113.

有我，我中有你，相互反观和确认着彼此的存在与存在的价值。在自由人的联合体里，人与人之间的关系不再是支配与奴役，也不是赤裸裸的利益关系，"人与人之间的兄弟情谊在他们那里不是空话，而是真情"①。在更深层的意蕴上，马克思宣告共产主义是人的自由实现的母体，在这联合体里，"人终于成为自己的和社会结合的主人，从而也就成为自然界的主人，成为自身的主人——自由的人"②。

---

① 马克思.1844 年经济学哲学手稿［M］.北京：人民出版社，2000：129.
② 马克思，恩格斯.马克思恩格斯全集：第3卷［M］.北京：人民出版社，1995：760.

第二章

思想政治教育公共性的视域选择

    作为马克思主义的二级学科，无论如何，思想政治教育与马克思公共性思想是有关联的，这是明确的，而且毋庸置疑。但有怎样的关联？马克思公共性在思想政治教育中有着怎样的高屋建瓴的理论指导和实践指引作用，思想政治教育又如何体现并追认马克思公共性的价值主旨？这似乎又是模糊的，更是陌生的。随着多元化社会的到来，复调之潮席卷着整个社会、整个国家、整个世界，它波及每一个人，涉及人与人、人与整个社会的关系，正如海德格尔所说："世界向来已经是我和他共同分有的世界，此在的世界就是共同的世界，'在之中'就是与他人共同存在。"①我们隐隐约约地感觉到，而且越发地清晰，思想政治教育必须明确地表达其公共性追求和公共性价值立场，从更高的公共立意进行人的培养。

第一节　思想政治教育与公共性的关联

    无论是实践上抑或理论上，在公共性问题上探讨思想政治教育，或者在思想政治教育问题上探讨公共性，都是罕见的，甚至是缺失的。这是一件颇为令人费解的事情。第一，从理论层面上看，思想政治教育和公共性都属于马克思主义研究的重要论域。公共性揭示人存在的状态和一般意义，是哲学研究的一个基本问题，也是马克思主义研究的一个重要内容；思想政治教育是马克思主义理论一个重要的论域，它通过思想、政治、道德等方面的教育，当然也包括通过公共性教育来关注和促进个人的发展与社会发展。第

---

    ① ［德］海德格尔. 存在与时间［M］. 陈嘉映，等译，上海：三联书店，1987：146.

二，从终极价值层面上看，共在共处是公共性的现实基础，实现"自由人的联合体"是公共性的归旨，公共性和思想政治教育的终极价值都指向"人的全面而自由的发展"。第三，从实践层面上看，公共性为思想政治教育提供了场域和视域，思想政治教育是实现公共性的重要途径之一。可见，无论是理论上、价值上还是实践上，思想政治教育与公共性都有着不可分割的关联。

一、思想政治教育为何要关涉公共性

（一）思想政治教育的本质决定了公共性是其应有之义

"思想政治教育本质是思想政治教育理论中的根本问题，牵一发而动全身。对思想政治本质的认识清楚，则方向明；对思想政治教育本质的认识正确，则方向正；对思想政治教育本质有效地坚持，则思想政治教育生气勃勃。"①本质问题是研究思想政治教育不可回避的基本理论问题；研究思想政治教育的公共性问题，必然要追问思想政治教育的本质。

什么是思想政治教育的本质？思想政治教育的本质是"思想政治教育固有的，且决定思想政治教育性质、面貌和发展的质的规定性"②。本质决定了思想政治教育的不可替代性，本质决定了思想政治教育的发展变化，本质决定了思想政治教育的价值所在。恩格斯曾说过，"马克思研究任何事物时都考查它的历史起源和它的前提，因此，在他那里，每一单个问题都自然要产生一系列的新问题"③。马克思历史观的研究方法对于我们探索思想政治教育的本质有很大启发。

首先，我们应该追溯思想政治教育的源起。人从一出生就开始了从"自然生物人"向"社会人"转变的"社会化"过程。"社会化"的过程不仅仅是个人逐渐认识自我、适应社会的过程，还是个体与社会其他成员在互动中形成共在有序的生活世界的过程。可见，社会性是人的根本属性，但"人类

---

① 孙其昂. 关于思想政治教育本质的探讨［J］. 南京师范大学学报（社会科学版），2002（5）.

② 陈志华. 坚持思想政治教育的本质属性：政治性与科学性的有机统一［J］. 理论与改革，2006（5）.

③ 马克思，恩格斯. 马克思恩格斯全集：第22卷［M］. 北京：人民出版社，1965：400.

在本性上，也正是一个政治动物"①。尤其是进入阶级社会后，人类社会的
"一切——或几乎一切——都带有部分政治性"②。政治社会化，就是人们需
要获得政治知识、政治情感、政治态度、政治信仰，按照政治行为方式行
事，这不仅需要文化知识的教育，更需要政治知识、政治意识、政治思想等
的教育，引导社会成员接受政治规范，认同政治理念，维护政治制度，从而
实现政治秩序的稳定。这种教育在国外称之为"公民教育"，而在我国就是
"思想政治教育"。因此，从起源看，人的阶级性和政治性是思想政治教育产
生的根本原因。

　　其次，我们再探究思想政治教育的主要功能。第一，思想政治教育是维
护统治阶级地位、实现统治阶级利益的重要工具，统治阶级通过思想的灌输
和政治的教化等，让社会成员在潜移默化中接受、认同、维护其统治。第
二，思想政治教育在维持社会的稳定以及推动社会的发展中起到了重要的作
用。社会的动荡不安必将导致经济的萧条衰败和社会发展的停滞不前，历史
实践证明了亚里士多德所说，"保全政体诸方法中，最重大的一端还是按照
整体（宪法）的精神实施公民教育"③。思想政治教育不仅仅是维护统治阶
级的利益，它还关涉国家和社会的稳定与发展，它通过思想、意识形态等的
宣扬、传播，提升人的国家认同和政治认可，促进人与人之间、人与社会之
间、社会与国家之间的良性互动，从而促进社会的稳定与发展。第三，思想
政治教育的功能还在于服务人、发展人。除了是统治阶级统治的工具和社会
发展的稳定器外，思想政治教育还有一项最重要的功能，即始终关注和关怀
人的生存状态，积极促进人的发展。思想政治教育依据人的发展需要，尤其
是政治化的发展需要，致力于提高人的政治、道德等方面的能力，提升人的
人文素质和理性精神，提高人的精神境界和人生格局，使人能获得更全面、
更自由的发展。

　　由上述分析而得，思想政治教育的本质既具有政治工具性和社会服务

---

①　[古希腊] 亚里士多德. 政治学 [M]. 吴鹏寿，译. 北京：商务印书馆，1963：
44.

②　[法] 莫里斯·迪韦尔热. 政治社会学：政治学要素 [M]. 杨祖功，等译. 北京：
华夏出版社，1987：11.

③　[古希腊] 亚里士多德. 政治学 [M]. 吴鹏寿，译. 北京：商务印书馆，1963：
275.

性，也具有立人的属人性，其体现了思想政治教育的工具理性和价值理性的统一。

溯本求源地探究思想政治教育的本质，我们不难发现，思想政治教育天然地蕴含着公共性。思想政治教育植根于社会，与社会的政治、经济、文化发展等有着密不可分的关系，尤其是与政治、意识形态等方面有着天然的联结，可见思想政治教育是面向公共空间的，公共领域为思想政治教育提供了生长沃土和运转场域。思想政治教育又同人发生着根本而直接的关系，人的思想、态度、情感、行为的发生和变化发展都受思想政治教育的指引和影响，思想政治教育通过对人的生存关怀和精神引领，致力于塑造人的公共品格，从而实现人的发展与完善。可见，思想政治教育以其实践品性探究着如何促进人能更美好地生活、更全面地发展；作为整合社会的"软权力"，它关注公共生活，追求公共的善，它通过其各系统要素的有效运转实现国家（政府）与社会、个体三者之间良性的互动，并最大限度地释放公共性。

（二）思想政治教育学科的发展必然要求关涉公共性

随着经济全球化、社会信息化、政治民主化、文化多样化、价值多元化的发展，"公共性"成了各个学科发展的核心词汇。这不是一种赶时髦，也不是一种标新立异，作为一种新常态，这反映了现实中公共性的缺失以及生活领域对公共性的急需从而迫切要求各个学科对公共性消隐的反思，以及基于时代要求对公共性的构建。思想政治教育学科更不能置身事外。

恩格斯指出，"历史从哪里开始，思想进程也应当从哪里开始，而思想进程的进一步发展不过是历史过程在抽象的、理论上前后一贯的形式上的反映，这种反映是经过修正的，然而是按照现实的历史过程本身的规律修正的，这时，每一个要素可以在它完全成熟而具有典范形式的发展点上加以考察"①。这是一个公共性价值高昂的时代，是一个公共问题突显的社会，历史的演进需要思想政治教育彰显其应有的价值与作用，显然，把"公共性"作为学科的"增长点"和"发展点"，是当代思想政治教育契合时代发展、符合社会要求的重要体现。可见，加强公共性研究有助于完善思想政治教育学科建设。这主要体现在三个方面。

---

① 马克思，恩格斯. 马克思恩格斯选集：第2卷［M］. 北京：人民出版社，1995：43.

一是彰显了思想政治教育学科与时俱进的品质。一直以来，思想政治教育研究都着眼于应对不断出现的新形势、新情况、新问题而做出理性洞察和理论解析，并最终形成理论创新。如上文所述，公共性已是当今时代的属性和要求，培养具有公共性品质的人，思想政治教育当仁不让。面对人类提出的公共性课题，思想政治教育学科应从现实出发，从学理的高度，研究回答关乎人类社会命运与前途的问题。从另一方面讲，思想政治教育学科从诞生之日起，就呈现出跨学科的形态和属性，它与哲学、政治学、心理学、社会学、伦理学等学科交叉融合、相互渗透、相互影响。如今各学科对公共性的研究高潮迭起，思想政治教育学科应开放其恢宏的视野，吸收一切有价值的理论资源为其所用，这势必要求思想政治教育学科对公共性加以重视和关注。因此，公共性的融入，是思想政治教育学科与时俱进、可持续发展的重要理论支撑点。

二是体现了思想政治教育学科的创新价值。在这个问题上，首先要明确公共性研究是否可以成为思想政治教育理论的创新点。"思想政治教育理论创新具有政治属性、人本属性和现实属性的特点。"[1]首先，从政治属性的角度看，公共性是政治的根本属性，我国思想政治教育本身就带有浓厚的政治意识形态属性。对公共性加以研究，无疑最能彰显思想政治教育学科的政治属性。其次，从人本属性的角度看，当前我国和谐社会的建设、社会的可持续发展以及人的全面发展都需要一个良好的公共空间和公共品质。思想政治教育学科密切关注和深入研究公共性问题，有助于从根本上引导社会走向理性、公平、正义的状态，并最终促进平等、和谐、合作的人类共同体的形成以及人的自由全面的发展。最后，从现实属性的角度看，公共性问题既是人类历史发展的基础性问题，又是一个与当今全球化社会背景密切相关的具有时代意义的问题，这就是思想政治教育学科面临的形势。现代社会的全球化和信息化高度发展拓展了人类活动和交往的领域，公共领域越来越多，相应的"公共性"要求、规则也随之增多。社会成员要在观念上认同这些规则规范，行为上能够按照要求行事，结果上要符合社会公共的良性互动。社会公共意识、公共伦理、公共精神的建构不是一蹴而就的，需要引领、教育。如

---

① 郭金哲，孙世庆．试论当前思想政治教育理论创新要求［J］．沧州师范专科学校学报，2004（2）．

何引领与教育？思想政治教育学科必须以时不我待的姿态对公共性问题展开理论研究。

三是增强了思想政治教育学科的应用性。"现代思想政治教育学是 20 世纪 80 年代初开始形成和发展起来的一门应用性学科。"①作为一门应用性学科，思想政治教育绝不能是一种束之高阁的基础理论，而应该是能指导实践的科学化的接地气的应用"宝典"。如何应用？这还需要进一步发问思想政治教育学科的研究对象是什么。思想政治教育学科的研究对象是"人与人之间、历史与历史之间的意义世界"②。具体而言，人不仅具有物质生活的生存需要，还有社会生活的交往需要以及精神生活的价值追求，这些需要，尤其是后者的需要带有强烈的主观性、个体性、多元性、复杂性等特质，而难以被客观地描述和标识，难以被确定和量化。尽管如此，思想政治教育还是需要对"研究对象的价值和意义做出恰当的评价和判断，帮助人们和社会建立起合理的价值观念和评价体系，引导人们的价值追求"③。何以而为之？当今，公共性以其整体性的价值姿态统领着人的发展、社会的发展以及历史的发展，通过对公共性的解析能够真正地把握价值世界和意义世界。因此，从学科应用性的视角看，如果公共性的理念、话语、方法等式微或者缺席的话，思想政治教育学科就难以在实践中实现方向性的指引，其学科的合法性认同将受到质疑。因此，要增强思想政治教育学科的应用性，公共性的探讨是不可或缺的一个维度和方向。

（三）思想政治教育实践育人必然要求关涉公共性

托马斯·阿奎那（Thomas Aquinas）认为人天生是一种群居动物，"当我们考虑到人生的一切必不可少的事项时，我们就显然看出，人天然是个社会的和政治的动物，注定比其他一切动物要过更多的合群生活"④。"合群生活"需要公共空间和公共领域作为平台，需要公共理念和公共规则作为支

---

① 张耀灿，徐志远.现代思想政治教育学科论［M］.武汉：湖北人民出版社，2003：80.

② 金林南.思想政治教育学科范式的哲学沉思［M］.南京：江苏人民出版社，2013：22.

③ 曾德生.复杂性：当代思想政治教育的新趋势［J］.求实，2010（2）.

④ ［意］托马斯·阿奎那.阿奎那政治著作选［M］.马清奎，译.北京：商务印书馆，1963：44.

撑，以使人能各自扮演好私人领域以外的公共角色。从国际层面看，在现代化的世界里，全球化让公共空间得到了前所未有的发展，公共领域不断得以扩展；公共空间和公共领域日渐成为人们发表公共舆论、商讨公共事务、争取公共利益等活动的舞台。从国内层面看，伴随改革开放、社会转型，原来的"国家—社会"二元结构逐渐向国家、市场、社会三元结构转变。结构的分化必然导致公共领域和私人领域的分离，公共领域成了我们不可或缺的生活空间。公共生活在公共领域里发酵、生成，那么如何更好地进行公共生活？这不仅仅是政治学从公权力角度需要思索的问题，也不仅仅是社会学从NGO（非营利性公共组织）角度需要考虑的问题，它也是思想政治教育学从"人"的培养的角度需要深刻思考的问题。

一方面，公共生活的生成要求思想政治教育在实践中关涉公共性。良好的社会公共生活，除了具有合理合法的公共规则外，更重要的是要求人具有良好的公共品格。但几千年来，中国的社会历史几乎一直实行政社高度合一的政治运行体制，公私领域高度黏合，公共生活式微，公共理念缺乏。历史脉络延伸至今，尽管现代化的进程带来了公私领域的分离，公共空间得到前所未有的发展，但公共生活依然举步维艰，归根到底还是由于缺乏"公共性"文化底蕴的支撑，导致能积极理性参与公共生活并勇于承担公共责任的公共主体大面积的缺失。如何解决之？这必然要求当代思想政治教育的介入，要求其在实践育人中关涉公共性。因此，思想政治教育在活动实践中必须从公共性的角度出发，转变当前思想政治教育的目标、理念、内容、方法等，在实践中参与公共空间、关注公共生活，促进公民认同公共价值，促使公民主动自觉获得公共品质，并通过追求美好的公共生活追寻个人的幸福生活。

另一方面，公共性教育的匮乏迫切要求思想政治教育在实践中关涉公共性。当代社会，公民尤其是大学生非常关心国家大事，也有"天下兴亡，匹夫有责"之担当，但不可否认，部分大学生在功利主义和享乐主义的影响下，一味追求个人利益，膜拜权力、追逐金钱，认定这是成功的要义；一旦涉及公共事务、社会问题、政治问题，或随波逐流地围观，或不分青红皂白地怒骂，或事不关己。其背后实质上折射了当代部分大学生公共精神、公共理性的缺失，公共意识和公共责任的淡漠。当然，部分大学生无视公共利益、漠视公共生活的原因，不是个人道德的缺失，而是公共性思维的缺失，这归根到底是教育在公共性维度的缺席。因此，思想政治教育必须进行公共性的教育，通过系统的公共性教育实践，培育大学生的公共意识和公共精神，提升大学生的人格境界，帮助大学生树立高远的人生理想。"大学生只有具备了现代公共精神，才能以公民主体的姿态解读个人—集体、社会—国家、民族—人类、历史—未来的内在关系，认清个人的生命和使命，从而构建社会主义现代国家公民和世界公民应有的人生价值观、道德观、法制观、国家观和世界观。"①

社会生活的公共化趋势凸显了当代人和社会寻求"公共性"的价值和意义，个人生活的原子化发展凸显了公共性的阙如和急迫，而对"公共性"的追寻、发掘、植入恰恰隐含着对当代思想政治教育的深远期待。

二、思想政治教育如何关涉公共性

思想政治教育如何关涉公共性？这是思想政治教育学科的一个基本问题，也是思想政治教育实践的一个关键点，更是学界研究的一个难点。思想政治教育与公共性如何有机地相融，如何正确地描述，如何确定价值方向……一系列问题，需要进一步探讨。

（一）思想政治教育公共性提出

近几年来，陆续有思想政治教育研究者开始关注公共性，并运用公共性的相关理论关照思想政治教育，分析了思想政治教育公共性的迫切性。如2009年，夏庆波认为"公共性"理念对大学生思想政治教育有着重要的启示，"从公共性的视角来看，造成当前思想政治教育问题的根源在很大程度上是由于公共性的不在场。因此，解决困境的出路在于建构思想政治教育活动的公共性"②。2013年，金林南从学科范式建构的视角出发，指出"思想政治教育公共性这一话题与我们学科生活息息相关，理应成为思想政治教育学科范式研究的题中应有之义"③；2013年，戴锐提出了"思想政治教育的公共化转型"，认为"思想政治教育现代转型的总体趋势在于思想政治教育

---

① 吴江生，苏玉菊. 论大学生公共精神的培育 [J]. 海南大学学报，2009 (4).
② 夏庆波. 论公共性视域中的思想政治教育 [J]. 思想教育研究，2009 (6).
③ 金林南. 思想政治教育学科范式的哲学沉思 [M]. 南京：江苏人民出版社，2013：279.

的公共化"①；2014 年，赖纯胜提出"思想政治教育的公共性转型"，并分析转型的根本依据和现实必要性，并用实验证明了进行公共性转型后大学生思想政治教育所取得的成效②；2015 年，侯勇从政治社会化和意识形态的角度出发，认为"思想政治教育理论研究与实践工作也必须通过公共管理的参与、公共空间的生长、公共言论的发声、公共情怀的彰显来实现思想政治教育公共性关注和公共化转型"③。无论是"从公共性视角看待思想政治教育"，还是思想政治教育的"公共化"或"公共性转型"，都表征思想政治教育关涉公共性。

思想政治教育界的学者们对公共性的关注，让"思想政治教育公共性"逐渐发酵而成为一个命题。较之之前每年一两篇文章的研究情况，2016 年至 2019 年，与"思想政治教育"和"公共性"相关的文章逐渐多了起来。思想政治教育公共性的提出，是时代和社会对公共性的呼唤映射在思想政治教育的结果，也是思想政治教育可持续发展的必然选择。可见，思想政治教育公共性的构建是思想政治教育发展的一个重要方面，也是思想政治教育关涉公共性的根本途径。

（二）思想政治教育公共性的具体内涵

什么是思想政治教育公共性？思想政治教育公共性，不是"思想政治教育"与"公共性"两个概念的简单组合或机械嫁接，思想政治教育有着丰富的内涵。可以说，思想政治教育有着天然的公共性，公共性是思想政治教育的一种源属性。从工具理性层面来探讨思想政治教育公共性，思想政治教育一直展现出其公共性属性，即思想政治教育作为国家主流意识形态传播的主渠道、作为社会整合的软权力，其公共性得以彰显。但思想政治教育公共性远远不止于工具理性层面的意蕴。思想政治教育公共性作为价值理性层面的意蕴，主要是指价值理念的引领和目标指向。思想政治教育公共性作为当代思想政治教育的一种价值理念，它倡导一种共在、共处、共和性，一种公有、公用、功利性，一种共通、共谋、共识性，一种公意、公义、公理性，

---

① 戴锐．思想政治教育的公共化转型［J］．马克思主义与现实，2013（1）．
② 赖纯胜．论思想政治教育的公共性转型［J］．学术论坛，2014（4）．
③ 侯勇．论思想政治教育公共性困境与公共化转型［J］．理论与改革，2015（4）．

一种公开、公平、公正性①；旨在引导人们以公共性的价值尺度去建构一个和谐、共融、共享的人类社会，去培养人们的公共精神和公共品质，引导人们积极追求未来美好的公共生活。具体而言，思想政治教育公共性至少包含两个方面的内涵。

一是思想政治教育走进公共性。思想政治教育走进公共性，意指思想政治教育"为了更好发挥促进社会公共性增长，维护公共利益的职责的转型，也就是'为社会公共性而转型'"②。这一层面的内涵是从总体意义和存在价值上来说的，即思想政治教育要关注公共性、研究公共性、彰显公共性。"为社会公共性而转型"是由思想政治教育的职责使命和社会功能所决定的。思想政治教育是一个与个人身心发展密切相关的个人实践活动，更是一个与社会发展休戚相关的公共实践活动。思想政治教育必须站在公共文化和公共生活的立场上思考人类的公共性问题，站在推进公共福祉的立场上思考思想政治教育与人类公共利益的关系，以公共善的诉求思维试图解决意义世界中的共同问题以及优化公共生活的福祉。也就是说，思想政治教育公共性的构建，体现了思想政治教育对社会公共利益的关切意识，是思想政治教育对社会公共性的一种自觉担当，是对公共生活方式的一种追求和承诺。

二是公共性走进思想政治教育。公共性走进思想政治教育，即"为提高思想政治教育本身的公共性而转型，也就是'为自身的公共性而转型'"③。这层面的内涵是要求思想政治教育从本体论的角度出发，通过公共性构建使得思想政治教育过程的各要素获得公共性的内在品质，从而使思想政治教育本身融入公共性、内蕴公共性、体现公共性。从要素系统上来分析，即思想政治教育要从价值理念、目标方向、内容观点、方式手段、环境空间等方面进行"公共性"的构建，这体现了思想政治教育的自我批判、自我解构和自我建构。思想政治教育公共性的构建，首先要从深层的价值理念上进行塑造，即思想政治教育的价值理念应以公共精神为信仰和追求、以公共理性为情怀和动力、以公共责任为导向和规约，建塑公共性价值理念。在公共性理念的指导下，思想政治教育的目标也应体现公共性情怀，我国的思想政治教育坚持"培养社会主义合格的建设者和可靠的接班人"，这就体现了思想政

---

① 郭湛. 社会公共性研究［M］. 北京：人民出版社，2009：97.

② 赖纯胜. 论思想政治教育的公共性转型［J］. 学术论坛，2014（4）.

③ 赖纯胜. 论思想政治教育的公共性转型［J］. 学术论坛，2014（4）

治教育"公共人"的培养目标。围绕着"公共人"的培养目标，思想政治教育的内容、方式、环境等也应以公共性为基点，开拓开放的公共空间，促进公民的公共实践，培养公民的公共精神、公共素养、公共能力。当然，人作为思想政治教育的根本要素，人的公共性培育也显得尤为重要。这里的人，包括思想政治教育者和思想政治教育对象。无论是教育者还是教育对象，是否获得公共性维度，直接关系到思想政治教育公共性的发展。只有思想政治教育各要素获得了公共性品质，才能从整体上更为全面地把握、应对公共时代、公共生活对思想政治教育的要求。

思想政治教育公共性两方面的内涵是相辅相成、相互促进的。思想政治教育要促进社会公共性发展，必然要求思想政治教育自身具有公共性；而构建思想政治教育的公共性维度，其根本目的是为了促进、实现社会的公共性。

（三）公共哲学：思想政治教育公共性构建的理论视野和思想资源

思想政治教育公共性的构建，不是一种模式的植入，也不是一种技术的嫁接，它是当代思想政治教育的一种价值澄明，归根到底，它是思想政治教育学科发展过程的哲学沉思以及思想政治教育践行过程中的实践反思。这印证了张耀灿等人所述，"在全球化进程迅猛推进、社会主义市场经济不断完善的背景下，如何从价值哲学的高度，对思想政治教育的价值进行合理的、内在的反思、阐释和说明，就成了关系到思想政治教育的重大前沿研究课题"[1]。哲学"作为时代精神的精华"，不仅仅是解释现象与问题，更是致力于本质的透析和问题的解决，因此"哲学是人类把握世界最为深刻的方式，试图寻找的是人类安身立命的最高支撑点"[2]。公共性是人类社会的根本属性，"人的存在的公共性问题，从根本上说是一个哲学问题"[3]。从人的价值意义的高度上看，政治学、社会学、伦理学等学科的公共性理论都可以溯源于哲学的公共性思想；虽然各学科的公共性具体指向不一，但其价值意蕴都是以促进公共福祉和实现公共利益为意义指向、以实现人自由而全面发展为

---

[1] 张耀灿，等．思想政治教育学前沿［M］．北京：人民出版社，2006：70.
[2] 殷学东．建构思想政治教育的学术家园：评《思想政治教育学科范式的哲学沉思》［J］．江苏大学学报（社会科学版），2013（6）.
[3] 胡群英．社会共同体公共性建构［M］．北京：知识产权出版社，2011：146.

价值归旨。随着社会公共性问题的日益凸显和公共性需求的剧增，作为哲学的重要分支，公共哲学应运而生，并以探索、追求人类的真正的公共性为主旨，它始终关注人类的公共性，怀疑、反思、批判现有的公共性，通过关注个体、关注公众、关注社会、关注整个人类以及他们之间的关系来追寻最优的社会秩序以及人类的美好生活。因此，思想政治教育公共性构建必须以公共哲学为学科创新视野，运用、借鉴公共哲学的理论知识、思想资源才能高扬其应有的价值和作用。

　　"崇尚美好的人们，无论是自觉还是不自觉的，总要有发自内心世界的哲学精神向往和哲学理性的追求。"① 公共哲学的兴起，是哲学界对现代多极经济格局、多元政治主体、多样文化思潮等共在并存场景的一种审视和反思的结果。公共哲学努力践行一种共生共在、共赢共享的人类生存文化和发展理念，因此它批判人类追求狭隘的功利主义，反思人类对物质和效率的过分关注，主张人类应该关注人的生存生活方式、追求公共福祉。之所以以公共哲学的视野来建构思想政治教育公共性，不仅仅在于公共哲学以公共性为主题论域而深度回应了当代的公共性问题，也不仅仅在于思想政治教育的基本要素主体、客体、介体、环体等的概念、外延和内涵由哲学引进而来并内含公共意蕴，还在于思想政治教育从诞生之日起就意在追求美好，追寻美好人生和美好生活，这与公共哲学的价值立场和公共哲学的精神追求是同频共振的。以公共哲学的视野进行思想政治教育公共性建构，并不是将公共哲学对公共性之定义简单地比附于思想政治教育，而是立足于思想政治教育本体的一种批判、反思，其目的在于以公共哲学的公共理念和公共信仰高屋建瓴地指导思想政治教育公共性的建构，使得思想政治教育获得一种新的构成要素，确切地说，是激发思想政治教育的"公共性"因子由潜在性变为显在性，从而提升思想政治教育的时代意义和社会价值。

　　公共哲学不仅为思想政治教育提供了全新的视角和价值立场，还为思想政治教育提供了方法论思想和思维资源，但绝不是提供解决具体问题的方案，它促成我们对思想政治教育进行哲学式、价值式、公共式的思考、言说和实践，并对思想政治教育进行新的理念、方式、模式的建构。从公共经济学的角度出发，思想政治教育作为公共领域的重要组成部分，实际本身就是

① 张澍军. 哲学修养和德行修养［N］. 光明日报，2001－03－27.

一件公共产品；但对于社会和公众而言，思想政治教育还是一项指向人的精神世界的公共服务。蔡元培先生曾说过，"教育者，养成人格之事业也。使仅仅为灌注知识、练习技能之作用，而不贯之以理想，则是机械之教育，非所以施于人类也"①。思想政治教育更是如此。我们所指的运用公共哲学的方法论和思维指导思想政治教育公共性的构建，并非指利用公共哲学显示的"公共价值应然"来否定思想政治教育的"实然"，也并非用理想来框定现实。而是根据公共价值的主张去诊断思想政治教育在技术化过程中出现的价值蒙昧，根据价值的应然去判断现实的价值取向，从而做出正确教育决策，进而设计合理的教育制度、教育形式、教育内容以及教育活动等。也就是说，公共哲学思想是思想政治教育公共性构建的基础和理由，它为思想政治教育的价值理念做出指引，为思想政治教育的育人目标做出辩护，为思想政治教育的教化方式做出选择。

公共哲学的视野是思想政治教育公共性构建的方向选择，公共哲学的融入，势必使得思想政治教育内蕴的公共性被激活、激发，使得思想政治教育的公共性本质更凸显，公共性立意更高贵，公共性价值更丰满。

第二节　思想政治教育相关公共性理论的比较

古今中外，许多思想家、哲学家基于当时的历史时态和阶级立场，对公共性思想皆有不同程度的阐发。中国古代以儒家思想为主流的关于"公"的阐述，是我国思想政治教育重要的传统文化资源；西方当代公共性理论的代表汉娜·阿伦特和哈贝马斯关于公共性的阐释也影响着我国思想政治教育的内容方式。即使没有明确地论述"公共性"，毫无疑问，马克思的公共性思想也在潜移默化中引导着我国思想政治教育的学科发展方向和实践活动取向。思想政治教育，首要的定位是一种意识形态的教育，带有明显的阶级性、政治性。思想政治教育公共性的构建，走向谁的公共哲学理路？公共哲学的公共性是一种思想，是一种理论，更是一种视域。由于人们所处的时代不同，阶级地位也不同，其哲学观、世界观、价值观、人生观亦有不同，选

---

① 高平叔. 蔡元培教育论著选［M］. 北京：人民教育出版社，1991：43.

择不同的哲学视域也就决定了思想政治教育的性质、方向、话语和路径的不同。因此，谁的公共性更具有先进性，谁的公共性更符合中国的主流意识形态，谁的公共性与我国思想政治教育更契合？这是我们必须回答的问题，也是思想政治教育公共性构建必须做出的一个视域选择。

一、与思想政治教育相关的公共性理论

（一）我国传统文化中的"公"与思想政治教育

1. 我国传统文化中关于"公"的思想

中国传统文化是中华民族生生不息的沃土，它塑造了中华民族特殊的思维方式和价值情感，积淀为中华民族独特的民族心理和民族精神。中国传统文化"以儒家文化为主导，以儒释道的统一为体系，以伦理教化为特色，呈现出浓郁的道德色彩"①。可以说，整个中国传统文化呈现出来的是一种德性文化，无论是在个人教育、家庭教化方面，还是在国家道德乃至宇宙伦理方面，都有一套完备的德育教化体系。尽管在中国传统文化中，很少提及"公共"或"公共性"这样的词，但作为一个独立概念，与"私"相对应的"公"却经常出现。中国传统文化蕴含着丰厚的"公"思想。

中国传统文化"公"的基本要义主要是指"公共""共同"的意思，但综观"公"的运用，其又体现了丰富的内涵。"公"有指涉社会存在的，其包括社会事务的，如"公室""公作""公器""公法""公钱"等；也包括社会身份或尊称的，如"王公""公侯""家公"等。"公"也有指涉社会价值理念，如"奉公""为公""公义""公利"等。随着时间推移和空间转换，"公"的概念在社会存在和价值意义方面越来越凸显，也从原来多维度包括实体代指的具象实体表达等转向道德伦理、价值理念等的抽象表达。可以说，自先秦诸子百家起，经儒释道三教合流，再到宋明理学，中国传统的德性文化和伦理思想在漫长的历史发展中逐渐构建成了以"公"为核心内容的成熟的道德价值体系，形成了以一套层次丰富且系统完备的涉及个人伦理、家庭伦理、社会伦理、国家伦理乃至宇宙伦理的"为公"思想体系。

第一，家国同构是"公"的社会基础。主张"家国同构"是中国传统文

---

① 顾友仁. 中国传统文化与思想政治教育的创新［M］. 芜湖：安徽师范大学出版社，2011：3.

化"公"的社会存在意蕴。也就是说，天下—国—家为一体，没有个体能游离出"公"的范围；同时，"家国同构"又是价值理念"公"的社会基础，"为公"是整个国家、整个社会、每个人的道德判断标准和行为准则。因此"'公'的价值意义中最主要的和最核心的是把国家、君主、社会和个人贯通为一体，并形成一种普遍的国家和社会公共理性"①。

第二，整体主义是"公"的价值主旨。家国同构的社会模式必然对整个中华民族的价值观念、思维模式等产生重要的影响，如"天人合一"的自然观念、"厚德载物"的民族精神、"以公灭私"的国家意识、"和而不同"的人际主张等无不体现了中国传统文化"公"的整体主义价值主旨和精神指向。在整体主义的包塑下，人们信奉群体至上，天地人是合为一体的，国、家、个人的利益是一致的。

第三，君子圣贤是"为公"的理想人格。要实现"公"，必须培养道德高尚的人。因此，追求、塑造圣贤人格，是"为公"的重要途径。儒家把实现"为公"所需要的理想人格设计成"圣人""君子"，崇尚"太上有立德，其次有立功，其次有立言"（《左传·襄公二十四年》）的圣人品格，追求"修己以敬""修己以安人""修己以安百姓"（《论语·宪问》）的君子人格。

第四，"内圣外王"是实现"大同"的路径依赖。儒家文化是一种基于德性的儒士文化，它主张通过提高道德修养来实现个人人生理想；它强调道德对政治的重要性，推崇通过提升个人的道德境界来实现人生的政治抱负。先"修身"，完善自我，达到内圣，再为实现"大同"理想进行"齐家""治国""平天下"（《礼记·大学》），进而实现"外王"。

2. 我国传统文化"公"语境下的思想政治教育

传统文化中包含了丰厚的思想道德教育资源，其所主张的价值理念、处世态度、行为准则等都深深地影响着中华民族一代又一代的人。传统的"公"文化及其道德教育内容也影响着当代思想政治教育，给当代思想政治教育提供了重要的启示和借鉴。

一是培养目标的启示。培养什么样的人是当代思想政治教育的根本问题，也是传统道德教育的核心问题和重要内容。传统"公"文化的传播与教育，其目的主旨就是培养"圣人"和"君子"，培养"先天下之忧而忧，后

---

① 曹鹏飞. 公共性理论研究［M］. 北京：党建读物出版社，2006：22.

天下之乐而乐"的公共情怀，培养"天下兴亡，匹夫有责"的公共意识，培养"君子怀德""君子喻于义"（《论语·里仁》）的公共精神，培养"修身齐家治国平天下"（《礼记·大学》）的公共行为。尽管"圣人""君子"的完美人格带有很强烈的空想色彩，但经过历史的积淀，已然成为中华民族所推崇的道德人格典范，鼓舞和造就着一代又一代的仁人志士，深刻地影响着当代思想政治教育。如我们在进行思想政治教育的过程中，坚持以爱国主义教育和集体主义教育为核心，引导当代大学生树立远大理想，坚定信念，修身立己，为实现中华民族伟大复兴的中国梦而奋斗。

二是教育内容的借鉴。如何培养人？这是无论传统的道德教育还是当代的思想政治教育都必须深思的问题。传统文化"公"的教育主要是考察做人的学问。"而怎样做人，从内容的层面来说，不外乎怎样对待自然、怎样对待民族和国家、怎样对待他人和社会，以及怎样对待自己等诸方面内容。"①社会主义核心价值观是当代大学生思想政治教育的重要内容，其思想和内容主要来源于中国优秀的传统文化。社会主义核心价值观从国家、社会、个人三个层面出发来阐释我国核心文化的重要内容，这与传统文化中的"民为邦本""治国之道，必先富民""大道之行也，天下为公""舍生取义""天行健，君子以自强不息""穷则独善其身，达则兼济天下""言必信，行必果""百善孝为先"等有着很深的历史渊源。可以说，传统文化中的仁义礼智信、温良恭俭让的治国齐家之略、修身理政之方涵养了今天中国特色社会主义核心价值观，是社会主义核心价值观的重要源泉。

三是教学方法的借鉴。在如何培养人上，除了教育的内容外，传统道德教育也非常注重教育的方式方法。其一，注重言传身教。孔子曾说过："其身正，不令而行；其身不正，虽令不从。"（《论语·子路》）晋人傅玄也指出："近朱者赤，近墨者黑。"（《太子少傅箴》）其主张教育者"身正"、君主"仁义"，这说明了教育者自身的形象和人品对受教育者的道德养成具有较大的影响和示范作用。其二，强调学思并重、知行合一。孔子在对弟子进行道德教育中特别注重学思并举，他强调："学而不思则罔，思而不学则殆。"（《论语·为政》）其弟子子夏也认为："博学而笃志，切问而近思，仁在其中矣。"（《论语·子

---

① 顾友仁. 中国传统文化与思想政治教育的创新［M］. 芜湖：安徽师范大学出版社，2011：55.

张》）在强调学思并重的基础上，还要求知行合一。孔子要求弟子除了对道德形成认知外，还要行动，言行一致，以"听其言观其行"（《论语·公冶长》）作为人是否具有真道德的判断标准。传统的道德教育还有启发式教育、因材施教、循序渐进等方式方法。这些方式方法对于我们探索当代思想政治教育的有效性具有重要的借鉴意义，如我们要培养大学生成为"社会主义合格建设者和可靠接班人"，不仅仅靠单纯的知识灌输，还需要环境熏染，需要教育者具有较高的公共立意，也需要大学生积极投入公共实践。

（二）西方现代公共性理论与思想政治教育

1. 西方现代公共性理论的主要观点

正如绪论中所述，西方从古典到现在，公共性的理论具有厚重的基石和丰富的内容，其许多理论观点和内容方法仍然对我们现代社会有着重要思想价值和实践意义。随着二战的结束，西方哲人和思想家如李普曼、阿伦特、罗尔斯、卢曼、麦金太尔、哈贝马斯、葛兰西、卢卡奇等人，开始关注现实的公共生活状态，并引申到对"公"与"私"之间关系的思考和对公共性的建构中来。金林南从学理资源的角度认为，界定公共性理论的路径有"自由主义""共和主义""西方马克思主义"以及"马克思主义"①。在本章节中，我们暂且不谈"马克思主义"路径的公共性（下面单独论述），我们也不畅谈古典、近代的公共性理论，缘由有二：一是在绪论中有部分的涉及，二是其与当代思想政治教育并无太多的交集。在西方社会，尽管公共性相关理论起源于古希腊城邦社会，但真正具有现代性意蕴的公共性是现代市场经济、现代市民社会、现代民族政治三者相结合的产物。本文对西方现代公共性理论也从学理资源的角度，按"自由主义""共和主义""西方马克思主义"的路径进行简要的论述。

从自由主义的路径来说，其公共性理论的主要观点是个人的权利、个人的自由是一切的目的，公共生活之所以被需要，是为了维护私人权益、保护私人生活、保卫私人空间。也就是说，在自由主义立场中，"公"是"私"的手段和工具，"私"是"公"存在的目的。

从共和主义的路径来看，其主张与自由主义恰恰相反，共和主义批判了

---

① 金林南. 思想政治教育学科范式的哲学沉思［M］. 南京：江苏人民出版社，2013：279 - 283.

自由主义的公共性理论导致人的原子化，它认为人一定是社群中的人，为实现民主、平等等价值理念，人需要有公共的生活方式和共同的价值观，公共生活才是人的目的。当然，西方的思想家们也并非"非此即彼"的逻辑立场，最为明显的是罗尔斯和哈贝马斯，他们的公共性理论主张就超越了自由主义和共和主义之争。哈贝马斯以建构公共领域为归宿，指出人们需要通过文化交往来实现意见的沟通并达成共识，进而实现人的平等交往和自由开放。罗尔斯尽管从自由主义的立场去阐释其正义理论，但我们观其正义论，尤其是后期的"重叠共识"理论，不难发现，罗尔斯又回到了共和主义主张的"平等"正义。

关于西方马克思主义的路径，其主要代表人物葛兰西和卢卡奇都认为，随着现代资本主义生产力的高度发展，市民社会的发育，资产阶级对无产阶级统治的方式由原来的强硬的政治统治转变为较为隐性的文化操纵和精神奴役。无产阶级要摆脱奴役，必须争取公共空间或社会空间，夺得文化领域的话语权，通过文化的革命或者意识领域的革命来实现无产阶级的解放，进而实现马克思的"自由人联合体"。

2. 西方现代公共性理论视域下的思想政治教育

综观各学科关于公共性的理论与实践，无不引用或借鉴西方现代公共性理论。思想政治教育在创新发展的过程中，也尝试着运用西方现代公共性理论来解决一些现代化过程中遇到的问题，如哈贝马斯的"交往理论"。哈贝马斯的"交往理论"为当代思想政治教育提供了主体间性、语言沟通、回归生活世界、互交互融等理论与实践视界，有效地解决了思想政治教育过程中主客体割裂、沟通障碍、远离生活世界等问题瓶颈。但这样的一种研究视域，充其量只能说是借鉴运用了西方现代公共性理论的技术路线和模式框架，并未涉及意识形态方面的价值取向问题。当然，西方公共性理论所带来的一些思潮问题也给思想政治教育实践带来了一定的困境。其所倡导的"人权""自由""民主""平等""正义"等所谓的普世价值观，迷惑了不少世界观、人生观、价值观正在形成的大学生，这是现代思想政治教育所需要警惕的。

（三）马克思公共性思想在思想政治教育过程中的呈现

马克思主义的源头是马克思思想，马克思主义又是思想政治教育的理论基础。因此，即使马克思公共性思想在思想政治教育过程没有被明确地指出，但自觉或不自觉，清晰或不清晰，思想政治教育在发展的过程中必然运用到马克思公共性思想部分内容。马克思公共性思想在思想政治教育过程中的呈现，主要体现在以下几个方面。

第一，"共产主义"的理想信念教育是思想政治教育的核心内容。人类共同体的历史发展历程是马克思阐释公共性思想的一条重要主线。马克思所阐述的社会形态演变，最终指向真实的公共性形态——共产主义，是期待改变现有的政治形态，改善人类的生存发展方式，最终实现人的自由全面的发展。我国思想政治教育具有强烈的政治意识形态特征，甚至有学者认为，"思想政治教育是服务于人的政治性存在发展方式的教育活动"①。以实现共产主义为理想追求是思想政治教育的使命。"为共产主义而奋斗终生"的思想政治教育理念一直指引着一代代中国人，为民主主义革命献身，为社会主义建设奉献，为社会主义改革贡献，为共产主义而不断地砥砺前行。并且，思想政治教育通过各种形式和方式方法，如举行升旗仪式，加入少先队、共青团等，各种活动上唱国歌、团歌，开设红色讲座、征文演讲等强化这一光荣使命。

第二，"公共实践"是思想政治教育的常态任务。马克思哲学是"一种面向人的现实生活世界敞开，以无产阶级为实践主体、以人类解放为实践主旨的类的公共性的实践哲学"②。实践性是马克思公共性的根本属性，也是思想政治教育的重要属性之一。思想政治教育是一项公共实践活动，是"一定阶级、政党、社会群体用一定的思想观念、政治观点、道德规范，对其成员施加有目的、有计划、有组织的影响，使他们形成一定社会、一定阶级所需要的思想品德的社会实践活动"③。每个社会形态都有自己特定的政治观念和价值取向，不同的意识形态决定着思想政治教育有不同的价值取向和实践内容。当代思想政治教育，是以马克思主义为指导思想，在实践中必然以马克思主义的宣传和教育为主要任务。因此，宣扬马克思公共性思想并进行公共性的教育是思想政治教育的常态。如革命年代，思想政治教育"为解放

① 金林南. 思想政治教育学科范式的哲学沉思 [M]. 南京：江苏人民出版社，2013：129.

② 贾英健. 公共性的出场与马克思哲学创新的当代视域 [J]. 湖南社会科学，2008（4）.

③ 张耀灿，陈万柏. 思想政治教育学基本原理 [M]. 北京：高等教育出版社，2001：4.

全中国"进行了宣扬教育；建设时期，思想政治教育"为实现四个现代化而奋斗"进行了宣扬教育；改革开放之后，思想政治教育"为实现四个现代化"进行了宣扬教育；进入新时代，"为实现中华民族伟大复兴的中国梦而努力奋斗"则成了当代思想政治教育宣扬和教育的重要内容。

第三，培养"公共人"是思想政治教育的根本使命。对"公共人"的终极关怀是马克思公共性的人本立场。思想政治教育的目标设定，则体现了马克思的公共性理想的人本理念——"自由人的联合体"和"自由而全面发展的人"。一是思想政治教育要"培养中国特色社会主义事业合格的建设者和可靠的接班人"，"合格的建设者"和"可靠的接班人"将是创造历史的主体，逐步实现人类的真实公共性。二是思想政治教育要"培养德智体美劳全面发展的人"。思想政治教育始终关注他们将通过劳动生产实践推动社会主义向更高级的社会形态迈进的人的发展问题，它培育人的政治素养和道德品质，提升人的法治意识，关心人的心理健康，提高人的综合能力……思想政治教育一直在培养"自由而全面发展的人"上起着重要的作用。

尽管马克思公共性思想与思想政治教育有着本质的关联，但就目前来说，无论是思想政治教育理论发展还是实践需要，都没有开宗明义"点题"马克思公共性，部分内容虽然与马克思公共性思想息息相关，但阐述较为宽泛、模糊，不成体系，效果不明显。马克思公共性思想尚未有效地为思想政治教育所运用，造成这一现象的客观原因是马克思公共性思想没有在文本中明说因此备受忽视；当然，造成该现象的根本原因是，思想政治教育未能敏锐地捕捉并敞亮马克思的"公共性"元素，因此也就未能系统深挖马克思公共性思想的精髓为己所用了。

二、马克思公共性思想与其他公共性理论的比较

受限于当时的经济状态和社会形态，古今中外的公共性思想有着不同的价值理念、内涵意蕴、思维模式、行为准则、依赖路径等。这些公共性思想之间有大同小异的，也有大相径庭的，还有天壤之别的。当代思想政治教育可以借鉴相关的理论，甚至可以融合多种公共性思想，但有一点是必须明确的，那就是主旨思想和根本价值的指向只能是一种类型的公共性。哪种公共性思想理应成为思想政治教育公共性构建的理论视域？我们还需要进一步分析和厘清各种公共性思想之间的差异。

（一）马克思公共性思想与中国传统文化"公"思想的通与异

1. 马克思公共性思想与中国传统文化"公"思想的相通

马克思公共性思想与中国传统文化"公"的思想有着根本性的差异，但两者也并非是永无交集的平行线，两者对公共性的内涵层次、分析框架是基本相通的，即两者都将公共性或"公"作为一种治理框架、一种分析工具、一种价值追求。

由前一章分析可知，马克思公共性的内涵具有三重意蕴。一是现实的人与现实的社会共同组成的人类共同体表征着人类的公共存在，这说明了公共性的客观存在。二是他人是自己实现目的的手段，同时自己也是他人实现目的的手段。也就是说，个人要获得私人利益，必须依赖他人、在与他人的交互活动中实现，从这一层面说明公共性是一种规范性的描述。三是公共性表达着一种人类的理想追求，即实现人类真实的共同体，实现每个人自由而全面的发展，这是马克思公共性的价值意蕴。

"公"在中国古代思想中也有丰富的内涵层次，"公既是一个实体性概念，又是一个道德伦理范畴，同时还是一个公共生活和社会治理的关系范畴，它既调整和规范共同体中个人的活动和关系，又构成一整套调整个人与国家的公共活动和公共关系的基本原则和规范体系"①。第一，中国传统的实体性"公"表达了一种以"君主"为代表的公，"普天之下，莫非王土；率土之滨，莫非王臣"（《诗经·小雅·谷风之什·北山》），每个人都在家国同构中与君主有着直接或间接的联系。因此，在道德伦理上强调"天下为公""公而忘私"的道德品质，进而形成一种"君为臣纲"的社会治理理念和框架。第二，"公"还体现了对人的关注，强调人是社会中的人，这种关注和强调不仅渗透在"天人合一"的自然观、"厚德载物"的社会观中，还在"以和为贵"的群己观和"修身、齐家、治国、平天下"的人生观中得以彰显。第三，古人也对"公"的未来进行了美好的描述。"大道之行也，天下为公。选贤与能，讲信修睦。故人不独亲其亲，不独子其子，使老有所终，壮有所用，幼有所长，矜、寡、孤、独、废疾者皆有所养。男有分，女有归。货恶其弃于地也，不必藏于己；力恶其不出于身也，不必为己。是故谋闭而不兴，盗窃乱贼而不作，故外户而不闭。"（《礼记·礼运》）

---

① 胡群英.社会共同体公共性建构［M］.北京：知识产权出版社，2011：30.

2. 马克思公共性思想与中国传统文化"公"思想的差异

尽管马克思公共性思想与中国传统文化"公"思想在一些逻辑框架上有相通之处，但从根本上讲，两者又有着本质的区别。

一是社会基础不同。马克思对公共性历史形态的描述主要是以社会形态的不同来划分的，而划分的依据是生产力发达程度和经济形态的不同。即"对人的依赖"的前资本主义社会、"对物的依赖"的资本主义社会、"人自由全面发展"的共产主义社会；与之相对应的公共性历史形态则是消极的公共性、虚幻的公共性、真实的公共性。我们不得不承认这样一个事实，中国传统文化的"公"所体现的人与社会的关系正是马克思所说的"人的依赖"的关系。马克思指出："我们越往前追溯历史，个人，从而也是进行生产的个人，就表现为不独立，从属于一个较大的整体。"[1] 以小农经济为基础、以家国同构为社会秩序的传统中国社会是一个极为典型的宗法社会，几千年形成的宗法关系和宗族观念将个人牢牢地束缚在血缘和地缘交织着的共同体中，个人依附着家族，家族依附着国家，一切"为公"的表象背后是为"帝王"一家之私利。中国传统的"公"思想是建立在生产力极低、人与社会高度合一的基础之上的，人无法摆脱群体而获得独立性，共同体必须以牺牲个体发展为代价才能得以维系和运转。因此，中国传统的"公"实际上就是马克思指出的第一阶段对"人的依赖"的消极公共性。

二是公共性的性质不同。马克思所塑造的"公共人"，首先是一个社会领域的"社会人"，也是一个道德领域的"道德人"，但马克思认为这与人同时可以是经济领域的"经济人"和政治领域的"政治人"并不相悖。恰恰相反，马克思的"公共人"既反映了人的现实需求——人有欲望有利益，也反映了人的理想追求——追求"公共的生活""道德的生活"，人的解放、人的自由是马克思公共性所致力追求的。但传统文化塑造的"公共人"——"圣人""君子"是一种道德至上的至善理想道德人格典范。在封建小农经济和专制主义的社会基础和社会制度里，"圣人""君子"实际上是一种否认"个人"观念，否定私的合理存在，压制着人正当的利益需求，把"义"与"利"强行割裂的道德人格。"儒家所设计的道德理想人格，在实践中只能表

---

① 马克思，恩格斯. 马克思恩格斯文集：第8卷［M］. 北京：人民出版社，2009：5.

现为一种自我萎缩性人格。"①可见，没有权力和权利、只有责任和义务的"公"角色让人只能成为依附顺从、封闭保守的人，这是对人的主体性和个性的抹杀，是对人性的压抑和摧残，因此人的自由全面发展更是无从谈起。

三是历史生成维度的在场问题。马克思的公共性始终是坚持唯物主义的历史观，面向生活世界，面向现实的人，面向历史，面向生成中的人。因此马克思能从人类历史发展的高度分析人类公共性的发生、发展和生成，它的依赖路径是经济的发展和人的主动革命。因此，在关乎人类发展的美好指向时，马克思能够跳出资本主义的框架，前瞻性地预见资本主义必将灭亡，"自由人的联合体"——共产主义必将成为历史的选择。但中国传统文化的"公"仅仅在道德伦理层面上论证道德的公共性和公共人，它由始至终都没有跳出封建社会这样的经济政治背景，因此，它的依赖路径是道德的教育；不仅如此，它还通过对"公"思想的宣扬和教育的强化，进一步巩固了现有的社会秩序和社会结构。这正如马君武所指出："公德与政治二者最有密切之关系也，无政治思想之国民，乌知有公德哉！"②因此，传统文化中"内圣外王"的道德理想的社会实践因为缺乏坚实的社会政治基础是不可能实现的。

对于思想政治教育来说，并不是说选择了马克思的公共性思想，就必须放弃中国传统的"公"文化；或者吸收中国传统的"公"文化，就必须排斥马克思公共性思想的融入。基于上述的分析，对于思想政治教育来说，两者是"根"与"本"的关系。中国传统文化是根，"在马克思主义中国化的历史进程中，中国传统文化是不可或缺的因素，它为马克思主义在中国的传播与发展提供了极为珍贵的思想资料和文化土壤，发挥了无可替代的重要作用"③。马克思公共性思想是本，思想政治教育从产生之日起就以马克思主义为指导思想，并实践证明了其科学性和先进性。因此思想政治教育的公共性构建必须植根于中国传统文化，以马克思公共性作为价值取向和行动指南，赓续中国优秀的传统"公"的道德思想，在实践中、在历史中不断培养社会主义的"公共人"。

① 廖加林. 现代公民社会的道德基础［M］. 长沙：湖南大学出版社，2006：180.
② 马君武. 论公德［J］. 政法学院，1903（3）.
③ 顾友仁. 中国传统文化与思想政治教育的创新［M］. 合肥：安徽大学出版社，2011：231.

（二）马克思公共性与西方现代公共性理论的关联与比较

1. 马克思公共性与西方现代主要公共性理论的关联

马克思公共性思想与西方现代公共性理论之间有着怎样的关联？不可否认，马克思的鸿篇巨制有对传统哲学的吸收、借鉴，是站在前人肩膀的基础上的继承、批判和超越，如马克思的人学思想有着康德人本思想的痕迹，马克思市民社会理论有着对黑格尔思想的借鉴与批判。那么西方现代公共性理论会吸收借鉴，甚至传承马克思的公共性思想吗？人们生活的年代不同，站的立场不同，其面对和关注的社会问题和时代重心亦会不同，但是，正如阿伦特所意识到的那样，"马克思是我们这个时代一个难以逾越的高峰"①。西方哲学家们尽管对公共性的研究理路与马克思不尽相同，甚至有相反的思想理论，但是马克思公共性思想是他们无法忽视的，或者赞赏，或者误解，或批判，或借鉴，影响总是存在的，甚至是巨大的。

如阿伦特。阿伦特关于公共性的阐发，始终无法绕开马克思思想的影响，尽管她时而赞赏马克思，时而批判马克思；但是，或许正是在这赞赏和批判中，阿伦特不自觉地与马克思在公共性的一些理论观点上站在了一起。第一，两者相同的境遇使阿伦特研究公共性的初衷与马克思具有"相近性"，即都是基于对自己所处时代人的存在危机和所遭遇的灾难进行深刻反思，都基于对客观现实的不满而试图寻找新的解决方案，以其确保人类社会或世界更适合人的生存和发展。第二，"回归到生活世界"是阿伦特与马克思相同的理论根基。阿伦特与马克思一样都批判传统形而上的哲学对现实人的忽视，认为人的创造活动构造了世界，坚持回到生活世界来理解和把握现实与思维、政治与哲学的关系。这使得两者的公共性理论有了"形而下"的现实生活平台。第三，阿伦特与马克思都对现实的人的活动进行了本质结构的分析，两者都从唯物主义出发，都用"劳动""异化""交往"等观点表达其对公共性的看法和主张。这正如汉森（Phillip Hansen）所说，"阿伦特与马克思相遇有着重要的意义，不仅因为这种相遇表明马克思对她的政治思想有

① ［德］汉娜·阿伦特. 马克思与西方政治思想传统［M］. 孙传钊，译. 南京：江苏人民出版社，2006：24.

很大的影响，而且它还使阿伦特自身的观点变得更加明晰"①。

再如哈贝马斯。即使是主要对阿伦特公共领域思想的继承、补充、扩展和完善，哈贝马斯依然无法漠视马克思公共性思想的存在。尽管哈贝马斯与马克思的公共性思想存在许多的差异甚至是相反的观点，但立足于现实的世界来探讨人的交往问题，并通过理论的构建来解决人类社会的解放与自由的意图是相同的。还有，与马克思的思考逻辑大同小异，哈贝马斯认为公共性的要素也必然包含着"交往""理性""自由"等。因此，无论是对马克思"劳动"内涵的认同和批判，还是对马克思"交往"理论的支持和补充，抑或是对马克思"自由"意蕴的批评和修正，我们都无法否认，哈贝马斯的公共性理论与马克思的公共性思想具有历史的关联性，哈贝马斯是在继承和批判马克思的公共性思想中发展和完善阿伦特的"公共领域"论的。除此之外，马克思学说中的一些方法论也是哈贝马斯构建公共性理论的重要资源。如哈贝马斯对马克思事实与价值之间的"思维方法的继承""主体批判视角的继承"、基于现实和感性层面的"社会理论的继承"等②，都彰显出了哈贝马斯公共性理论的"马克思痕迹"。

至于西方马克思主义，它们强调保持与马克思思想的连续性，在某些方面还进一步强化了马克思公共性思想，如卢卡奇的"物化"理论，从根本上说就是从马克思的"异化"理论而来。西方马克思主义在一定程度上揭露和批判了资本主义制度所固有的矛盾和问题，为无产阶级的胜利指明了文化和意识形态的革命道路。

2. 马克思公共性与西方现代主要公共性理论的比较

无论是马克思还是马克思后的公共性理论，我们都看到了思想家们独具匠心的理念观点以及他们对自己时代甚至是人类历史的贡献。我们可以把马克思公共性思想内容简单地概括为从现实人与社会关系出发，发现了"人占有人的本质"必须依赖于经济基础这一中介，并以实践的道路来实现人的"自由全面发展"。因此，本文比较马克思与其他思想家的公共性理论，主要基于以下三个标准。第一，逻辑起点：是否基于现实世界，关注现实生活中的具象的人。第二，理论根基：是否立足于经济基础，使理论观点具有科学

---

① ［加］菲利普·汉森. 汉娜·阿伦特：历史、政治与公民身份［M］. 刘佳林，译. 南京：江苏人民出版社，2007：7.

② 乔春梅，李敏. 哈贝马斯对马克思自由观的承继［J］. 求索，2013（9）.

性和可行性。第三，目标价值：是否真正为人类的福祉代言，关注每个个体和社会整体的发展。

一是在逻辑起点上，是否真正基于现实世界，关注现实生活中的具象的人。

摒弃抽象与孤立，立足于现实生活，关注现实生活中的人以及人与人之间的关系是马克思公共性的逻辑起点。马克思从现实人的劳动生产和交往实践出发，通过物质条件和社会关系的展开来探寻生活中的人和社会如何走向人类真正解放的道路。关注具体的每个人，关注现时资本主义社会人的异化问题，才使得马克思的公共性理论突破、超越了前人"绝对精神""形而上学"的思维局限性。也正是因为马克思关注现实的人，他才会溯源于造成人异化的根本是经济基础中的"分工""私有制""剥削"，才会提出要实现共产主义，实现"人自由而全面的发展"，必须依靠无产阶级的自觉革命斗争来推翻资本主义虚幻共同体。

马克思之后的阿伦特、哈贝马斯等关于公共性的论述，其逻辑起点基本是与马克思相一致的：回到日常生活世界，关注现实社会和具象的人。但是，他们回到生活世界的路径或关注的范围却与马克思有所不同。马克思关注的现实世界，是全人类的现实世界，马克思关注的现实的人，是全人类的人，马克思是从以实践为出发点，以人与自然、人与人、人与社会之间的关系为内容，以共同体的历史发展为理路来理解公共性的。尽管承认世界是人类的世界，但阿伦特主要关注政治层面的"公共领域"，她的生活世界里没有自然、没有经济活动、没有社会问题，只有狭隘的政治活动和政治问题。因此，阿伦特站在存在主义的立场批判马克思的劳动观，认为是人的行动而非劳动开创了世界，人的交往主要体现在政治世界中的交往。这说明了阿伦特所关注的世界仅仅是"政治世界"，对"现实的人"的解读仅仅是在政治层面上对"人"的解读，这种解读的片面性归根结底就是忽视了现实性。

尽管哈贝马斯继承、完善、超越了阿伦特的公共性理论，他通过对当代资本主义钱权异化的分析提出了与马克思"异化"理论有异曲同工之妙的"生活世界殖民化"理论，但是不可否认，哈贝马斯的视阈依然显得较为狭隘，他"主要探讨了资产阶级公共领域及其转型问题，对平民的和不同社会制度等类型的公共领域以及公共领域的哲学普适性等问题的研究则显得缺乏和不足"①。这也说明了哈贝马斯对"现实的人"的解读仅限于资产阶级，对体量巨大的主体无产阶级避而不谈，其归根到底也是不现实的。

尽管罗尔斯对于公平正义的关注源自对垄断资本主义的一些不公平不正义现象的关心，但是他并没有像马克思那样以"现实的人和现实的社会"为起点，而是从以预设和模型分析为内容的逻辑方法出发提出"原初状态学说"和"无知之幕"。这从根本上说，也是脱离了实际的。

二是在理论根基上，是否立足于经济基础，使理论观点具有科学性和可行性。

公共性实现的基础是什么？或者说，思想家通过诉诸什么来实现自己的公共性理想？对这个问题的回答，是马克思公共性思想与其他公共性理论的根本区别，也是导致实现终极关怀的思维和路径不一的根本原因。马克思坚持历史唯物主义观，透彻阐析了生产力决定生产关系、经济基础决定上层建筑、物质决定意识的关系。马克思从人的生产劳动、物质关系出发，以生产方式为基点，认为社会共同体的历史形成、变化、发展都必须以生产力发展状况为前提，并以生产方式为基准划分了人类公共性的历史发展：人的依赖的消极公共性—物化的虚幻公共性—自由的积极公共性。

阿伦特的公共领域蕴含着强烈的现实关怀，阿伦特希望构建一个公民能普遍参与政治的公共领域以防止人类极权主义的泛滥。但阿伦特把公民普遍的政治参与作为公共性的至高追求诉诸单纯的政治变革，而完全忽视了经济所起的决定性作用，政治和经济的割裂直接导致了阿伦特公共性理论只能是一种"乌托邦"。阿伦特虽然重视"劳动"，但与马克思认为的劳动具有自然属性和社会属性的观点不同，她认为劳动只有自然属性。这种片面的观点使得阿伦特完全忽略了对资本主义本质的现实批判，忽视了经济对于政治的价值和意义。

哈贝马斯在论述公共性时也阐述了市民社会，但正如他自己所说，"今天称为市民社会的，不再像马克思和马克思主义那里包括根据私法构成的，通过劳动市场、资本市场和商品市场之导控的经济。相反，构成其建制核心的，是一些非政府的、非经济的联系和自愿联合，它们是公共领域的交往结

---

① 杨仁忠．公共领域论［M］．北京：人民出版社，2009：21.

构扎根于生活世界的社会成分之中"①。也就是说，哈贝马斯把经济排除在市民社会之外，至少不是核心部分，他有意摒除一切经济交往内容，运用纯粹的语言文化交往来建构人的理性，并试图构建一种"系统—生活世界"分析范式替代马克思的"经济基础—上层建筑"范式，以实现人的自由解放。在此，我们可以看到，哈贝马斯与马克思两者关注的焦点和思维方式完全不同，马克思关注主体间的物质沟通、实践交往，而哈贝马斯关注主体间的精神沟通、语言交往。哈贝马斯立足于语言文化而非经济基础来探讨公共领域的构建，注定其理论如阿伦特的一样只可能是美好的"乌托邦"。

在经济基础方面的论述，罗尔斯与马克思主张的观点最明显的不同是：马克思主义的实现、人自由全面的发展是建立在消灭私有制的基础上，罗尔斯则认为私有制是保证社会正义的前提基础。因此，罗尔斯在肯定私有制的基础上，把公平正义的实现诉诸一个"良好的社会秩序"，在"无知之幕"之下，用人的主观的公共理性去保证正义的实现。在应然与实然、价值与事实之间，罗尔斯完全无视经济发展规律和历史发展规律下的现实，理想性地设计"正义原则"，因此其正义观必然具有浓重的空想色彩。

三是在目标价值上，是否真正为人类的福祉代言，从人类解放的高度关注每个个体和社会整体的发展。

理论角度和理论主张不一样必然导致理论抱负和理论归宿有所不同。马克思主义是关于人类解放的科学。马克思从现实的人和社会出发，立足于"经济基础—上层建筑"的维度，运用历史唯物主义方法论批判资本主义对人的异化，提出无产阶级必须通过革命实现政治的解放、实现人类的解放；只有私有制消失了，阶级消亡了，社会才能形成真正的共同体，成为"自由人联合体"，才能最终实现人自由全面的发展。

尽管阿伦特对马克思观点进行了诸多的批判，但是从理论归宿上看，阿伦特公共性理论的价值旨趣与马克思最具"亲近性"，即都以"世界"范围的眼光关注人的存在问题，关注的是人类世界的普遍交往和普遍利益问题，而非特殊的哪个阶层或者哪个国家。当然，两者还是有很大的理论区别。阿伦特并没有用历史发展的眼光看世界的变化发展，而是以一种静态的结构来

---

① [德]哈贝马斯. 在事实与规范之间［M］. 童世骏，译. 北京：生活·读书·新知三联书店，2003：453.

描述理想中的公共世界，因此，阿伦特以理想主义的心态和浪漫主义的情怀去追寻古希腊城邦政治的古典公共生活。马克思则坚持从辩证唯物主义历史观来看待公共性的历史生成，因此，马克思是基于动态的历史视角描绘未来共同体的图景。

哈贝马斯、罗尔斯的公共性与马克思公共性在理论归宿上有三点不同。第一，哈贝马斯和罗尔斯仅从政治层面来阐述公共性，而马克思认为人类的真正解放，不仅仅是政治的解放，最为根本的是社会的解放，政治解放只是社会解放的一个过渡环节，实现社会的解放要"以生产力的普遍发展和与此相联系的世界交往为前提"①。第二，意识形态的不同。哈贝马斯和罗尔斯的根本目的是维护资本主义，因此他们的公共性理论在本质上是一种资本主义制度下的改良方案，是为资产阶级代言的。而马克思坚持认为只有消灭资本主义制度，才能破除人的异化现象，因此要通过革命实现无产阶级专政，实现真正意义上的公共性。第三，实现的可能性。在前面我们已经分析到，任何脱离经济基础而谈的公共性构建，其结果也仅仅是海市蜃楼。

综上所述，与其他公共性理论相比，马克思的公共性思想"无论是在触及问题的深度上，还是在给出解决问题的路径上……都可以与当代思想家进行对话。在这一过程中，马克思在现代性语境下所提出的'现实性''评价性'和'规范性'维度也能够显现更多的价值"②。对于思想政治教育来说，孰是孰非已然一目了然。当然，在培养社会主义事业所需要的人的公共性品质的过程中，旁借西方现代公共性理论一些合理的观点理念、方式方法、技术路线也是构建当代思想政治教育公共性所必需的。尤其是西方马克思主义以社会批判和文化批判代替政治经济的批判的革命道路，对于以培养公民认同社会主流意识形态的思想政治教育来说，具有一定的启发意义。

（三）正确认识马克思公共性思想的本质特征

对于马克思的公共性思想，我们该如何做现代性评价，或者是说如何从当代语境中解读马克思公共性？这一思想是放之四海皆准的真理，是全世界

---

① 马克思，恩格斯．马克思恩格斯选集：第 1 卷［M］．北京：人民出版社，1995：86.

② 卞绍斌．现代性视域中的马克思"社会"概念［D］．长春：吉林大学，2008：105.

人民的新文化，还是颠扑不破的定律？"欧洲思想史的历史考察和内在逻辑演进的历程表明，马克思的哲学是人类思想史上迄今为止最纯然和最彻底意义上的有关公共性真实理论的科学体系，这一点从根本上制导着经典作家的'思想立场'以及哲学范式转换与变革的路径选择。"①是的，马克思公共性思想的价值不仅在于其发现并系统论述人类的公共性形态及其图示逻辑，还在于其"思想立场"和"哲学范式"是对前人的彻底革命以及对未来的科学性预测和判断。因此，要了解马克思的价值本质，必须要弄清楚马克思公共性思想的本质特征——批判性和建设性。

马克思公共性思想的本质特征首先在于其批判性。马克思在《〈黑格尔法哲学批判〉导言》中指出："批判的武器当然不能代替武器的批判，物质力量只能用物质力量来摧毁，但是理论一经掌握群众，也会变成物质力量。"②马克思反对在哲学思辨中思辨哲学，也反对脱离具体历史现实的"形而上"讨论，他主张"实践"，强调实践是公共哲学的特质，只有实践才能进入现实生活、进入生活世界。正是马克思以实践为哲学思维的立足点和新视界，决定了马克思公共性的出场路径是批判。一是批判传统旧哲学中纯粹"形而上"的先验性和由此导致的主观主义和神秘主义。马克思批判了传统哲学只关注"形而上"和抽象之物而导致哲学对现实生活的脱离，认为这只是"理论"地解决问题，并没有"实践"地改变现实，这是一种乌托邦图式，是一种幻想。马克思认为，现实的人的实践生成和历史生成，才是一切批判的前提和基础。二是批判现实社会生活的不合理现象以及由此造成的对人的异化。马克思不仅仅是对资本主义社会的现实状况进行客观描述，还对资本主义的痼疾进行深刻的剖析和犀利的批判。马克思揭露了在生产劳动上统治阶级对工人的剥削和奴役从而造成了劳动关系的异化，揭露了在"商品等价交换"的掩盖下个体成了一种"物化"的存在，还揭露了资本主义所固有的矛盾不会因为改良而得到解决，指出只有资本主义灭亡了，这些固有矛盾才会消失。

马克思的批判不是为了批判，他试图在批判旧理论的过程中构建新理论，在批判旧世界的过程中发现新世界，通过批判来探寻人类的解放之路。

① 袁祖社.公共性真实：当代马克思主义哲学范式转换的基点［J］.河北学刊，2008（4）.
② 马克思，恩格斯.马克思恩格斯选集：第1卷［M］.北京：人民出版社，1995：9.

因此，马克思公共性思想的第二个本质特征是建设性。马克思公共性思想不是一种单纯的理想信念的搭建，也不是前人公共性理论的一种小修小补，它具有颠覆性和创造性，当然也具有科学性。马克思公共性是以共同体——人类公共性存在为基点，从"经济基础—上层建筑"的致思路向出发，通过实践和历史的双重视角和维度科学地勘探了社会发展规律，科学地判断和预测了共产主义必将取代资本主义，人类终将获得解放。因此，马克思公共性的建设性本质特征，还包含着更深层的意蕴——超越性，超越资本主义的奴役和剥削制度，超越无根的乌托邦图景，超越人类单纯的政治解放。

可见，马克思公共性具有以下特征："（1）它不是一种'形而上学'原则，而是从批判现实资本主义出发而产生的'理想性'取向。这一理想的最终目标是'社会解放'以及与之相伴随的真正的'个体自由'。（2）它不是一种'永恒'有效的'至善'图景，而是与人类的创造性活动密切相关的具体的'社会生活'规范。（3）它不是一种具体的'制度安排'，而是具有'范导'作用的思想观念，这种观念本身也接受现实社会生活的检验和修正。"①马克思以解放人类为己任，坚定不移地澄明、守护人类的公共性，通过彻底性的批判和超越性的建设，为人类展示了一幅真实的公共性图景。因此，站在世界公共生活不断拓展的今天，"从马克思哲学变革的角度来看，马克思哲学在今天遇到的诸问题不仅没有反而恰恰使马克思哲学这一公共性的生存视域得到了强有力的凸显，并构成马克思哲学当代创新的崭新视域"②。

因此，不管是与其他公共性理论相比较而言，还是从马克思公共性思想本质特征来说，马克思公共性思想都具有无可比拟的先进性和科学性，马克思公共性理应成为我国思想政治教育理论和实践发展的一个重要视域，成为思想政治教育公共性构建的底色和样板。

---

① 卞绍斌. 现代性视域中的马克思"社会"概念 [D]. 长春：吉林大学，2008：116.
② 贾英健. 公共性视域：马克思哲学的当代阐释 [M]. 北京：人民出版社，2009：11.

第三节　马克思公共性视域是我国思想政治教育发展的必然选择

本书论述至此，逻辑关系已然层层递进：公共性构建是当代思想政治教育的发展方向，公共哲学是当代思想政治教育公共性构建的学科视野；公共哲学包含了古今中外哲学家、思想家们不同的公共性思想，与古代中国"公"的思想和西方现代公共性理论相比，马克思公共性更具有科学性和先进性。马克思公共性视域似乎已是当代思想政治教育公共性构建的唯一选择了，但是，或许我们不能如此简单地下结论，我们还需要论证其内在依据在哪里。

何为视域？从哲学的角度来说，"视域是一个人在其中进行领会或理解的构架或视野"①。按此理解，把思想政治教育置于马克思公共性的视域下进行审视、转变、创新，不仅是运用马克思公共性理念来指导思想政治教育，更重要的是"在之中"——思想政治教育要置于马克思公共性思想的框架中来发展创新，来发现思想政治教育的"属性"和"意义"。当然，这个框架包括了价值理念、内涵内容、思维逻辑、话语范式、方法论等。这样的视域，是否可能？"在当代中国，思想政治教育既是一项社会实践活动，也是一门学科，还是党的事业的重要组成部分，探究思想政治教育的马克思主义理论基础，首先有必要对何为思想政治教育做科学的理解与把握，在实践活动、学科、事业的'三位一体'中审视思想政治教育。"②下面，我们将从实践活动、学科、事业三个方面来审视思想政治教育与马克思公共性的内在联系，以寻求思想政治教育选择马克思公共性视域的内在依据。

一、思想政治教育实践需要马克思公共性视域

从思想政治教育实践的客观存在来说，古今中外的思想政治教育的实践形态差别都非常大，不同的社会形态，思想政治教育实践就会有质的差别。但有一点是相通的，那就是思想政治教育实践过程必然受到当时的社会经济

---

① 李远城．"视域"与"视阈"之辨［J］．语文教学之友，2015（2）．
② 白显良．思想政治教育的马克思主义理论基础研究［M］．北京：人民出版社，2014：29.

基础和上层建筑的制约，就必须服务于当时社会发展需要。对于这一点，马克思早已明确指出："人们在自己生活的社会中发生一定的、必然的、不以他们的意志为转移的关系，即同他们的物质生产力的一定发展阶段相适应的生产关系。这些生产关系的总和构成社会的经济结构，即有法律的和政治的上层建筑竖立其上并有一定的社会意识形式与之相适应的现实基础。物质生活的生产方式制约着整个社会生活、政治生活和精神生活的过程。"①不同时代需要不同的思想政治教育与之相适应，不同社会形态的思想政治教育也会有不同的理论基础和实践指南。如中国古代以儒家学说作为臣民教育的理论宝典，现代西方公民教育虽然经常游走在自由主义和共和主义之间，但归根到底还是以个人利益至上的价值观作为行动指南。可见，不同时代、不同社会形态的思想政治教育之间没有共同的思想基础、没有通用的理论视域。因此，不加批判地传承传统文化、生硬地照搬西方理论，这本身就违背了思想政治教育的实践性、阶级性，是一种缘木求鱼的做法。

当代思想政治教育的实践，一直以马克思主义为指导思想和行动指南。探讨当代思想政治教育的实践问题，必须以时代感的使命，立足于当代中国历史与现实的语境来探寻当代思想政治教育实践理论视域，这是确保思想政治教育实践科学性、有针对性、实效性的根本。显然，这个理论视域必须是马克思主义的。那么它是马克思主义关于哪一方面的理论价值指向？首先我们必须从思想政治教育实践的时代感切入来回答这个问题。所谓时代感，就是指思想政治教育实践必须随其时代要求的变化而改变。对于当代思想政治教育来说，这种变化主要体现在三个大的方面。

（一）在全球化的公共生活中，思想政治教育实践需要马克思公共性视域

随着经济政治文化全球化实践的开展，世界成了一个地球村，多民族多国家并存，多样文化多元价值共存，多种语言多种习俗交汇，这一切表明我们进入了一个世界性的公共生活时代，全人类已生活在一个"共同体"中，同呼吸共命运。但由于经济发展的不平衡、政治意识形态的不相同，人类的公共利益难以达成一致，于是世界范围内的公共性问题不断生成：局部的战

---

① 马克思，恩格斯. 马克思恩格斯选集：第 1 卷 ［M］. 北京：人民出版社，1995：32.

争此起彼伏，意识形态争夺从未消停，恐怖主义仍然猖獗，生态环境继续恶化，能源危机逐步扩大，等等。这一切都呼唤价值共识、共同行动，从根本上说是呼吁公共意识、公共理性、公共关怀、公共责任，以共筑公共生活、破除公共问题。

"当今世界的许多思想家都在为此一理想的达成做着不懈的知识上的努力，如阿伦特的'公共世界'、哈贝马斯的'交流理性'、罗尔斯的'重叠共识'以及包括查尔斯·泰勒等许多著名'社群主义'者对'自由主义者'的反思性批判等，都是这方面努力的一种体现。"①但如前面所分析的，这些公共性理论不是乌托邦的空想就是基于资产阶级的立场来谋划的，都无法从根本上解决世界性的公共难题。相反，马克思站在全人类解放的高度，认为共产主义并不属于某个国家民族或某个阶级，只有"'世界历史性的'存在才有可能实现"。因此他批判当今的资本主义世界仍是一个虚幻的共同体，"任何一种所谓的人权都没有超出利己的人，没有超出作为市民社会成员的人，即没有超出作为退居于自身，退居于自己的私人利益和自己的私人任意，与共同体分隔开来的个体的人"②。同时，马克思以"改变世界"为己任，认为仅仅解释生活世界的现状是远远不够的，"要扬弃现实的私有财产的思想，有思想上的共产主义就完全够了。而要扬弃现实的私有财产，则必须有现实的共产主义行动"③。而公共实践是实现共产主义的唯一出路。马克思的公共性思想，彰显了人类最深刻的公共意蕴，内蕴着坚定的公共信念，承载着丰厚的公共品质，直指人类的公共理想。

在全球化的公共时代，在仍是虚幻共同体的繁杂世界里，国家和国界仍是世界区分"你我"的坐标轴。西方削减了对中国使用"胡萝卜加大棒"的政策，更多地转向使用所谓西方民主、自由等"普世价值观"对中国进行意识形态的渗透。思想政治教育实践必须以马克思公共性思想作为指导，一方面，明确西方虚幻共同体的本质并没有变化，资产阶级为夺取其全球的统治、攫取并维护自己的利益，仍会"把自己的利益说成是社会全体成员的共

---

① 袁祖社. 公共性真实：当代马克思主义哲学范式转换的基点 [J]. 河北学刊，2008 (4).

② 马克思，恩格斯. 马克思恩格斯全集：第 3 卷 [M]. 北京：人民出版社，2002：184 – 185.

③ 马克思. 1844 年经济学哲学手稿 [M]. 北京：人民出版社，2000：128.

同利益，也就是说，这在观念上的表达就是：赋予自己的思想以普遍性的形式，把他们描绘成唯一合乎理性的、有普遍意义的思想"①。另一方面，在马克思公共性思想语境下，思想政治教育实践还需要以世界性的眼光来看待社会形态的历史发展历程，坚定马克思公共性思想的价值指向，在实践中担负起"马克思主义的理论教育与宣传"的历史使命。

（二）在国家社会的深度转型中，思想政治教育实践需要马克思公共性视域

中国在融入全球化的过程中，也进行了政治经济的改革转型。传统的计划经济逐渐被市场经济所替代，进一步解放了生产力，解放了个体，但也带来了一系列不容忽视的矛盾和问题。原来固有的唯一的公共利益日益分化形成多元复杂的利益格局，利益分配在政治经济改革过程中难以保持平衡。内部利益群体的分化对社会主义共同体构成了威胁：以争取和维护自身利益为目的的群体事件频发；利益分配的不均衡让部分人有仇富心理；人人寄望于竞争而非合作来实现自己的利益；弱势群体对社会有严重的剥离感。这些问题已不是简单的社会问题，而是严重威胁政权合法性和社会秩序的公共问题。如果无法及时解决这些公共问题，人们对社会主义共同体基本价值的认同会逐渐消解。这给我们一个警醒，在经济发展取得巨大成效的同时，我们的社会如何在价值追求上实现公平正义？我们无法在西方"强调个人利益至上和共同体是手段"的自由主义理论中找到价值关怀，因为它忽视了共同体的根本地位和对人发展的价值意义。当然，我们也不能回到传统的绝对国家主义和集体主义的社会，无视现实的社会和现实的人而唯国家利益至上，生硬地把"恢宏理想"与"生活世界"进行人为的割裂。

马克思在论述共同体时就明确指出，人的真正的共同体"是生活本身，是物质生活和精神生活、人的道德、人的活动、人的享受、人的本质"，"只有在共同体中，个人才能获得全面发展其才能的手段，也就是说，只有在共同体中才可能有个人的自由"②。在马克思的公共性思想体系里，个人的存在和发展必须依赖于共同体的滋养与支持，同时人的自觉自在发展能促进共

---

① 马克思，恩格斯. 马克思恩格斯选集：第 1 卷 ［M］. 北京：人民出版社，1995：1005.

② 马克思，恩格斯. 马克思恩格斯选集：第 1 卷 ［M］. 北京：人民出版社，1995：119.

同体的发展，两者互依互存、共生共荣。因此，在中国社会转型的过程中，我们要坚定以马克思的公共性思想为指导，立足于现实的社会问题，科学地认识和分析判断，完善利益分配机制，寻求合理的补偿机制，确保社会的公正，真正实现社会主义共同体的发展和人民的幸福安康，充分展示社会主义制度的优越性。

在这种意义上，对于思想政治教育实践来说，也应以马克思公共性思想为指导，尤其是以共同体理论为实践指南，助力国家在社会深度转型中有效地实现国家、社会、个人的良性互动和共同发展。在计划经济年代里，党政社一体化的模式下，民众高度依附于社会和国家，思想政治教育只需要采用灌输式的手段来宣传马克思主义理论以及党和国家的方针政策路线即能达到良好的效果。但随着改革开放的到来，民众现代意识逐渐觉醒，一味的理论灌输已经无法满足民众的需要。作为整合社会的重要方式之一，思想政治教育应与时俱进地尊重和认同不同阶层和个人的合理利益，面对民众对社会不良现象的质疑、对个人合理利益的诉求，思想政治教育在实践中必须改变单向的灌输，转向互动的沟通和有效的回应。当然，这还不仅仅是改变思想政治实践的方式手段问题，更为根本的是要改变绝对集体主义的价值取向，从马克思共同体理论入手，为个人与社会以及个人利益与公共利益的矛盾做出公共性的阐释和解决。因此，当代思想政治教育必须关注公共性问题，以马克思公共性理论指导实践活动，使得思想政治教育工作能满足社会多元的利益需求，使个人利益与公共利益能达到有机平衡，并在有效整合社会的过程中焕发其公共性的生命力。

（三）在公民的公共意识教育中，思想政治教育需要马克思公共性视域

不可否认的是，40 余年的改革开放促进了一个具有相对自由性和自主性的公民社会的崛起，相对独立的社会、相对独立的社会团体、相对独立的个人三股力量交织并显现出具有独立公共空间的公共领域。但与西方的市民社会相比，中国公民社会还不够成熟，"公民社会基本仍处于自发生长状态""尚未形成有效价值观的体系用以促进社会的整合""公民社会目标可能被其他的现代化目标所遮盖，成为整个目标序列中的次要物"①。不成熟不完善

---

① 廖加林. 现代公民社会的道德基础［M］. 长沙：湖南大学出版社，2006：22 - 23.

的公民社会极容易为别有用心之人所利用而成为一股反政府、反社会的力量，因此培育中国公民社会迫在眉睫。公民社会的主体是公民，因此对公民进行公民教育，培养公民意识和公民观念，提升公民素质和公民能力，明确公民角色和公民责任是根本。

公民教育内容有很多，包括知识层面的、技术层面的、素质能力层面的，等等，但最为根本的是价值理念——公共精神和公共理性的培养。公民的公共精神和公共理性程度是反映公民社会是否成熟和完善的一个重要判断，因此对公民进行公共精神和公共理性的教育显得非常重要。"事实上，目前社会出现的公共性问题，很大程度上就是人的思想意识中公共性意识不足导致的。"①因此，公共精神和公共理性的教育，首要的是进行公民的公共意识教育。思想政治教育从根本上讲是一种专门从事思想政治意识的教育活动，因此我国的公民公共意识教育必须置于思想政治教育的视野下进行，充分发挥思想政治教育在公民公共意识提高和公共品质塑造方面的作用。或者从思想政治教育实践的角度来说，塑造公民的公共意识是当代思想政治教育工作的核心内容。

如何塑造公民的公共意识？显然，无论是社会意识形态道路还是社会发展的历史阶段，中国与西方国家的发展都不尽相同，因此我们不能不加以批判地全盘照搬照抄西方在公民意识教育上的宣传，不能盲目跟风地奉行民主、自由、平等等资本主义价值圭臬，更不能盲目推崇和追随资本主义公民教育的逻辑话语和思想体系。"我国的公民意识教育属于社会主义公民意识教育，是以马列主义为思想旗帜，根植并反映中国特色社会主义建设，它与社会主义核心价值观相契合，体现了马克思主义的世界观与方法论，彰显了社会主义民族精神和时代精神，体现了社会主义伦理道德观念。"②因此，我们必须坚持马克思主义的主导作用，坚持以马克思主义世界观和方法论引导公民自觉践行社会主义核心价值观，理性分析西方各种社会思潮，坚决抵制西方腐朽思想文化的渗透。

马克思公共性思想内含着公民观。马克思批判了资本主义社会是虚幻的共同体，认为它虽然在法律意义上确认了社会成员的公民身份并赋予了自由

---

① 赖纯胜. 论思想政治教育的公共性转型 [J]. 学术论坛，2014（4）.
② 汪倩倩. 思想政治教育视域下的公民意识教育研究 [D]. 苏州：苏州大学，2014：51.

平等等相应的权利，但实际上，这种自由平等的权利是把无产阶级排除在外的资产阶级专享的权利。马克思指出："在现存的资产阶级社会的总体上，商品表现为价格以及商品的流动等等，只是表面的过程，而在这一过程的背后，在深处，进行的完全是不同的另一些过程，在这些过程中个人之间表面上的平等和自由就消失了。"①可见，资本主义的公民观是虚假的，是用来隐瞒和遮蔽资产阶级与无产阶级的不平等关系；更为重要的是，资产阶级将这种自由建立在资产阶级个人利益优先之上，而不是以共同体利益为基础。因此，马克思深刻地批判了资本主义抽象、虚假的公民观，"在资产阶级经济以及与之相适应的生产时代中，人的内在本质的这种充分发挥，表现为完全的空虚化：这种普遍的对象化的过程，表现为全面的异化，而一切既定的片面目的的废弃，则表现为为了某种纯粹外在的目的而牺牲自己的目的本身"②。马克思指出，只有共产主义能够实现真正的自由平等，因为"统治阶级的思想在每一时代都是占统治地位的思想。这就是说，一个阶级是社会上占统治地位的物质力量，同时也是社会上占统治地位的精神力量。"③社会主义是以生产资料公有制为基础，公民之间不存在根本对立的关系和无法化解的矛盾，随着生产力的进一步发展，公民的自由平等等权利能够真正地实现。

从公民教育的视角出发，马克思又指出："在不同的占有形式上，在社会生存条件上，耸立着由各种不同的、表现独特的情感、幻想、思想方式和人生观构成的整个上层建筑。整个阶级在它的物质条件和相应的社会关系的基础上创造和构成这一切。通过传统和教育承受了这些情感和观点的个人，会以为这些情感和观点就是他的行为的真实动机和出发点。"④因此，思想政治教育应立足于中国社会主义的意识形态、根植于中华民族伟大复兴的中国梦的实践，以马克思公民观为指导进行公民公共意识教育，培养出与社会主

---

① 马克思，恩格斯．马克思恩格斯全集：第30卷［M］．北京：人民出版社，1995：202.

② 马克思，恩格斯．马克思恩格斯全集：第30卷［M］．北京：人民出版社，1995：480.

③ 马克思，恩格斯．马克思恩格斯选集：第1卷［M］．北京：人民出版社，1995：98.

④ 马克思，恩格斯．马克思恩格斯选集：第1卷［M］．北京：人民出版社，1995：611.

义社会发展相适应的合格公民。

马克思立足于历史唯物主义的视角，阐发了公共生活世界、公共生活实践、公共生活理想之间的历史与逻辑的关系，从价值意义的角度探寻共同体发展与人类解放之间的逻辑关系，这些关系都深蕴着马克思的公共信念和公共理想。这对于人类的一切社会实践都有重要的启发。与其说是现代公共性的凸显和现代公共意识的创新需求激活马克思公共性，不如说马克思公共性为现代问题的解决提供了一个转换的视角。因此，面向公共性日益凸显的世界，思想政治教育实践"需要马克思主义哲学提供'公共性思维智慧'，并按照这一哲学的基本原则确立合理的'公共性的生活规范'，获得一种'公共性的真理和生活意义'指导"①。

二、思想政治教育学科的创新发展需要马克思公共性视域

思想政治教育是一门马克思主义学科，这似乎是个不证自明的事实，我们不假思索地认为这个事实就如同"柳树是植物""兔子是动物"那般无可辩驳，因此也就理所当然地接受。但接受不等同于认同。由于长期缺乏对两者关系充分的学理思考以及在历史洪流中没有与时俱进地进行理论的审视和深挖，我们似乎又让思想政治教育的研究疏离了马克思主义，疏远了马克思思想。有人认为，这不是革命年代，马克思的阶级理论早已不适合；也有人认为，马克思思想是宏大的空洞理论，回归"生活世界"、关注微观生活才是思想政治教育学科应该聚焦的领域。于是，简单地把思想政治教育研究拆分为思想教育研究、政治教育研究、道德教育研究、心理教育研究等，这从根本上消隐了思想政治教育的学科属性，抹杀了思想政治教育的灵魂与主题。最为致命的是，这样的研究理路导致了思想政治教育学科在合理性和合法性上遭受质疑和非议。面对思想政治教育学科所遭受的发展困境，有学者指出，思想政治教育要创新发展，"应当关注两类'元典'：一类元典是马克思主义经典作家著作，另一类是世界社会主义运动、特别是中国共产党领导下的中国革命和建设进程中的思想政治教育实践"②。因此，提升思想政治

---

① 袁祖社．公共性真实：当代马克思主义哲学范式转换的基点［J］．河北学刊，2008（4）．

② 魏永军．全国思想政治教育理论与实践创新研讨会会议综述［M］//孙其昂．思想教育与理论创新（第三辑）．合肥：安徽大学出版社，2006：99．

教育学科的合法性，必须"强基固本"，强化对思想政治教育马克思主义理论的基础研究；要与时俱进地创新思想政治教育理论，必须"返本开新"，坚持回到马克思—走进马克思—发现马克思。

（一）夯实学理基础，思想政治教育学科需要马克思公共性视域

思想政治教育是一门理论与实践紧密结合的学科，但理论研究成果在实践活动中不能有效地产生马克思主义教育宣传效应，反而"使马克思主义理论沾染了马克思在批评资产阶级意识形态理论时所指称的'表面化'和'书斋气'"①。这从反面说明了对思想政治教育进行深入的学理基础研究的必要性和迫切性。探讨思想政治教育学理基础的目的在于，揭示思想政治教育的原始构成视野，并从中精准把握其理论构成之间的内在逻辑，进而阐明思想政治教育理论的精神实质。

在我们看来，思想政治教育学科的原始构成视野在于，它是一门"走进历史深处，又走向历史深处"的学科②，贯穿这一切历史的是实践，历史的实践。在马克思主义看来，特别是对马克思主义的创始人——马克思而言，历史的实践就是人类实现自己目的的活动过程，实践的终极指向就是人的自由而全面的发展。马克思的"人自由而全面的发展"的价值诉求是建立在历史唯物主义的基础上的，是在对历史发展的规律和人的本质内在规定性做透彻的剖析和深刻的把握基础上而得出的科学结论。这样一来，思想政治教育的价值诉求和终极指向也即人的自由而全面的发展。按照马克思的理解，人的自由而全面的发展究其实质不过就是一个人类如何按照历史发展的本性来创造真实的共同体、创造真实的公共生活的问题。因此，"思想政治教育本质上是一门促成历史自身依照历史的本性并围绕人的自由而全面发展而展开的科学"③。

那么历史的本性是什么？它与"人的自由全面发展"有何关系？马克思认为，历史的本性是公共性的实践和实践的公共性，即指公共性不仅关联着具体历史中具体的人和具体的社会，还关联着一种恢宏深厚的历史社会形态

---

① 金林南. 论思想政治教育的公共性 [J]. 思想理论教育，2012（15）.

② 周茜蓉，程金生. 走向历史的深处：思想政治教育基本问题研究 [M]. 南昌：江西人民出版社，2006：3.

③ 周茜蓉，程金生. 走向历史的深处：思想政治教育基本问题研究 [M]. 南昌：江西人民出版社，2006：3.

及其衍生出来的公共性样式。也就是说，生活中每个现实的人从一开始就被纳入了历史的进程中，从事着自然性的生产和社会性的生产，这就是劳动实践和交往实践。无论是劳动还是交往，都表现着自我对世界和他人的敞开，同时证明着自我与他人的共同共在；人们以开放共在的方式体现着人类对公共性价值的认可和追求。这是历史的本性。但在以往的历史中，公共性往往被异化为虚幻的公共性而成异己的力量，马克思认为必须要通过共产主义革命改变虚幻的公共性，实现"人自由而全面的发展"。可以说，马克思哲学中的唯物主义哲学、政治经济哲学等都从不同的侧面、不同的层级阐述了公共性的历史发展理路及内容体系。因此，马克思主义研究者应该将马克思公共性作为重大课题进行更为透彻的研究，马克思主义理论学科包括思想政治教育学科也应勇担时代的责任，以宣传马克思公共性思想为时代使命。

由上述分析可知，思想政治教育是一个历史性的实践课题，它始终追随历史的步伐，围绕社会与人的发展、围绕共同体的公共性展开理论研究和实践教育。因此，思想政治教育学科必须充分发掘马克思公共性思想，通过对马克思公共性的理念、内容、方法等的吸收与融入，并最终把马克思公共性思想落实到历史境遇之中、时代发展之中以及个体和社会发展之中，在历史维度中展现其精神实质和时代担当。可见，以马克思公共性视域来夯实思想政治教育学科的学理基础，能够增强思想政治教育学科的"专业性"，进而彰显思想政治教育工具理性的意义和目的理性的价值。

（二）把握根本属性，思想政治教育学科需要马克思公共性视域

把握思想政治教育学科的根本属性，其实就是判明思想政治教育与其他学科的边界在哪里。历经教育学、政治学的隶属学科属性后，思想政治教育学科作为马克思主义理论的二级学科地位得到了确立。这充分说明了思想政治教育与马克思主义有着天然的内在逻辑关系，马克思主义为思想政治教育提供了"学科基因"。思想政治教育学科具有马克思主义的根本属性，因此我们无须再讨论思想政治教育是否需要用马克思主义的理论和方法论，而是在于用马克思主义的什么理论更能彰显思想政治教育的学科属性。

思想政治教育的马克思主义学科属性，本质上就说明了思想政治教育学科具有意识形态的价值属性。它与西方国家的"政治社会化""公民宗教"等学科理论一样具有意识形态性，但思想政治教育学科与西方的意识形态学科又有着根本的区别，这个区别归根结底是社会主义与资本主义的区别。但

这并不具有厚重的说服力，因此，我们必须回到马克思主义的源头——马克思经典理论——尤其是在马克思的公共性思想中去把握思想政治教育学科的根本属性。公共性并非是资产阶级意识形态独特的舶来词，公共性也是马克思思想体系中的一个核心组成部分。马克思对公共性的渴望不仅仅表现在"解释"上，更重要的在于"改变"，在于"实践"，在于"行动"。从马克思的实践旨趣来看，马克思也不仅仅批判了资本主义的虚假共同体和虚幻公共性，他还从历史发展的规律中清晰地意识到唯有彻底地革命，人类才能建立起真实的共同体，才能实现真实的公共性。这一种对资本主义意识形态具有彻底颠覆性的实践思想，为一代代马克思主义者所追随。坚定共产主义信念并为之所不惜一切地实践奋斗，是中国共产党人的理想信仰，也是社会主义的本质要求。作为中国共产党的理论宣传和教育武器，思想政治教育学科也应该具有马克思公共性的视域。

可以说，马克思公共性思想是马克思哲学整体性的意义表达。马克思不仅仅把公共性作为一种静态的公共价值理念和公共空间结构，更重要的是他从动态的历史生成、人的具体生成、公共性的生成中把握人与人之间形成的意义世界。这对于我们把握思想政治教育学科的根本属性提供了一种全新的方式。也就是说，思想政治教育学科的根本属性不仅仅在于它的马克思主义理论观点，更重要的是它倡扬了马克思主义——马克思公共性的思想思维和实践智慧。因此，思想政治教育学科必须彰显和捍卫马克思主义尤其是马克思公共性思想在我国意识形态领域的指导性地位，以马克思公共性中对人的关怀高度来培养社会主义的"公共人"，以宣传马克思公共性思想为当代思想政治教育学科发展的主题，推动马克思公共性思想的中国化、时代化、大众化。唯有如此，作为思想政治教育学科的马克思主义属性才能为我们所理解、掌握和运用。

（三）创新学科理论，思想政治教育需要马克思公共性视域

创新，是时代发展的需要，也是学科发展的必然要求。对于思想政治教育学科的创新来说，许多的学者从跨学科的角度给思想政治教育的创新方式方法开出多味"药方"：哲学的视野、伦理学的视野、管理学的视野、社会学的视野……这些创新使得思想政治教育学科因汲取了多学科的智慧营养而变得更加立体丰满，也为现实问题提供了一定的解决方案。但有一点，我们必须清楚地意识到，对各学科理论的借鉴和参照只能对思想政治教育的学科

建设起推动、深化的作用，并不能触及思想政治教育学科的根本。创新思想政治教育学科，我们更应该从理论"母体"上深挖思想政治教育学科的创新因子，避免思想政治学科"沦落为纯粹的教育技术学，成为无所负载而驶的'空车'"①，从而失去学科独立存在的必要性和合理性。

　　马克思主义是思想政治教育学科续存的根基和灵魂，是思想政治教育理论的"母体"，是思想政治教育学科的学理依据。前面已经论证了"公共性"是思想政治教育学科创新的一个重要论域，金林南从学科发展的国际地位这个高度指出，"现代思想政治教育起源于竞争性意识形态，到思想政治教育形成期，虽然还不能抹杀阶级性，但思想政治教育的人类公共性特征越来越突出。从学科发展的角度来看，要使思想政治教育不仅在国内取得名副其实的学科地位，而且在国际上取得应有的学科地位，在公共性的维度上探讨问题应该是一个重要方向"②。因此，我们要充分挖掘马克思主义公共性思想资源，用"马克思主义公共性"的理念、逻辑、范式等填补当前思想政治教育学科在公共性论域方面的缺失，为思想政治教育学科发展寻找新的生长点。马克思主义公共性，特别是马克思公共性的思想性、实践性和历史性为思想政治教育理论与学科的创新提供了高远的学科立意、宽厚的理论基石、坚定的学科信仰、正确的实践路径以及科学的研究方法。

　　思想政治教育的学科理论创新需要在马克思公共性视域下进行方能彰显出强劲的发展动力。马克思公共性视域下的思想政治教育学科理论创新，不仅表现在马克思公共性为思想政治教育提供了世界观和方法论的指导，还在于马克思公共性的总体思想阐明了当代思想政治教育开展实践的有关理论问题，促进了思想政治教育实践的精准化和有效性提升，提升了思想政治教育学科理论的科学化。第一，从思想政治教育的本体论层面看，马克思公共性思想关于人本质学说、共同体三形态历史演变的理论以及社会存在与社会意识的辩证原理等，对于我们严密论证思想政治教育何以发展及其所具有的本质属性等问题提供了方向导引和理论支撑。第二，从思想政治教育的价值论层面看，马克思公共性思想关于无产阶级历史使命的理论、人自由而全面发展的学说、经济与政治文化的辩证原理等，对于我们有力阐释思想政治教育

① 沈壮海. 推进思想政治教育学科建设的思考［J］. 思想理论教育，2006（6）.
② 金林南. 论思想政治教育的公共性［J］. 思想理论教育，2012（15）.

在推动人类真实共同体的发展、促进人自由全面的发展、实现"自由人的联合体"等方面具有重要的指导意义和实践价值。第三，从思想政治教育的方法论层面看，马克思公共性思想关于劳动实践、交往实践的理论，对于启迪我们如何开展思想政治教育提供了重要的方法论资源，为思想政治教育理论的创新提供了智慧资源和思维境界。

三、中国共产党思想政治教育事业继承和发展着马克思公共性思想

思想政治教育，是中国共产党领导的思想政治教育，是中国特色社会主义事业建设和发展的重要保证，是培养中国特色社会主义事业合格建设者和可靠接班人的重要路径。一直以来，中国共产党都高度重视思想政治教育，从意识形态的高度明确把巩固马克思主义为我们立党立国的根本指导地位作为思想政治教育的学科使命。"从根本上说，思想政治教育学科是贴近党的自身建设、贴近党所领导的建设事业的一门学科，应该在不断加强与改进党的建设的全局中谋发展，应该立足党自身及其事业的发展而搞建设。"① 因此，思想政治教育具有鲜明的学科特色——意识形态性，思想政治教育必须关照当下中国社会主流意识形态需要，要关注党和国家意识形态的发展，并将其自身融入社会主义意识形态建设的鲜活实践中，时刻与社会的主流意识形态保持高度一致。

（一）中国共产党对马克思公共性思想的阐发

中国共产党在成立之初，就明确把马克思主义作为党的指导思想和行动指南。许多马克思主义者把马克思主义经典著作译介到中国，并结合中国当时的实际和形势特点加以研究、宣传、传播。中国共产党在宣传马克思主义的过程中始终坚持把马克思主义的基本原理同中国国情和时代特征相结合，运用马克思主义的视域立场、观点内容、方式方法来研究、解决中国在革命斗争、发展建设、改革创新中遇到的实际问题。这是马克思主义中国化的体现。实际上，马克思思想中国化的发展过程，在很大程度上就是中国共产党根据中国实际和时代要求对马克思公共性思想的阐发过程。中国共产党的理想信念、指导思想和执政理念与马克思的公共性思想是一脉相承的，中国共

---

① 白显良. 思想政治教育的马克思主义理论基础研究［M］. 北京：人民出版社，2014：38.

产党的目标就是实现共产主义。毛泽东思想、邓小平理论、"三个代表"重要思想、科学发展观以及习近平新时代中国特色社会主义思想都继承和发扬了马克思公共性的价值主旨、基本立场、基本方法论。

为人民利益而奋斗的价值目标是马克思公共性的根本价值所在。马克思在《共产党宣言》中就深刻指出:"过去的一切运动都是少数人的或者为少数人谋利益的运动。无产阶级的运动是绝大多数人的、为绝大多数人谋利益的独立的运动。"①在毛泽东思想中,中国共产党就旗帜鲜明地表明:"我们的共产党和共产党所领导的八路军、新四军,是革命的队伍。我们这个队伍完全是为着解放人民的,是彻底地为人民的利益工作的。"②毛泽东指出,为广大人民群众的利益而奋斗是中国共产党的基本立场,"共产党人的一切言论行动,必须以合乎最广大人民群众的最大利益,为最广大人民群众所拥护为最高标准"③。此外,在毛泽东的著作中,有许多关于"全心全意为人民服务"的论述。毛泽东充分运用马克思创造的辩证唯物主义和历史唯物主义的基本方法论,对社会主义进行革命、建设;确认人民是历史的主体,坚持党的一切工作"必须是从群众中来,到群众中去"④,坚持发展生产力,"要使几亿人口的中国人生活得好。要把我们这个经济落后、文化落后的国家,建设成为富裕的、强盛的、具有高度文化的国家"⑤。因此,毛泽东坚持要培养共产主义者,并指出"一切共产主义者的最后目的,则是在于力争社会主义社会和共产主义社会的最后的完成"⑥。可见,无论是对社会主义革命的论述还是对社会主义建设的剖析,在毛泽东思想中,无处不闪耀着马克思公共性思想的光辉,表明中国共产党人追求人类真实公共性的理想和决心。

在以和平与发展为主题的时代里,邓小平理论开创了马克思主义中国化的新境界,也是马克思公共性思想在中国社会主义改革发展中又一次中国化的新阐发。党的十一届三中全会后,邓小平开始坚定不移地把党的工作中心由阶级斗争转为经济建设,开启了中国社会主义现代化建设之路。邓小平从

---

① 马克思,恩格斯. 马克思恩格斯选集:第 1 卷 [M]. 北京:人民出版社,1995:283.

② 毛泽东. 毛泽东选集:第 3 卷 [M]. 北京:人民出版社,1991:1004.

③ 毛泽东. 毛泽东选集:第 3 卷 [M]. 北京:人民出版社,1991:1004.

④ 毛泽东. 毛泽东选集:第 3 卷 [M]. 北京:人民出版社,1991:899.

⑤ 毛泽东. 毛泽东文集:第 7 卷 [M]. 北京:人民出版社,1999:275.

⑥ 毛泽东. 毛泽东选集:第 2 卷 [M]. 北京:人民出版社,1991:646.

实际出发，实事求是地把握了马克思主义中国化的道路，他对"什么是社会主义""如何建设社会主义"进行了深刻的思考并做出了辩证全面的阐释。邓小平认为社会主义的优越性应体现两方面，一是解放生产力、发展生产力，从生产力的角度把握社会主义的本质。邓小平曾说过："什么叫社会主义，什么叫马克思主义？我们过去对这个问题的认识不是完全清醒的。马克思主义最注重发展生产力。我们讲社会主义是共产主义的初级阶段，共产主义的高级阶段要实行各尽所能、按需分配，这就要求社会生产力高度发展，社会物质财富极大丰富。所以社会主义阶段的最根本任务就是发展生产力，社会主义的优越性归根到底要体现在它的生产力比资本主义发展得更快一些、更高一些，并且在发展生产力的基础上不断改善人民的物质文化生活。"①在发展生产力的过程中，邓小平始终坚持人民利益至上原则，他在1992年南方谈话中就提出，把"是否有利于发展社会主义社会的生产力，是否有利于增强社会主义国家的综合国力，是否有利于提高人们生活水平"的标准作为一切价值判断中最为根本的评判标准。二是实现共同富裕。邓小平深刻理解社会主义的内涵和本质，精辟地指出："社会主义最大的优越性是共同富裕，这是体现社会主义本质的一个东西。"②在这里，邓小平强调了人民主体性，明确了社会主义的改革目标是为了人民的利益，强调了改革发展成果是为人民所共享的，指出了全体人民共同富裕是党一切工作的根本指向。由此可见，邓小平高度概括的社会主义本质——"社会主义本质是解放生产力，发展生产力，消灭剥削，消除两极分化，最终达到共同富裕"③，与马克思公共性所指向的"自由人的联合体"的愿景和方向是高度一致的，是马克思公共性思想在和平时代、在中国特色社会主义共同体中一种具体的理论阐明和实践成果的展示。

世纪之交，无论是国内的深化改革进入攻坚阶段，还是国际的经济全球化的进一步加速，都给中国共产党提出了新的要求和挑战。在邓小平提出并回答了"什么是社会主义""如何建设社会主义"的基础上，以江泽民为总书记的党中央第三代领导集体为提升党的执政能力，思考建设什么样的党、如何建设党等问题，创立了具有科学性、创新性、实践性特质的"三个代

---

① 邓小平．邓小平文选：第3卷［M］．北京：人民出版社，1993：64.

② 邓小平．邓小平文选：第3卷［M］．北京：人民出版社，1993：364.

③ 邓小平．邓小平文选：第3卷［M］．北京：人民出版社，1993：373.

表"重要思想。"三个代表"重要思想贯穿了马克思主义的基本原理，丰富和发展了马克思主义唯物史观，深刻阐明了党所处的历史方位以及所肩负的历史使命。"三个代表"重要思想是中国共产党的立党之本、执政之基、力量之源。中国共产党要"始终代表中国先进生产力的发展要求"，说明了党始终坚持把生产力的发展放在第一位，党的方针政策的制定必须要符合生产力的发展要求，通过不断发展生产力来提高人民的生活水平；中国共产党要"始终代表中国先进文化的前进方向"，上层建筑对经济基础会有反作用，中国共产党要真正做到立党为公、执政为民，才能引领社会主义文化的繁荣发展，才能为社会的发展提供精神动力和智力支撑；中国共产党要"始终代表中国最广大人民的根本利益"，根据马克思公共性思想，判定虚幻公共性和真实公共性的一个基本标准是统治阶级能否代表广大人民的根本利益，人民根本利益的实现是真实公共性的最大体现，中国共产党始终坚持把人民的根本利益作为一切工作的出发点和归宿点。可以说，"'三个代表'重要思想融立党、执政、兴国于一体，贯通了马克思主义哲学、政治经济学和科学社会主义学科，大大深化了我们对共产党执政规律、社会主义建设规律和人类社会发展规律的认识，是我们赢得未来发展、振兴中华民族和创造新的辉煌的制胜法宝"①。

以胡锦涛为总书记的党中央第四代领导集体从国家长远发展的大局出发，依据世情、国情、党情、民情提出了科学发展观。科学发展观的基本要义是以人为本、全面协调的可持续发展，科学发展观涵盖了经济、政治、文化、社会等领域。在科学发展观所涉及的内容中，最能彰显马克思公共性思想的是对社会主义和谐社会的阐述。和谐本身内蕴着公共性，公共性必然有和谐的要求。社会主义和谐社会是在中国特色社会主义事业原有的政治、经济、文化建设的基础上增加的"社会建设"这一维度，它包括了民主法治、公平正义、诚信友爱、充满活力、安定有序、人与自然和谐相处等内容。社会主义和谐社会思想除了来源于我国古代关于"和""大同"等的思想外，也继承了马克思关于社会建设的理论。在《共产党宣言》中，马克思肯定了空想社会主义者对未来社会建设的主张，即"提倡社会和谐"是"关于未来

---

① 李雅兴. 论"三个代表"重要思想的内在活力［J］. 前沿，2005（7）.

社会的积极的主张"①，同时马克思运用唯物史观科学地预测真实共同体的到来，这样的共同体是每个人能自由全面发展的"自由人的联合体"，是"集个人和人类、个人和社会、个人和集体、个人和自身的关系以及它们相互之间关系的和谐发展于一身，是一种超越了资本主义条件下的'虚假的集体'的'真实集体'"②。可以说，"马克思的共产主义是一种以和谐为公共性旨趣的和谐发展理论"③。社会主义和谐社会构建的思路、目标与马克思公共性是一脉相承的，是基于中国发展实践的现实需要提出来的，具有强烈的现实意义和深远的历史意义，它将沿着马克思公共性发展的脉络，引导中国人民走向全面小康社会，走向和谐的共同体，走向真实的公共性。

2012 年党的十八大以来，以习近平同志为核心的新一代领导集体自上任起就提出要为实现"中华民族伟大复兴的中国梦"而奋斗。2017 年党的十九大报告的主题就是："不忘初心，牢记使命，高举中国特色社会主义伟大旗帜，决胜全面建成小康社会，夺取新时代中国特色社会主义伟大胜利，为实现中华民族伟大复兴的中国梦不懈奋斗。"不同于中国传统社会的以整体主义为价值观的"大同"思想，也不同于以个人自由主义为基础的"美国梦"，习近平提出的中国梦，强调的是个人利益与公共利益的根本一致性，个人幸福梦想与国家富强梦想是完美统一的。国强民富的中国梦，是中国社会主义共同体的共同愿景和基本共识，也是中国共产党实践发展的价值指向和目标追求。中国梦摒弃了西方倡导的个人价值优先原则，也扬弃了传统集体主义至上原则，明确了个人利益与集体利益不是"零和博弈"的关系，而是一种共生共在的关系。可以说，中国梦确认和阐发了马克思公共性的基本旨趣，很好地阐释了马克思公共性中关于个人与社会的关系。首先，中国梦进一步明确了共同体的地位和作用。马克思肯定了共同体对人的基础意义，"只有在共同体中，个人才能获得全面发展其才能的手段，也就是说，只有在共同

---

① 马克思，恩格斯. 马克思恩格斯选集：第 1 卷 ［M］. 北京：人民出版社，1995：304.

② 贾英健. 公共性视域下：马克思哲学的当代阐释 ［M］. 北京：人民出版社，2009：370 - 371.

③ 贾英健. 公共性视域下：马克思哲学的当代阐释 ［M］. 北京：人民出版社，2009：371.

体中才可能有个人的自由"①。中国梦也从共同体发展的意义来理解社会和把握个人，习近平主席认为，共同体的稳定和发展是一切发展的前提和基础，每个人的前途命运都与国家和民族的前途命运紧密相连，有国才有家，才有个人的一切。其次，中国梦认可并尊重个人利益的实现，并把个人利益的实现作为"中国梦"的重要内涵和根本落脚点。按照马克思的理解，"任何人类历史的第一个前提无疑是有生命的个人的存在"②，个人利益应该得到肯定和满足；同时，人的本质是"一切社会关系的总和"，因此，个人利益与公共利益是互为前提、相互促进的。中国梦的实现，正是基于这样的视角关系进行实践的，习近平特别强调："中国梦是国家民族的梦，也是每个中国人的梦，归根到底是人民的梦。"可见，习近平提出的"中国梦"，正是马克思"共产主义"一个阶段性目标的具体实现，是马克思真实共同体的一个阶段性任务的具体落实，是马克思公共性的一个阶段性历史的具体表达。

（二）中国共产党思想政治教育体现马克思公共性的价值指向

党的执政理念、施政纲领以及治国方针必然要通过宣传和教育——思想政治教育，转化为推动社会前进的力量。思想政治教育具有鲜明的意识形态特征，具有鲜明的阶级性、政治性和思想性，"思想政治教育作为向被教育者昭示社会主导价值体系和行为规范的活动，其对达成社会的价值共识与和谐有序具有不可或缺的意义"③。因此，中国共产党从成立之始就非常重视思想政治教育，并在长期的民主主义革命、社会主义革命以及社会主义建设和改革中逐步形成了一套符合国家需要、适应社会发展、促进人全面发展的科学化、理论化、系统化的教育模式和工作方法。

马克思认为思想政治教育是建立新社会的一个重要的思想武器，是无产阶级夺取革命胜利的一个重要法宝，"哲学把无产阶级当作自己的物质武器，同样，无产阶级也把哲学当作自己的精神武器；思想的闪电一旦彻底击中这

---

① 马克思，恩格斯．马克思恩格斯选集：第 1 卷［M］．北京：人民出版社，1995：119.
② 马克思，恩格斯．德意志意识形态（节选本）［M］．北京：人民出版社，2005：11.
③ 刘云林．交叉学科视野下的思想政治教育研究［J］．学校党建与思想教育，2011（32）.

块朴素的人民园地，德国人就会解放成为人"①。中国共产党不仅继承了马克思关于对思想政治教育作用的肯定，还对马克思等经典作家关于思想政治教育的认识进行了深化和升华，把思想政治教育打造为党的政治优势和政治特色。在我国，"政治领袖和重要政治文件的话语其实反映的是思想政治教育的实践及其历史"②。中国共产党为培养无产阶级的政治意识、为推动中国革命的胜利、为社会主义社会的发展、为培养社会主义接班人、为实现人类的解放等不断推动思想政治教育的创新发展。中国共产党所代表的广大人民群众根本利益的性质和中国社会主义的真正共同体性质决定了中国思想政治教育具有公共性的特征。概括地说，中国共产党思想政治教育的公共性主要体现在两方面：一方面是以宣传党的执政理念、施政纲领和国家路线方针政策为己任，并以此宣扬党和国家的公共性价值理念；另一方面是以教育、实践的形式用马克思主义理论武装社会成员的头脑，并以此培养"公共人"——中国特色社会主义合格的建设者和可靠的接班人。可见，中国共产党思想政治教育的公共性是与马克思公共性一脉相承的，是沿着马克思公共性的价值指向不断实践发展的。

作为"灵魂""统帅"，中国共产党多次在不同场合强调思想政治教育是党和国家的"生命线"。在革命战争时期，我们党就明确："政治工作是红军的生命线。"③ 在社会主义改造时期，毛泽东再次强调："政治工作是一切经济工作的生命线。"④改革开放初期，党的十一届六中全会通过的《关于建国以来党的若干历史问题的决议》再次重申："思想政治工作是经济工作和其他一切工作的生命线。"⑤ 可以说，思想政治教育无论是在革命时期还是建设时期都发挥了重要的作用。对于中国共产党的建设来说，"掌握思想教育，

① 马克思，恩格斯. 马克思恩格斯选集：第1卷［M］. 北京：人民出版社，1995：15-16.
② 金林南. 思想政治教育学科范式的哲学沉思［M］. 南京：江苏人民出版社，2013：12.
③ 许奇贤. 中国共产党思想政治教育史［M］. 北京：人民出版社，1999：517.
④ 毛泽东. 毛泽东文集：第6卷［M］. 北京：人民出版社，1999：449.
⑤ 中共中央文献研究室. 中国共产党中央委员会关于建国以来党的若干历史问题的决议［M］//十一届三中全会以来党的历次全国代表大会中央全会重要文件选编（上）. 北京：中央文献出版社，1997：201.

是团结全党进行伟大政治斗争的中心环节"①，是保持党"执政为民"等先进性和公共性的必要手段；对于促进物质文明、政治文明、精神文明、社会文明和生态文明的协调发展，思想政治教育也发挥了其巨大的优势，为民主政治的推进、小康社会的全面建成、社会主义和谐社会的建设等方面提供了重要的思想保证。

中国共产党思想政治教育不仅仅作为革命斗争和建设发展的工具，具有政治工具性和社会服务性的本质，其更具有属人性，即从促进人的政治社会化角度来"建设人本身"，并最终实现人的发展。中国共产党思想政治教育，尽管在不同历史时期和不同发展阶段，其内容和目的表述不尽相同，但其都彰显了"培养人、发展人"的公共性蕴味。如1957年，我国确立的教育方针是"应该使受教育者在德育、智育、体育几方面得到发展，成为有社会主义觉悟的、有文化的劳动者"；1981年，我国新的教育目的是"坚持德智体全面发展、又红又专、知识分子与工人农民相结合、脑力劳动与体力劳动相结合的教育方针"；1995年的《中华人民共和国教育法》规定"培养德、智、体等方面全面发展的社会主义事业的建设者和接班人"；2004年的《中共中央国务院关于进一步加强和改进大学生思想政治教育的意见》中提道，"加强和改进大学生思想政治教育，提高他们的思想政治素质，把他们培养成中国特色社会主义事业的建设者和接班人"。无论是"劳动者""建设者"抑或"接班人"，都蕴含着中国共产党培养"公共人"的理念，都以人的发展和完善为归宿。

---

① 中共中央宣传部．毛泽东邓小平江泽民论思想政治工作［M］．北京：学习出版社，2000：2.

第三章

马克思公共性思想对大学生思想政治教育公共性的观照

教育，尤其是大学生思想政治教育，是一种高尚而伟大的实践活动，它的根柢首在立人，以提升人的人格精神为旨趣，追求人"自由而全面"的发展；同时，它以追寻人类的真善美为目的，指向人类的共同生活和公共生活。因此，大学生思想政治教育必须站在公共利益的立场上关注人类公共福祉的提升与优化，并以此来思考教育与公共生活、公共利益的关联和融合。以公共立场、公共思维去阐释、阐明、解决在大学生思想政治教育中遇到的公共问题以及涉及人的公共精神和公共品质的教育问题，这是大学生思想政治教育的本质所在，也是大学生思想政治教育的使命所在。换个角度说，大学生思想政治教育本身作为一项公共事务，对于社会来说也是一种公共善的追求与实践，其培养的目标指向是追求和实践公共善的"公共人"，公共性是大学生思想政治教育的应有之义。因此，将大学生思想政治教育置于马克思公共性的视域下进行研究，既是一种从学科脉络上的延续和扩展，更是大学生思想政治教育发展的"自我救赎"和澄明，是当代大学生思想政治教育适应公共性时代的一种"自我需要"和"公共需要"。

那么，该如何把握和阐发"马克思公共性视域下的大学生思想政治教育"呢？最为重要的是我们必须充分发掘马克思公共性思想对大学生思想政治教育的学理和实践观照。马克思公共性"是一个集描述性、概括性和评价性于一体的哲学范畴，公共性范畴深刻体现了马克思主义哲学的历史与逻辑辩证统一的方法论原则，是一个对人类社会具有很强分析意义的历史唯物主义范畴"①。我们要将大学生思想政治教育置于马克思的公共性视域中，运用马克思公共性思想所散发出来的价值蕴味、方法论资源、历史意识、思维

---

① 胡群英. 社会共同体公共性建构［M］. 北京：知识产权出版社，2011：149.

范式等来研究当代大学生思想政治教育的内涵意蕴、理想本真和价值判断，并将合理的观念、正当的言行、正确的原则进行规范性的实践，以充分彰显当代大学生思想政治教育的本质。可以说，马克思公共性视域"赋予思想政治教育研究最广泛而真实的社会公共性基础、历史使命和现实关怀，克服政治性与学术性、理论与实践、工具与价值的悖谬提供研究视角，是建构文化领导权的重要渠道"①。从马克思公共性的视域出发，观照大学生思想政治教育，我们才能生成新的思想方式，才能从人之根本把握教育的问题，才能从真理和思想的酵素中酿出合乎目的性和规律性的大学生思想政治教育的价值理念、目标和方式。

第一节　马克思公共性思想对大学生思想政治教育公共性构建的学理价值

马克思从未谈及高等教育的问题，也未系统地论述过思想政治教育的价值观问题。但从马克思的公共性思想体系的内涵意蕴和价值指向中，从马克思论述公共性思想的世界观和方法论中，我们无不窥探到马克思公共性对大学生思想政治教育的发展创新，尤其是对大学生思想政治教育公共性的构建有所启发。可以说，马克思公共性思想是当代大学生思想政治教育的灯塔，为大学生思想政治教育理论创新提供了学理方向，为大学生思想政治教育公共性的构建提供了科学化的参考范式和源源不断的理论资源。

一、马克思公共性思想为大学生思想政治教育公共性的意蕴阐发提供了框架范式

大学生思想政治教育公共性的构建，首要的是厘清概念、阐明内涵。要较为准确地定义思想政治教育公共性，首先要精准定位：什么是公共性？这个定位，不是简单的概念之问答，也不是笼统的精神之述说，而是要以人类共同体发展之高度和对人发展关怀之深度来确定公共性思想体系——丰富的内涵意蕴和深厚的哲学范畴。"马克思哲学的伟大变革在于他为人类贡献了

---

① 侯勇.论思想政治教育公共性困境与公共化转型［J］.理论与改革，2015（4）.

一种以公共性信念和理想为'主题性话语'的前所未有的新的哲学思维境界。"①显然，马克思的公共性样态为大学生思想政治教育公共性的内涵意蕴阐发提供了框架范式。

（一）马克思公共性样态

尽管我们已经在第一章中详尽地阐述了马克思的公共性思想，但我们有必要在本节中就马克思公共性的内涵范畴做更深入的论述，对马克思公共性的样态做更具体的细化和分解，这有助于我们更好地理解马克思的公共性内蕴以及以更清晰的学理视域廓清大学生思想政治教育公共性的内涵意蕴。马克思的人的本质论、共同体发展三阶段论等道出了公共性不仅仅是人类社会的基本属性，还是人类孜孜以求的生活图景。马克思的公共性，既是一种现实场域又是一种价值归旨，既是一种治理框架又是一种分析工具，既是一种理想原则又是一种实践行动。从内涵范畴的角度看，马克思公共性既是一个实体性的概念，也是一种价值性的理念，同时还是一个调整和规范共同体关系的范畴。因此，我们可以从存在论意义、价值论意义以及方法论意义三个维度来论述马克思公共性的样态。

1. 存在论意义上的马克思公共性

"存在"不仅仅是马克思哲学的重要范畴，更重要的是它表明了马克思对人类思考的态度和立场。马克思公共性对传统公共性哲学的革命性超越，在于马克思没有把公共性当作单纯的意念上或精神上的真理进行建构，而是认为公共性是人的一种客观存在和生存方式。马克思对公共性样态的理解，首先在于公共性的实体性和存在性。马克思始终坚持从"此岸"出发来思考"彼岸"的问题。马克思公共性中的"人"，只限于具体的、现实的人，"不是从人们所说的、所设想的、所想象的东西出发，也不是从口头说的、思考出来的、设想出来的、想象出来的人出发，去理解有血有肉的人。我们的出发点是从事实际活动的人，而且从他们的现实生活过程中还可以描绘出这一生活过程在意识形态上的反射和反响的发展"②。马克思的"人"是生活在现实世界中的，并通过物质的生产和精神的生产而彰显其存在性。

---

① 贾英健. 共性视域：马克思哲学的当代阐释［M］. 北京：人民出版社，2009：8.
② 马克思，恩格斯. 马克思恩格斯选集：第1卷［M］. 北京：人民出版社，1995：73.

　　马克思认为，人的存在并不是单独的一个个原子式的存在，而是一种社会存在。在生活世界中，人与人之间必然发生一定的不以人的意志为转移的直接或间接的社会关系，或者是生产关系，或者是交换关系，或者是政治关系，或者是文化关系……人们在这些关系中进行着物质、观念、精神、情感等方面的交换与交流。人与人之间的这些"共同共在"表明人之为人的一种生活状态，这不仅仅表明人的社会属性，它还揭示了人的公共性需要。在马克思看来，人的"共同共在"并不是一种简单的群体活动，而是因人的多层次的需要而生成的。人的"需要"的满足必须以公共性做后盾和保障。首先，人类的生存和发展必须要有共同的物质利益作为基础，这需要人们密切交往，相互合作，实现共同利益的最大化，这是公共性需要的根本。其次，人们受地缘和血缘等因素的影响而共同生活在一起，同时人们为了更好地生存和生活而不断突破地缘和血缘等的限制来进行对外交往，人们在互动交往中必然需要一个公共的社会秩序，公共规则应运而生。最后，人类的共同需要产生了共同的信仰，这个信仰不仅仅使支撑人类生存和发展得以延续的物质变得极大丰富，更为重要的是使人的精神得到充盈、人的灵魂实现了自由；这样的公共信仰使"现实的人"以历史的形式走向未来的"公共人"。从这个角度出发，马克思证明了人类的各要素不是简单、机械的拼凑，而是为了达到最佳的公共性样态而不断地调整要素间的关系而使其成为一个有机的社会共同体。

　　从更深层次来说，马克思公共性的存在样态表征着人存在的自我阐明、自我追求和自我超越。从人类的历时空间和共时空间看，正是生活世界中的一个个体与另一个个体的共存共在，共建了一个实体的公共性样态。"个人是社会存在物。因此，他的生命表现，即使不采取共同的，同其他人一起完成的生命表现这种直接形式，也是社会生活的表现和确证。"① 也就是说，"个人的活动直接地就是一种社会的'公共器官'"②，每个人都是以一种"公共"的人的身份出现在社会的公共空间里，人就是一种公共性的存在。公共性"作为人类生存条件和生存意义的一种自我描述和自我理解"③，它

---

① 马克思.1844 年经济学哲学手稿［M］.北京：人民出版社，2000：84.
② 贾英健. 公共性视域：马克思哲学的当代阐述［M］.北京：人民出版社，2009：78.
③ 胡群英，郭湛. 哲学视野下公共性的历史生成与转换［J］.理论导刊，2010（8）.

是人展示自我存在、自我价值、自我自由的根本方式。人之为人而区别于动物，关键在于人能超越个体的自然属性，能在利己性和利他性的整合中，恰当而有效地表达自我成为他人的"他者"，"他者"不仅仅表明共在，表明了对他人的有价值性，更表明了自我是名副其实的"公共"的人。在这里，"公共"的人不是一种价值理想的阐述，它表明的是人的一种无法回避的现实身份；不管人主观承认与否、主观意愿如何，都无法回避、消灭"公共"的人的身份。主动地去承认、呈现、展示"公共"身份的人，将在相互塑造中提升自我、实现自我；消极、虚假地应对"公共"的身份的人将会难以应对历史发展的潮流而逐渐被边缘化。

2. 方法论意义上的马克思公共性

"所谓方法论意义上的公共性，即是说将公共性的理念运用于社会生活实践之中所体现出的意义，具体来说，又可分为在思考判断层面的思维方法以及在具体的操作过程中所实施的方法、手段。"①众所周知，马克思哲学是唯物主义的实践哲学，马克思认为，破除旧唯物主义的禁锢，"只有通过实践方式，只有借助于人的实践力量，才是可能的"②。在马克思看来，实践是人的根本存在方式，公共性理想必须依赖于实践路径来实现。因此，从方法论层面上看，马克思的公共性是一种动态的样态，是一种公共实践观。

马克思认为，"全部社会生活在本质上是实践的"③。实践是人的类本质的体现，它承载着人类的存在方式和人类的活动目的。马克思定位的实践不是从个体出发，以满足于个体生存的物质需要为目的的；而是着眼于人类社会，以整体性和总体性的立场来考察实践的。因此，在马克思那里，公共性不仅仅是一种静态的客观存在，还以实践的方式动态地发展着。人的实践活动创造和生成了各种"关系体"：通过实践，人与他人实现联结；通过实践，人与社会形成共同体；通过实践，主观世界和客观世界融合一致；通过实践，现实世界和理想世界贯通一脉。也就是说，马克思从实践出发理解人的存在、把握人类社会的各种关系，并透过各种关系体来把握历史存在的意义

---

① 庄祺. 公共性理论与问题研究［D］. 北京：中共中央党校，2011：16.
② 马克思，恩格斯. 马克思恩格斯选集：第1卷［M］. 北京：人民出版社，2000：88.
③ 马克思，恩格斯. 马克思恩格斯选集：第1卷［M］. 北京：人民出版社，1995：56.

——"历史不过是追求着自己目的的人的活动而已"①——这种目的就是真实的公共性。

马克思的公共实践观是一个不断扬弃自我异化的过程，即公共性从虚幻转变为真实积极公共性的过程。在马克思的公共实践观里，劳动和交往是实现公共性最为根本的实践维度。马克思通过对劳动的阐述，"历史不外是人通过人的劳动而诞生的过程"②，揭示了劳动的本质——人的对象性活动，人的本质在劳动中得到确证和展示。但马克思不仅仅从"劳动"的范畴中阐述劳动，马克思还从"历史"的视域中阐释劳动，指出了劳动在资本主义社会中对人产生了异化。对劳动异化的深刻批判，是马克思构建真实公共性的前提基础。同时，马克思还从人与人、人与社会的互动关系中历史性地创生了一种新型的交往实践观。马克思指出，"个人生活的存在方式必然地是类生活的较为特殊的或者较为普遍的方式，而类的生活必然地是较为特殊的或者较为普遍的个人生活"③。人与社会是相互依存的，人必然要通过交往实践来展示自身的存在以及自身的本质力量。交往实践是在劳动实践的基础上产生的，同时它也是一种对劳动实践更深层次的逻辑递进，是"马克思实践观的深层跃迁"④。可见，劳动的异化程度以及交往的普遍性程度决定了公共性发展的样态；公共性的真实性程度如何，不是以物质资料或货币资本的多少作为划分的标准，而是以公共实践即劳动的自在性和交往的普遍性作为衡量的尺度。

3. 价值论意义上的马克思公共性

马克思凭借高瞻远瞩的眼光和恢宏深邃的洞察力科学地预测了共产主义必然取代资本主义。马克思认为，"个人的全面发展，只有到了外部世界对个人才能的实际发展所起的推动作用为个人本身所驾驭的时候，才不再是理

---

①　马克思，恩格斯. 马克思恩格斯文集：第 1 卷［M］. 北京：人民出版社，2009：295.

②　马克思. 1844 年经济学哲学手稿［M］. 北京：人民出版社，2000：92.

③　马克思，恩格斯. 马克思恩格斯全集：第 42 卷［M］. 北京：人民出版社，1979：123.

④　贾英健. 公共性视域：马克思哲学的当代阐述［M］. 北京：人民出版社，2009：110.

想、职责，等等"①。"自由人的联合体"是马克思一生所追求的价值和奋斗的目标。因此，从价值论意义的角度出发，马克思公共性还具有价值理想的样态。可以说，马克思把对共同体的关注和对人的关怀提到了前所未有的广度和深度，马克思公共性的理想指向——"自由人的联合体"和"自由而全面发展的人"。当然，马克思对未来公共性图景的描绘并非是凭空捏造的，价值论意义上的公共性具有科学性，是以存在论意义上的公共性为根基，以方法论意义上的公共性为动力的。

马克思认为，在"自由人联合体"里，个体的自由全面发展和共同体的和谐共生发展是一致的。在这种能真正展示出"人的真正的本质"的共同体里，公共性的魅力得以散发，人性的光辉在此熠熠闪耀。价值论意义上的马克思公共性，主要是指自由，包括个人的自由和人类的自由。马克思"自由"的真谛在于"表现本身的真正个性的积极的力量"②，具体来说，包含有以下内涵。第一，个人的自由。马克思认为，人的解放的前提就是自由，"个人怎样表现自己的生命，他们就是怎样。……因而，个人是什么样的，这取决于他们进行生产的物质条件"③。这里的"自由"，马克思把它理解为自由自主的实践活动，这样的实践活动没有劳动的异化，也没有交往的异化，不是"形式上的自由"④，而是"实在的自由"⑤。"在共产主义社会里，任何人都没有特定的活动范围，而是都可以在任何部门内发展，社会调节着整个生产，因而使我有可能随自己的兴趣今天干这事，明天干那事……"⑥

---

① 马克思，恩格斯．马克思恩格斯全集：第3卷［M］．北京：人民出版社，1960：330.

② 马克思，恩格斯．马克思恩格斯文集：第1卷［M］．北京：人民出版社，2009：334.

③ 马克思，恩格斯．马克思恩格斯文集：第1卷［M］．北京：人民出版社，2009：520.

④ 马克思，恩格斯．马克思恩格斯文集：第5卷［M］．北京：人民出版社，2009：455.

⑤ 马克思，恩格斯．马克思恩格斯全集：第46卷（下）［M］．北京：人民出版社，1980：173.

⑥ 马克思，恩格斯．马克思恩格斯选集：第1卷［M］．北京：人民出版社，1995：85.

第二，人类的自由。马克思认为，"自由的有意识的活动恰恰就是人的类特性"。①"真正的人类共同体"，是"以每一个个人的全面而自由的发展为基本原则的社会形式"②。因此，人类的自由必须扬弃"虚幻的共同体"和"虚幻的公共性"，让人类在历史的发展中走向自由王国。第三，个人自由发展和人类自由发展是真实公共性的一体两面。马克思在个人和社会的立场上，没有非此即彼的观念，恰恰相反，马克思认为个人的自由发展是人类发展的价值诉求，人类的自由发展是个人自由发展的条件，个人的自由发展是人类自由发展的前提。

当然，马克思认为"自由人联合体"不属于哪个国家，也不属于哪个民族，它是世界性的，在自由人联合体里，每个人"都直接或间接地同整个世界的生产发生实际联系"③。也就是说，马克思对未来公共性的价值理想不仅仅具有了历史的时间维度，还具有了历史的空间维度，是"历史向世界历史的公共性转变"；马克思公共性"向人们展示出了一个以公共性为旨趣的理想的历史视界和价值追求"④。马克思以人类关怀的宏大视野把公共性的地域坐标从国家民族提升到了世界历史，使得公共性的意义和价值超越了国界、超越了民族性而具有全球性。可见，马克思的公共性不是一种民族性或阶级性的狭隘的公共性，它是一种最彻底、最深程度的公共性。

可以说，马克思公共性为我们展示了一种现实公共性样态的缺陷，为我们提供了一种改变公共性样态的马达，也为我们指明了理想公共性的形态。

（二）大学生思想政治教育公共性的意蕴

思想政治教育从诞生之日起，就关注人的生存状态，以人的发展为目的，通过各种方式的教育和实践，扬弃人的生存异化，提高人的思想政治素质，促进人的发展。因而，对于当代大学生思想政治教育来说，既要从存在论视角下关注当下人的生存状态，又要积极寻求改变当下问题的路径，也要

① 马克思，恩格斯.马克思恩格斯文集：第1卷［M］.北京：人民出版社，2009：162.
② 马克思，恩格斯.马克思恩格斯文集：第5卷［M］.北京：人民出版社，2009：683.
③ 马克思，恩格斯.马克思恩格斯选集：第1卷［M］.北京：人民出版社，1995：370.
④ 贾英健.公共性视域：马克思哲学的当代阐述［M］.北京：人民出版社，2009：350.

对人的发展做理论旨趣的科学设定。大学生思想政治教育公共性的构建已然势在必行，这就是马克思所说的"武器的批判"，但我们也需要"批判的武器"来做科学的理论指导。那么，大学生思想政治教育公共性应该有着怎么样的意蕴内涵呢？

对应马克思公共性的三种样态，大学生思想政治教育公共性也应该具有多重内涵意蕴。从人的存在、人的本质、人的发展三个维度来透析大学生思想政治教育的公共性意蕴，大学生思想政治教育公共性至少具有描述性意蕴、分析性意蕴、价值性意蕴。大学生思想政治教育公共性每一重意蕴都有着自身独特的意义，但不同的意蕴之间并非零碎散落、互不干涉的"一盘沙"，它们之间存在着严密的逻辑勾连。

1. 大学生思想政治教育公共性的描述性意蕴

"任何一个复杂的现实事物，当它被以思想的形式所把握时，首先进入人们视野的就是其描述性的意蕴，这既是认识的历史起点，也是认识的逻辑起点。"①作为一个描述性的概念，大学生思想政治教育公共性应呈现出一种不同于其他思想政治教育相关概念的表达，感性地为我们所认识。这种描述性意蕴的概念表达，仅仅是存在论意义上的大学生思想政治教育公共性。从大学生思想政治教育公共性的表征看，它传达给我们的初步认识和整体感性把握至少应包含以下三方面的内容。

第一，就思想政治教育本身而言，公共性是大学生思想政治教育的首要特质。马克思的公共性样态告诉我们，公共性的现实基础是人与人之间、人与社会之间组成的公共空间和公共生活，同时它必须有着一种促进社会公共福祉实现的理想追求，有着一种对人类自由发展的公共诉求。对于大学生思想政治教育公共性而言，它并非是一种概念的标新立异，更不是两个概念的简单拼凑。对于"大学生思想政治教育公共性"这样一个词汇，对于"大学生思想政治教育"和"公共性"的耦合，从描述性意蕴来说，我们首先要说明的是，公共性是大学生思想政治教育的首要特质。从发生学的角度来研究思想政治教育，无论是生物学的起源说、心理学的起源说，还是教育学的起源说，都指向人类的各种需要（物质需要、安全需要、精神需要、自我价值实现的需要等）产生了思想政治教育。这正如马克思所说，"任何人如果不

---

① 王新生. 市民社会论［M］. 南宁：广西人民出版社，2003：58.

同时为了自己的某种需要和为了这种需要的器官而做事，他就什么也不能做"①。人的各种需要要在不同的生活舞台中与不同的人打交道才能在不同程度得以满足，在满足的过程中人们时刻进行着"生活式的德育"②。这是一种最初，也是最主要并一直延续至今的大学生思想政治教育方式。"生活式"既有个体的私人生活，也有社会的公共生活。大学生思想政治教育的"生活式"运作模式，一方面，说明思想政治教育是社会公共生活的一部分，大学生思想政治教育的实践要扎根于公共生活，调节公共生活中的各种关系并促进公共生活质量的提高以及培养大学生的公共品质；另一方面，从大学生思想政治教育自身要素看，无论从大学生思想政治教育的管理主体、内容，还是大学生思想政治教育的价值、目的来看，大学生思想政治教育都是一项公共产品和公共服务。可见，公共性是大学生思想政治教育的表征特性，是大学生思想政治教育的应然品质。

第二，大学生思想政治教育公共性的指向对象是公共关系。马克思从存在论的角度阐明了人不仅是现实存在，人还是生成性存在，现实性和生成性决定了人的关系性存在和活动性存在。人与人、人与社会、共同体之间的公共关系状态，在很大程度上决定着他们的思想状态和实践走向；反过来，人的思想状态和实践能影响和改变他们的公共关系。亚里士多德也曾指出："人们即便并不需要其他人的帮助，照样要追求共同的生活，共同的利益也会把他们聚集起来，各自按照自己应得的一份享有美好的生活。对于一切共同体或个人来说，这是最大的目的。"③在这个意义上，人与人、人与社会的关系——公共关系是大学生思想政治教育必须面对、理顺、解决的指向性对象。人的公共关系层次多样且流动变化，有形无形并存且复杂交错，这对大学生思想政治教育公共性提出了挑战，如何应对、解决并推动人由抽象的外在关系转为具体的普遍的内在关系，这是大学生思想政治教育公共性的一个重要任务。

第三，大学生思想政治教育公共性，表征着大学生思想政治教育从"社会范式"和"个体范式"向"公共性范式"的转变。马克思认为，人必然

① 马克思，恩格斯. 马克思恩格斯全集：第3卷［M］. 北京：人民出版社，1960：286.
② 黄济，王策三. 现代教育论［M］. 北京：人民教育出版社，1996：433.
③ 苗力田. 亚里士多德全集：第九卷［M］. 北京：中国人民大学出版社，1997：85.

要生活在与他人的共存共处中，这是人之为人的存在特性。尽管现代社会更多地关注于个人的个性化发展，承认人的差异性和多元化，但这并不代表人类的共同根基被弱化；恰恰相反，人在自我发展、张扬个性的过程中更需要寻求与他人共存的共同根基——包括公共空间、公共关系、公共诉求以及公共理想。齐格蒙特·鲍曼（Zygmunt Bauman）在《追寻政治》一书中指出："为了增强而不是削弱人的自由，在今天，任何真正的解放，它需要的是更多而不是更少的公共领域。"①因此，大学生思想政治教育理论的"社会人"基础需进一步跃迁转向为以"公共性"为基础，以此构筑大学生思想政治教育公共性的理念、任务和目标，并为促进人类公共性向合乎历史规律性和目的性发展而使其本身获得合法性和合理性的辩护。大学生思想政治教育公共性范式至少应包含以下四个维度的内容：一是大学生思想政治教育的主体是"公共行动者"，二是大学生思想政治教育要以促进和实现公共利益为根本目标，三是大学生思想政治教育以公共空间或公共领域（而非家庭、私人领域）为活动场域，四是大学生思想政治教育以培养具有公共精神和公共品质的"公共人"为己任。

2. 大学生思想政治教育公共性的分析性意蕴

分析性意蕴是在描述性意蕴的基础上剥离出来的较为深刻和具有抽象性的本质内涵。大学生思想政治教育公共性不仅仅是探讨其存在之存在，还"需要的是一个深嵌其中，积极回应教育实践的叩问，支撑教育理论发展的公共性"②。马克思不仅认为人是现实性存在的，人的本质还是"一切社会关系的总和"。在"社会关系"中，人与人之间是处于怎么的地位？人在"社会关系"中如何表现自我存在？人如何确证人的本质……对于这一系列问题，马克思从历史辩证唯物主义的视角给予了科学的回答。大学生思想政治教育公共性需要运用马克思公共性思想来指引、探寻，从本质意义上来阐述其内涵意蕴。

第一，主体间性是大学生思想政治教育处理公共关系的基本原则。梳理整个人类的发展历史，我们发现，人类追求自身存在的地位经历，大体经历

---

① [英] 齐格蒙特·鲍曼. 寻找政治 [M]. 洪涛，周顺，郭台辉，译. 上海：上海世纪出版社，2006：76.

② 李宏亮. 论"公共人"的培育 [D]. 南京：南京师范大学，2011：39.

了"前主体性—主体性—主体间性",未来将会向"共同主体性"发展①。这样一种划分,与马克思公共性的三阶段发展理论是相契合的。这决定了大学生思想政治教育应根据马克思公共性的三阶段理论来处理"社会关系"。对于大学生思想政治教育公共性来说,首先必须肯定人的主体性,无论是教育者还是受教育者,人都是一个个具有独立性和自主性的存在。马克思关于人的本质论述有两层含义,一是"人的类特性恰恰就是自由自觉的活动"②;二是"人的本质是人的真正的社会联系"③。也就是说,人不仅仅是一个独立的个体,人还是处于社会关系中的个体,人与人之间是共存并且交互的。因此,人不可能是绝对化的主体,在主体与主体之间存在的不是主客体之间的工具性关系,而是一种主体间性的关系。主体间性,意味着大学生思想政治教育要遵循平等的、协商对话话性式的交往方式以及遵守普遍性的公共规则。鲁洁教授指出:"以往教育视界中的'实践'多以人与物(主体—客体)关系为思考框架,其中的人——主体是一种单子式的个体,与个体主体相异的'他者'则往往被列为被支配的客体……而多元主体间的交往实践则将'实践'的视界,移向人与人之间的关系,将每个自我与他者同作为主体,在交往中既有对自我价值的肯定,也有对对方价值的尊重。"④考察当代大学生思想政治教育的现实境遇,当今世界公共性的凸显决定了大学生思想政治教育必须由单纯的主体性教育向主体间性教育转变,大学生思想政治教育的过程必须是主体间的互动交往、共生实践的过程。因此,大学生思想政治教育公共性要求教育者与受教育者结成的对象性关系是一种主体间性的关系,它通过教育引导、实践体悟让受教育者明确共生共存的价值和意义,主动成为公共性的践行者。可见,大学生思想政治教育公共性主张的主体间性是实现人的本质化——"社会关系的总和"的基本路径。

第二,"自我确证中为他属性"是大学生思想政治教育公共性倡导的伦理观。建构人与人、人与社会、人与世界的和谐关系是大学生思想政治教育的基本任务。如何建构?马克思认为人的需求存在异质性,所以才产生交换和交往,"如果个人A和个人B的需要相同,而且他们都把自己的劳动实现

① 郭湛. 社会公共性研究 [M]. 北京:人民出版社,2009:5.
② 马克思.1844年经济学哲学手稿 [M]. 北京:人民出版社,2000:96.
③ 马克思.1844年经济学哲学手稿 [M]. 北京:人民出版社,2000:24.
④ 鲁洁. 道德教育的当代论域 [M]. 北京:人民出版社,2005:179.

在同一个对象中，那么他们之间就不会有任何关系……不会使他们发生任何社会接触……只有他们在需要上和生产上的差异，才会导致交换"①。大学生思想政治教育的对象性个体之间也存在异质性，如何处理受教育者间的异质性？"万物之间不仅仅有非此即彼的'替代性'，而且还有相辅相成的'互补性'，前者导致了人类之间的竞争关系，而后者则导致了人类之间的合作关系。"②人的"互补性"产生了公共性，大学生思想政治教育正是要从这个意义上促进人类的合作和互助的。马克思在《1844 年经济学哲学手稿》中阐述了人的类本质："一个种的整体性、种的类特性就在于生命活动的性质，而自由的有意识的活动恰恰就是人的类特性。"③作为人的有意识的活动，大学生思想政治教育要以和谐为出发点，帮助受教育者从"那个直接从我思中找到自己的人，也发现所有别的人，并且发现他们是自己存在的条件"④。大学生思想政治教育不仅要帮助受教育者意识到"自我"与"他者"的共在，而且要充分认识到彼此间是互为生存和发展的充分且必要条件，每个人应当发扬"自我确证中为他属性"的公共伦理观，才能在利己性和利他性的整合和平衡中实现人与社会、人与人、人与自身的和谐发展。从更深层面来解读，大学生思想政治教育公共性中的"自我确证中为他属性"的公共伦理观，是个体自我实现的一种重要方式，是一种共生共赢的价值思维模式，是人确证自我的一种生存智慧，每个个体在"自我确证中为他属性"获得他人的尊重和帮助，并以此达成共同意识，消融异质性的对立，实现每个人的自由发展。

第三，大学生思想政治教育公共性是一种公共实践。马克思明确指出，实践是人的根本存在方式，是人的解放之路，只有用实践的观点去理解人、把握人，才能真正发现人的生存境遇和解决人的发展问题。从实践论的角度出发，大学生思想政治教育公共性至少有两层内涵。一是大学生思想政治教育是根基于人的存在而存在的实践活动，即大学生思想政治教育本身就是马

① 马克思，恩格斯. 马克思恩格斯全集：第 30 卷［M］. 北京：人民出版社，1995：97.
② ［美］赫伯特·金迪斯，萨缪·鲍尔斯. 人类的趋社会性及其研究［M］. 汪丁丁，叶航，罗卫东，译. 上海：上海人民出版社，2006：9.
③ 马克思. 1844 年经济学哲学手稿［M］. 北京：人民出版社，2000：57.
④ ［法］萨特. 存在主义是一种人道主义［M］. 周煦良，汤永宽，译，上海：上海译文出版社，1988：22.

克思所指的"公共实践"的一种类型，是塑造受教育者思想观念和政治意识的公共教育实践。作为一种公共实践，大学生思想政治教育公共性立足于具体生成的人，通过思想、政治、道德、法治、心理等内容的教育与实践，塑造受教育者为"公共人"。二是强调在大学生思想政治教育过程中，要注重实践，通过公共实践推动公共性的发展。"人在社会过程中是'社会学习者'与'社会参与者'的双重角色辩证统一的。"①大学生思想政治教育具有较强的方向性和目的性，它通过对受教育者的积极引导，提升受教育者的社会参与力度，促使受教育者在参与中关注社会公共事务和公共问题，并以此获得公共意识，从而积极投身于社会共同体的公共性建构中。

3. 大学生思想政治教育公共性的价值性意蕴

马克思的"公共性"概念，不仅是被作为一个实体来描述客观的社会现状和现象，也不仅是作为社会历史发展的工具来分析这些现象的本质，它还被用来表达人类美好的社会理想和价值观念。与之对应的，大学生思想政治教育公共性同样具有价值性意蕴，表达的是大学生思想政治教育在公共性方面的价值期待、价值旨趣和理想追求。

第一，实现个体性与公共性的和谐统一是大学生思想政治教育公共性的价值期待。大学生思想政治教育公共性的出发点不是片面地追求"大公无私"，也不强调单纯的"个人本位"，而是承认并尊重人的私欲的合理性，认为个体只有保持个体性和公共性的平衡，个体的需要才能得以满足，公共性才能得以实现。"凡是有某种关系存在的地方这种关系都是为我而存在的。"②大学生思想政治教育的过程要积极引导受教育者保持个体性与公共性的张力，主动构建公共空间、彰显公共精神、捍卫公共利益，在公共行动中满足自我需要、实现自我价值。也就是说，大学生思想政治教育在对象性的活动中，要积极引导受教育者发挥人的本质力量，激活人的主观能动性，扬弃人的受动性，认同与他者的共在，承认与他者的差异，在丰富多样的共同体中共同维护公共秩序的良好运转，从而享受公共的社会资源，并使得个人利益诉求得到满足。因此，在一定意义上说，在公共空间和公共生活中践行公共价值、追求公共福祉，把个人价值与公共价值和谐统一，是大学生思

---

① 陈红桂. 论人的社会化及其对思想政治教育的意义［J］. 理论与改革, 2003（4）.
② 马克思, 恩格斯. 马克思恩格斯选集: 第 1 卷［M］. 北京: 人民出版社, 1995:
81.

想政治教育公共性实践的主要内容。

第二，大学生思想政治教育公共性以培养"公共人"为价值旨趣。培养什么样的人，怎样培养人，这是思想政治教育最基本的问题。从马克思对人的理解和描述中可以看出，人不仅仅是一个个独立个体的存在，人更是一种关系性存在、总体性存在和公共性存在。因此，大学生思想政治教育公共性就是以培养具有公共品质的人为根本的。公共空间、公共利益、公共秩序是人类形成共同体的最基本要素，是社会和谐、人自由全面发展的基础条件，但对公共空间的维护、对公共利益的实现、对公共秩序的认同等首先需要受教育者具有公共价值观。"公共性是道德的根本标准，人们相互交往和促进公共善的公共生活和社会空间是一个道德领域。文明社会首先是一个由道德情操所凝聚起来的价值领域，它不仅提供了一种道德网络（moral grid），也提出了公共价值认同的要求。"①因此，大学生思想政治教育要以培养知、情、意、行都贯穿着公共性的"公共人"为根本目标。金生鈜认为，"在公民社会里，教育对个人德性品质的培养体现为对未来公民的德性教育。具有德性的人，既是一个自主与自由的个人，更是追求和实现个人权利与义务的公民，他在现实的生活境遇中，理性地处理个人与他人、个人与社会组织、个人与国家的平等的权利与义务的关系"②。在这个意义上，"公共人"的培养源于人类发展对于人的德性品质的一种特殊要求。大学生思想政治教育要加强对教育者公共意识和公共思维、公共信仰和公共精神、公共能力和公共素养、公共实践和公共行为的培养，使其成为一名社会"公共人"。大学生思想政治教育以培养"公共人"为价值旨趣，能够促进受教育者更好地参与公共事务、融入公共生活、捍卫公共利益，从而更好地促进个体自由全面的发展。

第三，大学生思想政治教育公共性面向现在，更是面向未来。"自由人联合体"是马克思的公共性理想价值追求，马克思公共性不仅为我们提供了一个生存现实的剖析和比照，还为我们提供了人类公共性的美好理想指向，使得人类对公共性的诉求得以保存、传承，并获得新的发展空间和新的价值

---

① 金生鈜.公共价值教育何以必要［J］.华中师范大学学报（人文社会科学版），2010（4）.
② 金生鈜.道德教育与公共理性的发展［J］.现代教育论丛，2002（6）.

意义。大学生思想政治教育公共性也应有"未竟的生存论自觉"①，坚持马克思公共性理想，既扎根于现实的公共关怀中，又以实现共产主义为目标，通过在思想领域对社会主流意识形态的宣扬和传播以及对受教育者的世界观、人生观、价值观的引领和改造，使受教育者逐步摆脱物质异化对人的精神的钳制，真正实现"人自由而全面的发展"。

二、马克思公共性思想为大学生思想政治教育公共性构建提供了方法论资源

马克思公共性思想不仅包含了深刻的内涵意蕴，还包含了丰厚的方法论资源。马克思公共性是一个社会分析的概念，也是一个历史性的概念，还是一个批判性和规范性相结合的概念。马克思公共性的概念不是教条的，这正如恩格斯所说，"马克思的整个世界观不是教义，而是方法。它提供的不是现成的教条，而是进一步研究的出发点和供这种研究使用的方法"②。这也再次印证了马克思认为的哲学家不应仅仅解释世界，更重要的是改变世界。马克思公共性思想饱含了丰富的方法论资源，这些方法论为大学生思想政治教育公共性的构建提供了科学的手段，为大学生思想政治教育与全球化的公共时代之间提供了历史语境和重新对话的机制，也为大学生思想政治教育的本质意义与公共性之间的逻辑关系提供了强劲的现实诠释力和理论穿透力，使得思想政治教育公共性得到了立体的呈现。

（一）唯物辩证的方法

"唯物而辩证的实践观点是马克思主义哲学首要的和基本的观点。"③马克思没有单纯地从精神层面或者意识层面去探讨人类公共性的发展，而是以生产力和生产关系、物质和意识之间的决定作用与反作用之间的关系，唯物并且辩证地把握了人类发展的客观规律。马克思指出，人类的发展是有规律可循的，当下的生产力条件决定着社会公共性的发展状态，制约着人存在的方式；而社会历史阶段之间又有着必然的因果联系，每一阶段的发展都是前

---

① 邹诗鹏．生存论研究［M］．上海：上海人民出版社，2005：515.

② 马克思，恩格斯．马克思恩格斯全集：第 39 卷［M］．北京：人民出版社，1995：406.

③ 董德刚．马克思主义哲学方法论概要［J］．学术研究，2008（10）.

一阶段积累的结果,人类要推动社会的发展,必须在把握客观规律的基础上探索和创造出相应的条件和环境。"把握""探索""创造",反映了人具有主体性和主观能动性。未来有多种可能,人的主观选择如何,深刻地影响着历史的进程和人类利益的实现。马克思用辩证唯物主义的思维和方法论科学指出,只有坚持主体的个体发展与社会发展的相统一,即合目的性和合规律性的相统一,才能实现包括合理的个人利益在内的广大人民的公共利益,进而实现人类真正的公共性。

马克思唯物辩证的方法为大学生思想政治教育公共性的构建提供了基本的方法论。首先必须明确的是,现有的生产力状况决定着思想政治教育公共性的产生过程和生成水平。马克思在批判旧唯物主义者中说道:"有一种唯物主义学说,认为人是环境和教育的产物,因而认为改变了的人是另一种环境和改变了的教育的产物,——这种学说忘记了:环境正是由人来改变的,而教育者本人一定是受教育的。"①马克思强调的是对人的教育不能脱离现有的社会生产关系,是在一定的历史条件下进行的。思想政治教育属于意识形态领域,大学生思想政治教育公共性的构建必须基于中国现有的实际情况,不能超脱中国的历史现实和当下语境。因此,大学生思想政治教育公共性的构建必须具有明确的时空维度,必须置于历史和时代的背景中,准确把握时代脉搏和时代精神,从现实所处的时代环境和历史特征中进行反思与建构。更为确切地说,大学生思想政治教育公共性的提出和构建正是基于现有的生产力发展需要,是经济发展到一定程度对意识形态提出的要求,是大学生思想政治教育顺应历史发展的一种自我革新。

同时,我们要清楚地意识到,思想政治教育能对一定的物质生产方式产生巨大的反作用,在社会的发展中产生巨大的能量。大学生思想政治教育公共性的构建,是对自身理论发展的一种追寻,更是对人类历史公共性发展的一种追随,这正如马克思所说,是"对人类生活形式的思索,从而对它的科学分析,问题采取同实际发展相反的道路。这种思索是从事后开始的,就是说,是从发展过程的完成的结果开始的"②。大学生思想政治教育公共性的

---

① 马克思,恩格斯. 马克思恩格斯选集:第 1 卷 [M]. 北京:人民出版社,1995:
59.
② 马克思,恩格斯. 马克思恩格斯文集:第 5 卷 [M]. 北京:人民出版社,2009:
93.

提出与构建，正是思想政治教育自觉运用唯物辩证法进行思维和思考的结果。大学生思想政治教育公共性的构建，意味着大学生思想政治教育主动掌握人类"公共性"主题，坚持以马克思的公共性理想为目标和行动指南，积极努力进行思想的跃迁、逻辑的更迭以及话语的创新，既从当下出发，又以未来公共性"结果"为导向，从意识形态层面上促进人类公共性的发展。

更为具体地说，思想政治教育工作的对象是人，"人的存在就在于它辩证的生存本性"①。可见，运用马克思的辩证法来构建大学生思想政治教育公共性，与人的辩证性存在是相统一的。在人的生成过程中，思想政治教育是一个重要的、具有主导性的影响因素。因为思想政治教育具有"张力规律"②，即人的思想、政治、道德等水平总是处于"实然"和"应然"矛盾运动中，思想政治教育通过理论教育与实践活动促使受教育者从"实然"走向"应然"的状态，让"应然"状态成为一种"实然"状态，进而促进受教育者的思想、政治、道德提升到符合历史发展的更高的一个水平，如此周而复始。因此，大学生思想政治教育既要基于现实的环境对大学生进行公共性的教育，更要增强大学生的主体自觉性，让大学生在理性与非理性之间、对象性与非对象性之间逐渐摒弃异化，追求和探索人生的意义和价值，促进社会历史向前发展，促进人类公共性的进步与发展，从而实现自我的生成、创造、发展和完善，走向人的"自由而全面发展"。

（二）总体性的方法

卢卡奇（Szegedi Lukács György Bernát）在《历史与阶级意识》中指出："总体范畴，整体对各个部分的全面的、决定性的统治地位，是马克思取自黑格尔并独创性地改造成为一门全新科学的基础的方法本质。"③马克思的总体性方法论主要包括了"在共时性意义上存在着相对于局部的统一总体，称之为结构的总体"以及"在历时性意义上存在着相对于历史现象的历史过程

① 贺来. 辩证法的生存论基础［M］. 北京：中国人民大学出版社，2004：176.
② 陈万柏，张耀灿. 思想政治教育学原理［M］. 北京：高等教育出版社，2007：145.
③ ［匈牙利］卢卡奇. 历史与阶级意识［M］. 杜章智，任立，燕宏远，译. 北京：商务印书馆，1996：75.

总体，称之为历史的总体"①。由于"历史的总体"与马克思的"历史主义的方法"有重叠，因此将其放在下面一起讲，这里只论述"结构的总体"。马克思的"结构的总体"包括了人与自然的总体性、人与社会的总体性两个方面，这里主要探讨人与社会的总体性。马克思指出，由于人是一切社会关系的总和，我们必须要从"人们现有的社会联系，从那些使人们成为现在这种样子的周围生活条件来观察人们"②。在马克思公共性中，人与社会相互生成构成了马克思公共性的基本图式，"现实人的社会与现实社会的人"是公共性的真实出场。马克思用总体性的方法论对人类公共性做了一个全景式的解读，不仅向我们生动地展示了具体的历史图像，还对公共性的发展做了本质性的理解和把握，为人类未来勾勒出了一道宏伟而瑰丽的公共性景观。

　　理解和掌握马克思总体性的方法，对于大学生思想政治教育公共性的构建具有重要的方法论意义。胡群英指出："只有在哲学以一种总体性的视角对人的公共体存在及其公共性问题有了一个必要的，同时又是符合事物本质规律的认识和澄清后，作为具体学科领域中的公共问题的研究才可能建立在坚实的理论基础和方法论前提上。"③综观中国思想政治教育的发展历程，思想政治教育在路径选择上曾先后出现过两种极端，即整体主义方法论和个人主义方法论。整体主义方法论强调"从社会、集体、结构来理解个体和个体行动"④，认为个体的活动和行为由社会决定，个人是社会的手段和工具；整体主义方法论忽视个人的主观能动性，显然是与思想政治教育的本质相背离的。个人主义方法论则认为社会就是由一个个个体组成的，考察社会归根到底是考察个体。但实际上社会不是简单个体之和，其有着复杂的结构，有着多维的逻辑关系，因此个人主义方法论容易导致价值取向上的"个人主义"。即使这两种路径有着各自无法克服的理论困境和实践限制，但直至今天，思想政治教育在这两种方法论的选择上依然争论不休。马克思认为，社会的存在方式与个人的存在方式是具有同构性的，因此马克思总体性方法论

---

① 孙迎光.马克思的总体性思想：开启当代教育问题域的哲学视野［J］.南京社会科学，2012（2）.
② 马克思，恩格斯.马克思恩格斯选集：第1卷［M］.北京：人民出版社，1995：78.
③ 胡群英.社会共同体公共性建构［M］.北京：知识产权出版社，2011：6.
④ 沈湘平.马克思对方法论个人主义与整体主义的超越［J］.浙江社会科学，2008（1）.

是对个人主义与整体主义方法论的超越。马克思运用总体性方法论对人与社会、个体与集体的关系的科学阐述，对于大学生思想政治教育公共性而言，明确了一种有效的构建路径：对公共性进行理论的阐释和现实的践行中，注重从公共的关系中进行个人发展与社会发展的解读，把人与社会作为一个关联的整体推进公共性的立体建设，把公共性置于一种人与社会的结构中去探求超越"人的依赖"和"物的依赖"的积极公共性。

马克思总体性的方法也彰显了其总体性的原则，这对于大学生思想政治教育的公共性构建同样具有重要的指导意义。马克思对"总体的人"有这样的阐述："人以一种全面的方式，就是说，作为一个总体的人，占有自己的全面的本质。人对世界的任何一种人的关系——视觉、听觉、味觉、触觉、思维、直观、情感、愿望、活动、爱——总之，他的个体的一切器官，正像在形式上直接是社会的器官的那些器官一样，是通过自己的对象性关系，即通过自己同对象的关系而对对象的占有，对人的现实的占有；这些器官同对象的关系，是人的现实的实现（因此，正像人的本质规定和活动是多种多样的一样，人的现实也是多种多样的），是人的能动和人的受动，因为按人的方式来理解的受动，是人的一种自我享受。"①马克思认为人的生活世界是一个总体性的世界，在公共性建构中既要发挥人的主体性，更要强调主体间性在公共性中的作用，"每一个社会中的生产关系都形成一个统一的整体"②，这个整体必然是主体间性的关系，而不仅仅是一个个孤立的主体。"主体间性则是主体性的前提，因为在人类社会中，我们绝对找不到一个孤立的、与社会完全绝缘的主体。"③主体性是人发挥主观能动性的一种体现，但人只有在主体间性中共生共在、和谐发展，才能实现自己的主体价值。对于思想政治教育而言，总体性的生活使它以人为核心，又在人与人之间、主体与主体的关系中开展一种对象性的思想活动。因此，在大学生思想政治教育公共性的构建中，要时刻把握总体性原则，以"生成总体性的人"为育人宗旨，防止极端的整体主义和个人主义对人与人之间关系的宰制和异化，使得大学生变得原子化和碎片化，从而走向片面发展。

---

① 马克思.1844 年经济学哲学手稿［M］.北京：人民出版社，2000：85.

② 马克思，恩格斯.马克思恩格斯全集：第 4 卷［M］.北京：人民出版社，1958：114.

③ 俞吾金.实践诠释学［M］.昆明：云南人民出版社，2001：197.

（三）历史主义的方法

马克思的公共性，不是一种静态的永恒的公共性，而是动态的发展的公共性，这是因为马克思不仅在空间维度总体性地观览公共性结构，它还从时间维度历时性地爬梳人类历史公共性过程。"世界不是既成事物的集合体，而是过程的集合体"①，马克思用历史主义的方法论对人类公共性进行了三阶段的划分，不仅为大学生思想政治教育公共性构建提供了重要的历史参照系，还要求在对大学生思想政治教育公共性的构建中要具有长远的历史眼光和宽阔的历史视界。

马克思的历史主义方法论对大学生思想政治教育公共性构建的启示之一：厘清事物发展所处的历史方位。西方马克思主义者卢卡奇非常认同马克思的历史主义方法论，他认为"只有在这种把社会生活中的孤立的事实作为历史发展的环节并把它们归结为一个总体的情况下，对事实的认识才能成为对现实的认识"②。大学生思想政治教育公共性的构建，一定要明确大学生思想政治教育所处的历史阶段和方位，不仅要清楚知道大学生思想政治教育在当今经济政治文化发展中的功能作用，还要清醒地意识到大学生思想政治教育公共性在当前中国发展中的社会地位，更要清晰地洞察到全球化进程中大学生思想政治教育公共性的重要意义。大学生思想政治教育公共性的构建，要从现处的历史阶段和实际情况出发，而不是以过去阶段已过时的事物作为今天的原则和标准，也不把未来阶段会实现的目标拿到今天来完成。也就是说，大学生思想政治教育要以公共性发展的长期过程作为历史参照系，坚持马克思公共性的历史阶段论，将大学生思想政治教育公共性的构建置入人类公共性历史发展的阶梯中去把握、阐析。

马克思的历史主义方法论对大学生思想政治教育公共性构建的启示之二：坚持事物发展的条件论和实践论的统一。马克思认为历史的发展是一个连续性的过程，每一阶段都不是孤立存在的，每一阶段都是后一阶段发展的基础，同时也制约着后一阶段的发展，这些历史发展条件是不可以逾越和无视的。但人又具有主观能动性，人通过实践能够克服前一阶段的制约，推动

---

① 董德刚. 马克思主义哲学方法论概要［J］. 学术研究，2008（10）.

② ［匈］卢卡奇. 历史与阶级意识［M］. 杜章智，等译，北京：商务印书馆，1996：56.

未来的发展。大学生思想政治教育公共性的构建，既要明确现有条件对公共性发展的方向以及发展程度的制约，深刻分析现有条件的利弊和好坏因素，又要以目的性指导实践性，即大学生思想政治教育公共性的构建应当被看作是人类实践的一支重要力量，大学生思想政治教育要关注当前人类的公共性存在状况，通过思想、政治、道德等方面的公共性教育，促使大学生对公共性的认识发生扭转，改变当前的公共性的缺陷，逐步实现人对积极公共性的自我理解和自我塑造。

马克思的历史主义方法论对大学生思想政治教育公共性研究的启示之三：坚持现实性与理想性的统一。思想政治教育本身就具有目的性和超越性的属性，对于大学生思想政治教育公共性而言，坚持马克思的历史主义方法论，最为根本的是坚持现实性与理想性的统一。马克思的公共性不仅仅是共时性上人与社会之间的关系逻辑，马克思更是以历时性的发展眼光阐述人类公共性的发展逻辑。可以说，没有共时性的公共性，马克思历时性的公共性将变为虚无论；同样，没有历时性的公共性，马克思共时性的公共性将变为诡辩论。大学生思想政治教育公共性的构建，必定要从历史的生成中去理解现实存在，理解社会关系的抽象性是客观存在的，理解人的发展还处于片面化的发展阶段。但同时，作为促进人全面发展的重要手段，大学生思想政治教育公共性必定要具有超越性，既做历史的"剧中人"，又做历史的"剧作者"，始终坚持以培养大学生为"自由而全面发展"的"公共人"为目标，积极改变社会现状，促进历史的车轮向前发展，不断推动社会向"自由人联合体"发展、再发展。

第二节 马克思公共性思想对大学生思想政治教育公共性构建的现实意义

马克思公共性对大学生思想政治教育的重要性和启发性不仅仅体现在学理价值上，还体现在现实意义上。马克思在审视和批判历史与现实的公共性的基础上，着眼于未来公共性的发展，探讨公共性的理想模型及路径选择。马克思关于人类公共性的统筹思考，尤其是对资本主义公共性深入的剖析和批驳，为我们审视这个"公共"的世界提供了一个思考的方式和实践的坐标。在这个意义上，马克思公共性为大学生思想政治教育公共性构建提供了问题意识、思维范式以及中性智慧。

一、马克思公共性思想为大学生思想政治教育公共性构建提供了历史"问题意识"

何为"问题意识"？有学者认为，"是对事物'内在理性'的一种突破，指人以质疑索解的态度审视主客观世界所形成的一种思维方式和文化观念"①。"问题意识"包含了一种忧患意识、理性思索以及批判精神。从哲学的角度出发，"问题意识"的实质是"哲学对自身以及哲学与生活实践的问题或矛盾的自我反省、批判和超越"②。马克思关于公共性的论述，从来没有形而上地从"原理"出发，教条化地分析社会公共性的现状和历史。马克思认为问题是一切研究的起点，"真正的批判要分析的不是答案，而是问题。……问题就是公开的、无畏的、左右一切个人的时代的声音。问题就是时代的口号，是它表现自己精神状态的最实际的呼声"③。马克思从创立其思想体系开始，就坚持一切从实际问题出发，不断发现新的矛盾和问题，并试图深入探索、科学分析，寻找解决之路，这正如马克思自己所声称的那样，"我们不想教条式地预料未来，而只是希望在批判旧世界中发现新世界"④。马克思对人类历史的发展、人类公共性的发展具有一种历史"问题意识"的自觉，这种历史"问题意识"具有客观性（基于历史事实）、批判性（主要是对资本主义社会的批判）、预测性（人类发展必然走向共产主义）的特性。

马克思对人类公共性历史发展的"问题意识"的自觉，对于大学生思想政治教育公共性的构建具有重要的启发。大学生思想政治教育公共性的构建，没有可资借鉴的模式可以套用，没有固定成形的路径可以引用，更没有万能真理可以嵌入。大学生思想政治教育公共性的构建，要有自觉的"问题意识"。

---

① 李思民. 问题意识的理论阐释 [J]. 哈尔滨学院学报，2002（1）.
② 张理海，魏宽勇. 论马克思主义哲学的"问题意识"：从发展马克思主义哲学的角度 [J]. 西安政治学院学报，1999（10）.
③ 马克思，恩格斯. 马克思恩格斯全集：第 1 卷 [M]. 北京：人民出版社，1995：203.
④ 马克思，恩格斯. 马克思恩格斯选集：第 1 卷 [M]. 北京：人民出版社，1995：416.

　　首先，要对现实状况进行认识分析和思考判断。第一，"大学生思想政治教育公共性"本身就不是为造新词而凭空捏造的，它是时代发展对大学生思想政治教育实践做出的基本要求。随着人类的群体意识、国家意识、全球意识的不断发展，交互活动的公共联系不断扩展，人们对社会共同体的认知不断趋于相同，这就必然要求人要具有公共意识和公共精神。大学生思想政治教育工作是主要做人的思想工作，思想政治教育应该具有这样的面向社会和历史发展的公共性"问题意识"，才能在公共化的时代中拥有一席话语权。第二，如何构建思想政治教育公共性？这是思想政治教育工作必须回答的另一个问题。这在前面第二章已经进行了相关的论述，相比较于西方的其他公共性理论和我国的"公"的理论，我们应以马克思的公共性思想为指导，把握当今的公共世界对人的发展要求，解释并回应社会的公共问题，澄清公共教育的必要性，展示大学生思想政治教育本身所具有的现实关怀、时代精神和公共情怀。

　　其次，马克思的"问题意识"不仅仅在于发现问题，还在于批判问题，"就是要对现存的一切进行无情地批判"①。这种批判包括对他者的批判和自我的批判，体现了一种勇于自我否定、自我革命、自我发展、自我完善、自我超越的追求。正是基于批判的自觉，马克思的公共性思想才得以成形、完善，马克思哲学才得以成为人类史上又一部鸿篇巨制。大学生思想政治教育也应该具有这样的批判意识和批判精神。立足于马克思公共性的视域，综观我国大学生思想政治教育的发展历程，我们不难发现，无论是理论还是实践，大学生思想政治教育公共性几乎都处于缺失的状态。"为什么会这样？""思想政治教育需要公共性吗？""思想政治教育发展的生命空间在何处？"……与其说这是一连串的发问，不如说这是一种自我批判的开始。大学生思想政治教育从其诞生之日起，就具有了面向社会空间、公共生活来表达公共话语的学科品质和实践气质，但大学生思想政治教育在公共场域中始终没有自觉地掌握公共性的话语权。"公共性缺失导致了思想政治教育的苍白无力，也使思想政治教育失去了应有的生命力。"②要想获得生存的空间、散发生命的魅力，大学生思想政治教育需要在外来力量对其质疑和诟病之前，进行自我的审视与批判。一是思想政

---

① 马克思，恩格斯. 马克思恩格斯选集：第 1 卷 [M]. 北京：人民出版社，1982：48.

② 殷学东. 建构思想政治教育的学术家园：评《思想政治教育学科范式的哲学沉思》[J]. 江苏大学学报（社会科学版），2013（6）.

治教育是一门实践性很强的学科，它所研究的问题不是主观臆想的或先验设计的，因此任何脱离现实的形而上的问题都不应该是大学生思想政治教育研究的范围，这是大学生思想政治教育摆脱"空洞性""虚无性"的第一步。二是大学生思想政治教育作为公共性关怀和实践的一支重要力量，任何对公共性保持沉默或漠视的行为都应视为对思想政治教育本质的一种叛离。面对大学生思想政治教育走过的历史足迹，我们要辩证地对待其功过是非，在自我批判中走向公共性的维度。三是大学生思想政治教育工作者要审视其理论和实践的自觉性以及前沿性。思想政治教育是在公共政治生活中诞生的，但公共性并没有引起思想政治教育工作者和研究者的足够关注，我们应立足于当今的社会语境，对思想政治教育进行"哲学沉思"，勇做大学生思想政治教育公共性的"开拓者"和"宣传者"。

最后，马克思的"问题意识"具有超前意识，他是在对现实的客观分析和现状批判的基础上，做出的对未来公共性——共产主义的一种预测性的探索。马克思一直在寻找人类发展的去向，他在历史的追问和劳动的批判中，科学地预测了共产主义必然要取代资本主义，并在这预测判断的基础上，为我们勾勒了人类真实公共性生成的曼妙图景。马克思公共性思想仍然是我们当代公共性理论的奠基石，"'自由人的联合体'仍是当今时代不容忽视的哲学诉求"①。思想政治教育是关于人在思想意识层面关于生活与世界的思考与探索，这种思考和探索的根本目的是促进人类公共福祉和实现人的美好生活。可以说，思想政治教育的问题与人类公共性的问题指向是一致的，这要求大学生思想政治教育成为公共的实践，从整体性把握生活与世界对思想政治教育的需要、把握公共性发展对思想政治教育的真正需要。从这个意义上说，大学生思想政治教育公共性要从社会发展的整体性公共福祉的角度出发，把握个人的美好生活，把握民族国家的公共利益，把握人类世界的公共利益。根据马克思"世界历史"和"历史世界"的时空观，大学生思想政治教育要摒弃狭隘的眼界和短视的行为，以"人间、人事、人心"为问题域，在"天下"和"永恒"的背景下来思考、解释和解决与公共福祉和美好生活

---

① 臧峰宇. 重建公共性：从历史走向未来：读郭湛主编《社会公共性研究》[J]. 哲学动态，2010（1）.

有关的公共性教育问题①。

二、马克思公共性思想为大学生思想政治教育公共性构建提供了实践性的思维范式

思想政治教育怎样去思考公共性，怎样去关涉人和生活？这是一个思想政治教育如何思维的问题。这正如马克思公共性思想一样，它不仅仅是一种人类属性、一种价值理念，它还是一种思维方式和行动原则。马克思公共性作为一种思维方式，为大学生思想政治教育公共性的构建提供了一种最基本的思维范式——实践性的思维范式。西方哲学的思维范式大抵有两种：一种是以黑格尔等人为代表的、以追求永恒真理为终极目标的本体论思维范式，一种是以马克思为代表的专注于人的现实性、生成性、创造性的实践性思维范式②。马克思在《关于费尔巴哈的提纲》中就表明了自己哲学的实践性思维范式，"从前的一切唯物主义（包括费尔巴哈的唯物主义）的主要缺点是：对对象、现实、感性，只是从客体的或者直观的形式去理解，而不是把它们当作感性的人的活动，当作实践去理解，不是从主体方面去理解"③。与传统精神绝对化的哲学思维不一样，马克思的实践性思维范式在于直面现实的人、直面生活世界、直面历史过程，让"改造世界"的哲学口号成为实践的直接成果。

马克思指出："人的思维是否具有客观的真理性，这不是一个理论问题，而是一个实践问题。"④ 马克思"如何""怎样"的公共性实践思维为大学生思想政治教育工作澄清了若干思维误区。一路走来，大学生思想政治教育曾经闯入这样的误区或游走在误区的边缘。一是阶级斗争的思维范式，即把大学生思想政治教育作为阶级斗争的有力武器，夸大阶级斗争的作用，扩大人民内部矛盾，在思想领域和政治领域走向了"右倾"路线，在公共利益上给

---

① 金生鈜. 无立场的教育学思维：关怀人间、人事、人心 [J]. 华东师范大学学报（教育科学版），2006（3）.

② 赵义良. 思维范式转换与马克思哲学变革的实质 [J]. 辽宁师范大学学报，2006（2）.

③ 马克思，恩格斯. 马克思恩格斯选集：第 1 卷 [M]. 北京：人民出版社，1995：54.

④ 马克思，恩格斯. 马克思恩格斯选集：第 1 卷 [M]. 北京：人民出版社，1995：58.

中国和人民带来了极大的损害。二是泛道德主义的思维范式,即在大学生思想政治教育过程中,忽视大学生的实际需求和道德水平,以抽象的超历史的道德标准要求学生,表面上是"为公",实际上压抑了学生个体的发展,这是一种伪公共性的教育思维。三是乌托邦式的思维范式,即大学生思想政治教育忽视现实的经济发展水平,缺乏对社会现状的考察,盲目地制定不切实际的目标,由于不可能达成而被诟病,使人们质疑其虚无性和无用论。马克思公共性的实践性思维范式具有"一种深厚的历史感和强烈的现实感"①,"社会生活在本质上是实践的。凡是把理论导致神秘主义的神秘东西,都能在人的实践中以及对这个实践的理解中得到合理的解决"②。这为大学生思想政治教育摒弃过往的错误思维误区提供了逻辑导向,大学生思想政治教育可以通过实践串联起人的现实生活和理想世界,联结人的客观受动性和主观能动性,从现实的人、从历史的发展、从时空的变换中为人的生命创造展示的平台、为共同体的公共性发展创造发展的空间。

具体而言,马克思的实践性思维是一种生活化的实践思维方式。完备的理论与科学的认知无疑是推动大学生思想政治教育发展的一种重要方式,若单纯以理论知识的教育思维来思考思想政治教育的公共性问题,就不可避免地陷入一种僵化的说教工具。生活即实践,生活的多元化必然带来实践的多元化和价值的多元化;以生活观教育、以教育观生活的实践思维,是对知识化、技术化、程序化的教育思维的否定,因此大学生思想政治教育要从生活的多元化视角出发,思考教育与公共性的问题。也就是说,大学生思想政治教育要回到生活中,回到人类共在的社会中,面对人类彼此构成、水乳交融的整体生活,从整体中找到共同的价值基础,以共同的价值基础包容多元的生活和多元的利益。这种生活化的实践思维,使得大学生思想政治教育不管如何,都"从生活思考生活,并以此为背景,展开从教育思考教育"③,并在现有的生活实践中开展思想政治教育,引导大学生追求、构建、创造更美

---

① 张志勇.马克思哲学思维范式的历史纬度探析 [J].延边大学学报 (社会科学版),2008 (4).

② 马克思,恩格斯.马克思恩格斯选集:第1卷 [M].北京:人民出版社,1995:60.

③ 金生鈜.无立场的教育学思维:关怀人间、人事、人心 [J].华东师范大学学报 (教育科学版),2006 (3).

好的公共生活。

三、马克思公共性思想为大学生思想政治教育公共性构建提供了中性智慧

从文本中我们总能感受到马克思公共性思想散发令人赞叹不已的人性魅力和中性智慧：马克思从现实性出发，指出人是自然属性、社会属性和精神属性的统一体；从历史性出发，指出人是个性发展与共性发展的统一体；从理想性出发，指出人是受动性和能动性的统一体。公共性是人的类本性，是人的类生活，也是人的类理想，马克思的公共性为思想政治教育提供了一种适中适度的中性思维，从更深层次说，为思想政治教育提供了一种互生共赢的中性智慧。

马克思的中性智慧源于对现实世界的考查，源于对公共生活的审视，也源于对人类实践的思索。那么，何为中性智慧？"中性智慧本质上是一种和谐思维，这种思维方式对高远的理想境界与现实的日常生活保持着双重关注，我们可以从形而上学的思维旨趣与生活世界的理想旨归两个层面对其加以时代重审。"①马克思的中性智慧，在于其摒弃了非此即彼的极端思维，跨越了形而上学与生活世界的"鸿沟"，在系统性和动态性中把握和谋求多元化发展的诉求的实现。可以说，马克思公共性思想所具有的中性智慧是对事物之间的一种度的把握与张力的平衡，是视界的融合与尺度的融洽的有机合成。

马克思公共性思想为大学生思想政治教育公共性的构建提供中性智慧，具体来说，主要有以下三个方面。

（一）超越"宏大叙事"与"回归生活世界"的路径之争

马克思在论述其公共性思想时，既立足于现实的生活，在生活世界中考查公共性问题及其发展；同时，马克思又在研究人类公共性的历史发展及其理想生成时，宏观叙事，对于理想的公共性给予了莫大关注。在马克思公共性思想体系中，我们看到了一种中性智慧——"宏观叙事"与"回归生活世界"不是人类公共性研究非此即彼的路径选择，两者实现完美的融合。"宏大叙事"是理想的指引，这种理想指引必须基于现实的生活世界；生活世界

---

① 邹广文，臧峰宇.中性智慧的思维旨趣与实践向度［J］.文史哲，2009（1）.

是一切价值意义的根基，所有的理想信仰要超越现实同时必须基于现实生活世界、回归生活世界来考察其合理性和科学性。

综观我国大学生思想政治教育研究的发展历程，无非就是在"追求宏大叙事"还是"回归生活世界"中争辩和纠结。改革开放之前，思想政治教育非常注重宏大叙事，主要从较高层面追求德性，把品德情操、理想信念、价值目标等具有永恒性的伦理情怀作为人类的终极关怀，把大公无私、舍身就义等高尚品质作为标准的行为准则。宏大叙事具有浓烈的"主义"色彩，诸如理想主义、爱国主义、共产主义、集体主义等，它们既是对现实的超越，也有对实际的脱离。宏大叙事是大学生思想政治教育对现实生活超越性的品质表现以及对美好人生的价值追求，其规定了大学生思想政治教育的理想目标和方向归宿。但是，在一些场合、一些时间点上，过于刻意追求，甚至一味强调精神的崇高，忽视了现实世界的需要和利益，乌托邦化的思想政治教育就难以触动学生的内心，甚至引起学生的厌恶与反感。改革开放后，追求宏大叙事的"失效"让大学生思想政治教育对"回归生活世界"的呼声渐涨。提出大学生思想政治教育"回归生活世界"，从高高在上的理想主义到可触摸可感知的现实生活，真正关注现实的人，关注个体的生活境遇和精神生活，这无疑推动了大学生思想政治教育的发展，实践效能得到进一步的提升。但是，我们遗憾地看到，有很多时候，大学生思想政治教育把"回归生活世界"作为一种个体的微观的具体行为，即"它关注的是作为一种具体教育活动的思想政治教育，关注的是个体如何内化社会的思想品德要求，成为具有相应思想政治品格的人"①，强调"温良恭俭让"的个人美德问题，缺乏对公共意识、公共思维、公共素养、公共精神等的培养。这不仅窄化了思想政治教育研究领域，更致命的是，长期强调个人的关注度和重要性，也导致了思想政治教育产生了另一些"主义"问题，诸如"个人主义、原子主义、消费主义、功利主义、犬儒主义"等，这些显然与思想政治教育"回归生活世界"的初衷是背道而驰的。其实，"回归生活世界"不仅仅关注现实的具体的个人，还必须关注存在的具体的"关系"问题，即人与人的公共交往，人与社会的共在共处，人与自然的和谐共处等。一言以概之，对"回归

---

① 沈壮海. 论思想政治教育理论研究的新范式与新形态 ［J］. 思想理论教育导刊，2007（2）.

生活世界"理解的偏差，导致大学生思想政治教育缺乏对公共空间、公共生活、公共交往等公共性问题的关注和关怀。

在马克思公共性视域下，大学生思想政治教育应该超越"宏大叙事"与"回归生活世界"的路径之争。一方面，大学生思想政治教育必须关注日常生活和世俗生活，将教育置于生活世界中而成为生活的一部分。大学生思想政治教育只有从生活世界中出发，才能了解生活世界的真实需要和真正问题，才能把握生活中具体生成的人的所需所求，才能在人的具体存在的语境中发挥其作用，满足个体生存的需要，切实地解决人与社会在发展过程中遇到的实际问题。另一方面，大学生思想政治教育不能单纯地去迎合现实的一切，大学生思想政治教育的根本在于构建一个与世俗生活相对有联系的意义生活，要以高屋建瓴的立场面向生活去超越和建构，这种超越和建构是一种对美好价值的期待和对美好生活的期许。也就是说，大学生思想政治教育要承担"价值"和"应当"的功能，对价值取向进行理性思考和客观评判，引导大学生明确要过怎样的生活、做什么样的人。这是对人类真善美、公共福祉、美好生活等的关切，是一种超越现实的"应当是"，是一种高阶的意义生活，也是思想政治教育之为其然的"宏大叙事"。

既有基于现实的生活问题的解决，又有超越现实的宏大理论指引，既追求未来更好的又满足现实需要的，这才是大学生思想政治教育不偏不倚的教育路径选择。从大学生思想政治教育公共性构建的视角而言，这是一个现实公共性发展的需要，也是对人类公共性价值的追求，对公共性的研究与实践彰显了大学生思想政治教育的中性智慧。

（二）解决"社会本位"与"个人本位"的价值之争

在思想政治教育的发展过程中，"社会本位"与"个人本位"的价值之争从未停止过。争辩，让大学生思想政治教育的价值取向越来越清晰，但争而未果，在大学生思想政治教育过程中容易出现价值混乱。"社会本位"是我国传统思想政治教育的实践出发点，"从研究的方法上说，是从社会需要出发，以社会为'元点'，着眼于思想政治教育与社会大系统和其他子系统之间的关系，通过研究思想政治教育对社会已经发生的作用，为思想政治教育的存在寻找合法性基础"①。以"社会本位"为出发点的思想政治教育容

---

① 褚凤英. 活动视野中的思想政治教育［D］. 武汉：华中师范大学，2005：3.

易忽视个人的需要和发展。基于"社会本位"的局限性,我国当代思想政治教育开始转变为以"个人本位"为主要出发点,关注现实的个体,关注个人的利益,并在促进个人的发展上取得了显著的成效。但过分强调"个人本位",忽视对社会的关怀、对共同体的关切,使得思想政治教育的视域变得狭隘,沦为一门名副其实的技巧型"成功学"。其实,多年的实践证明,无论大学生思想政治教育以"社会本位"抑或以"个人本位"为价值取向,都有合理的一面,但也有难以克服的弊病。那么,"社会本位"与"个人本位"是否是相对立的?我们是否只能选其一?有没有更好的价值路径选择?一连串的问题,或许,马克思公共性思想能给我们一个更好的答案。

马克思始终坚持"人是社会中的人,社会是人的社会"的观点,认为"人是最名副其实的政治动物,不仅是一种合群的动物而且是只有在社会中才能独立的动物"①。在马克思看来,人的类本性决定了人以公共性的方式存在,人的发展是社会发展的根本,社会发展是人发展的前提,社会与个人是互生互融的,不存在"社会本位"和"个人本位"之争的问题。作为一种类存在、一种共同体存在,人的类生活必然使得人与社会是一体化的,人不仅要完善自我,也理应把完善社会作为自己的使命,并通过体认生活世界自觉地超越自我,追求美好的生活,追求人类的公共价值。因此,马克思认为社会对人的发展具有非常重要的作用,但同时,马克思也毫不避讳地承认满足个人利益的重要性和必要性,他认为公共价值不意味着是"为公而无私"的,它包含着社会价值为"公"的一面,也包含着个人价值为"私"的一面,公共价值的实现首先要实现个人利益的满足。这正如古尔德所指出的:"马克思发展了一种本体论即内在地把个体看作是社会的和公共的,但是它也把个体看作社会的根本实体。"②可见,马克思在处理人与社会的关系上,以公共性的视界和高度提供了具有学理依据又有现实意义的中性智慧。

马克思在"个人与社会"关系层面上所秉持的中性智慧为大学生思想政治教育在处理人与人之间、人与社会之间提供了一种互生共赢的价值立场和实践出发点。思想政治教育是一种特殊的教育活动,它主要从思想上、观念上以及意识形态上培养人的理性认知,并在此基础上树立正确的世界观、人

---

① 马克思,恩格斯. 马克思恩格斯选集:第 2 卷 [M]. 北京:人民出版社,1995:2.

② [美] 古尔德. 马克思的社会本体论:马克思实在理论中的个性与共同体 [M]. 王虎学,译. 北京:北京师范大学出版社,2009:2.

生观和价值观。大学生思想政治教育必须通过实践活动表明其价值追求。关于个人价值和社会价值、个人需要和社会需要、个人利益和社会利益的问题，对于大学生思想政治教育而言，不是简单地判断孰轻孰重，更不应再陷入"个人本位"还是"社会本位"的无果之争，而应该把人与社会看成一个不可分割的联合体。大学生思想政治教育应在辩证中掌握个人与社会的关系，把人与社会的关系、个人价值和社会价值有机地、具体地联结，而非抽象地割裂，从根本上推动个人与社会的同步协调发展。马克思在处理个人与社会关系中，始终强调共同体地位和作用的发挥。良好的共同体本身饱含了一种公共价值，公共价值本身又是个人价值和社会价值的统一。因此，大学生思想政治教育在多元价值的冲击中必然要坚守公共价值观，唯有如此，大学生思想政治教育才能在个性化、多元化和多样化的时代背景下有效地应对共同体中出现的各种关系问题。具体而言，大学生思想政治教育要具有明确的社会指向性，要通过教育、实践等手段引导个体在社会的主流思想意识形态中或核心价值观范畴中进行活动，其目的是培养与社会价值观一致的"公共人"。当然，与社会价值观一致并不意味着个人必须服从于社会，恰恰相反，正因为个人的生存、发展受他人、社会发展的约束，个人在求发展的过程中与他人有着共同的社会目标、有着与社会发展相一致的目标，个人才能得到更多社会资源的支持，才能实现个人的价值，这时的个人价值往往又构成了社会价值的重要组成部分，成为推动社会发展的一股力量。

（三）贯通"现实存在"与"理想生成"的时空之争

马克思公共性的理想与现实的串联和贯通，始终是由"历史"来解释和维系的。马克思的历史观是一种人类发展的时空观，是在时空的维度去考查具体的人、社会和共同体，同时又从时空的维度去追溯历史、追逐历史、追寻历史；历史时空的维度让人和共同体在现实和理想中转换并发展着。"马克思历史理论的立足点和全部核心内容就是关于现实的人及其历史发展。在这个意义上，可以说马克思的历史理论不再是一般的关于'历史'的理论，不是脱离了人的存在去追问世界和神的历史，也不是离开了人的现实，去理性地架构英雄的历史，更不是抛弃现在，而单纯将历史作为已经过去的、毫无意义的'历史事实'或脱离现实去建构某种对未来境遇的'历史期望'。"①也就是说，马克思并没有干涩地纯谈现实，也没有抽象地光聊理想，而是在人与共同体的历史生成中、在公共性的历史生成中消解现实与理想的断裂，既怀揣远大理想，又深扎现实关怀，科学地预测共产主义的理想必然取代资本主义的现实而成为人类的现实。马克思"理想与现实之间的逻辑关系"的阐述是我们理解马克思"改变世界"的公共性理论旨趣的一把关键钥匙，因此，马克思关于现实的人走向理想之国的历史观视域使得历史与未来得以贯通，这无疑为大学生思想政治教育提供了一种价值理念和方式方法的实践方案，为大学生思想政治教育从"解释世界"迈向"改变世界"提供了理论的支撑和实践的指引，从而促使大学生思想政治教育有意识地将"历史的剧中人"培养为"历史的剧作者"。

　　构筑生活的理想是人类特有的思想活动，"人总是以有限的能力诉求无限的理想生活的可能"②。大学生思想政治教育的功能之一是引导大学生树立理想信念、追求理想、实现理想。如何引导？这是"现实存在"和"理想生成"的矛盾问题。第一，大学生思想政治教育要始终把握住现实存在对于理想生成的意义。理想不是空想，理想高于现实，但也来源于现实。大学生思想政治教育要引导大学生深入生活、体察生活，在现实生活的基础上追求理想的生活。形象地说，大学生思想政治教育要指引大学生将理想的种子埋入现实的土壤中，并教导学生如何进行松土、施肥、浇水以及光照等，既不能对现实生活只耕不种，也不能对理想"揠苗助长"，在一步步的实践中茁壮成长，开花、结果。因此，大学生思想政治教育必须遵循"三贴近"原则，在现实生活中培育、呵护理想的生成。第二，大学生思想政治教育要运用理想改造生活、超越现实，实现理想。"人在活动中总是处在'不满足'之中，与'不满足'相对立，设立某种'满足'的理想，使自己的现实生活具有意义。"③满足现状只会让生活停滞不前，大学生思想政治教育要善于引导学生发挥主体意识和创造性，积极主动去改变生活的不完善与异化现象，为追寻美好的生活而不断革新自我、完善自我。

---

①　张欢欢. 从个体与共同体的关系视角透视马克思的历史理论 [D]. 长春：吉林大学，2012：7.

②　臧峰宇. 当代共同体的中性智慧与实践反思 [J]. 党政干部学刊，2011 (11).

③　陆杰荣. 形而上学与境界 [M]. 北京：中国社会科学出版社，2006：34.

马克思认为人的"自由全面的发展"只有在"自由人联合体"中才能生成。个人个性化的理想也必须依托于公共的社会理想的实现才能得以实现。简单划分，个人理想是存在于私人空间，社会理想存在于公共空间。然而，私人空间和公共空间并非泾渭分明、永不交集的两块领域，其中大学生思想政治教育在促进两块领域的交集、重合中起到了桥梁中介，甚至是催化剂的作用。大学生思想政治教育要深谙人的类本质——"人懂得按照任何一个种的尺度来进行生产，并且懂得处处都把内在的尺度运用于对象；因此，人也按照美的规律来构造。因此，正是在改造对象世界中，人才真正地证明自己是类存在物"①，并积极运用人的类本质让受教育者追求公共生活、追求公共理想。根据马克思公共性实现的三阶段理论，我们知道高远的理想并非离现实"一步之遥"，现实向理想的转变受到生产力、经济状况、政治状况等方面的制约，理想变成现实具有长期性、曲折性和艰巨性。为防止"在某些特定的场合，在口头上，人们奉行的是一套规则，推崇的是一种崇高理想，而实际上每一个人又都心领神会，在自己真正的生活中遵循的完全是另一套规则"②，一方面，大学生思想政治教育要引导大学生树立高远的理想，尤其是树立崇高的社会理想，通过采取各种方式方法激励学生追求超越自我的公共理想；另一方面，大学生思想政治教育不能盲目虚设远离生活的理想，必须分阶段分类型地设定目标，根据时代的发展要求帮助学生确立符合并超越"此时此景"的理想目标。

第三节　马克思公共性思想为大学生思想政治教育
公共性构建提供了世界观意义上的启示

大学生思想政治教育作为一种意识形态观念上和思想政治实践上的活动，其根本目标是推动社会的发展、推动人的发展。从本质上理解，大学生思想政治教育不只是个人私德的教化，更应该是面向公共领域，在公共空间中发挥其作为公共事务的角色和作用，以促进公共生活的有序运转，引导学

---

① 马克思. 1844 年经济学哲学手稿 [M]. 北京：人民出版社，2000：57 - 58.
② 唐汉卫. 生活道德教育论 [M]. 北京：教育科学出版社，2005：15.

生在公共生活中开展公共活动、培养公共精神，从而塑造"真实的人"、造就积极的"公共人"。从这层面上说，马克思的公共性思想为大学生思想政治教育的教育目的、本质功能、价值理念的呈现和彰显提供了"世界观意义上的启示"①。

一、马克思公共性思想为培养"接班人"的大学生思想政治教育目的辩护

（一）培养"接班人"——灵魂性的教育目的遭受质疑

培养"接班人"是我国一直以来的教育方针和教育目的，也是我国大学生思想政治教育的目的。尽管每一阶段的具体表述不一，但"培养接班人"这样一个耳熟能详的教育目的，仿佛没有什么问题值得去推敲，国家、政府依据这样的目的制定方针政策，学校也基于这样的目的制订相应的培养方案和举措，个体从小就在"我们是共产主义接班人"的政治仪式中接受熏陶，并为之努力。

可在当今经济主导、科技崇拜、信息海量的社会，部分人过分关注自身的物质利益而放弃政治追求、人文素养提升以及精神的充盈，这些社会问题和弊端不可避免地影响了大学生思想政治教育。当代大学生思想政治教育出现了一些"异化现象"，如工具理性遮蔽了价值理性，功利主义宰制了本体意义，实用主义殖民化了精神世界，教育培养出越来越多具有功利主义和实用主义的单向度的人。"现在的教育已经不是'好人'的教育，而是'工具'人的教育，教育日益成为技术的训练，它关心的是怎样训练人的技能或者扩充人作为'职能人'的功能，而不是德性的实践和养成，更难以奢谈人的全面发展了。"②大学生思想政治教育遭受了嘲讽和诘难，而首当其冲的是大学生思想政治教育目的的合理性遭受诟病。

于是，围绕着培养"接班人"这样的教育目的是否合理，人们进行了争辩、批判，众说纷纭，尘嚣四起。归纳起来，主要有以下三种批判观点。一是片面说。许多学者持思想政治教育目的具有多层次性的观点，认为思想政治教育的主体是多样的，有国家、社会、学校、家庭、个人等，每一个层次

---

① 金林南. 论思想政治教育的公共性 [J]. 思想理论教育，2012（5）.
② 石兰月. 对我国教育目的及其在实施中异化的思考 [J]. 郑州大学学报，2010（1）.

的主体立场不同，其价值取向就不同，希望达到的思想政治教育目的也不同，因此，单纯从国家层面谈思想政治教育的目的是片面的、模糊的，是远离人的实际生活。更有学者批判道："如果仅仅把国家的教育目的看作唯一的教育目的，无疑否定了教育目的的多元性，使短期的政治行为主宰一切。"①认为目的设置的单一性与实际教育过程中的目标多样性产生的矛盾，是导致思想政治教育低效性的根源。二是手段说。有学者指出，培养"接班人"是"教育目的在价值取向上的'人'的缺位"②。部分学者认为，培养"接班人"是以社会为本位，人只是一个手段，是被标准的流水线生产出来的产品，它的任务就是为社会服务、为政治打拼。角色的工具化定位，割裂了人的整体性，这样的教育目的"势必导致教育的片面化和功利化，并特别容易导致片面重视智育以及物质上和政治上的功利主义，造成人的发展的片面和畸形"③。三是过时说。一些学者认为，"接班人"的教育目的，是为了迎合当时革命的需要，具有非常强的政治目的，现在是和平年代，谈阶级斗争已经过时了，因此"接班人"的目的论也已经过时。于是，一部分学者承接此观点，认为随着现代的发展以及社会的进步，人们自我意识的觉醒，公民社会逐渐形成，"公民教育"取代"思想政治教育"更符合时代的发展趋势，因为"公民教育具有较强的中性色彩，它不是强调为哪个阶级、哪个政党培养'接班人'，而是为社会培养下一代（公民）"，这样有助于克服"政治化问题"④。

异化的存在导致大学生思想政治教育遭受否定，让大学生思想政治教育"流离失所"；对培养"接班人"目的的诘难，导致大学生思想政治教育"失魂落魄"。大学生思想政治教育，该何去何从？

（二）培养"接班人"是大学生思想政治教育的必然选择

思想政治教育与其他教育的区别首先体现在教育目的的不同。思想政治教育的目的须与国家的政治发展方向密切相关，从思想观念上、精神理念上塑造与国家的主流意识形态发展相一致的"人"。把培养"接班人"作为大

---

① 叶澜. 试论当代中国教育价值取向之偏差［J］. 教育研究，1989（8）.
② 赵联，孙福平. 试论我国的教育目的及其完善［J］. 江西社会科学，2010（8）.
③ 扈中平. 教育目的应定位于培养"人"［J］. 北京大学教育评论，2004（7）.
④ 杜时忠. 德育十论［M］. 哈尔滨：黑龙江教育出版社，2003：5.

学生思想政治教育的目的既有理论和实践基础，也符合历史与逻辑相统一的发展思维。

实践证明，培养"接班人"的大学生思想政治教育目的是我国在革命、建设、改革过程中正确的历史选择。政治改革的可持续性、政治文明的发展追求，正是靠着一代代的"接班人"才能得以实现。马克思、恩格斯在《共产主义者同盟章程》中提出"宣传和政治斗争的手段"①，说明了思想政治教育在政治中的重要性。有效的思想政治教育是政治的软实力，中国共产党自建党以来就非常注重思想政治教育，革命年代就形成了一套完整的思想政治教育体系，并在民族独立和解放过程中起到了巨大的作用。在新中国建设时期以及改革开放四十余年中，思想政治教育在追求政治文明、促进经济发展、谋求社会进步中也起到了保驾护航的作用。党和国家在培养下一代人上也非常注重思想政治教育，多次在各种文件以及各种重要讲话上提到或强调"接班人"的思想政治教育的目的。尽管因为政治形势以及时代发展的不同，关于思想政治教育目的的表述有所差异，但始终不渝地把培养"接班人"作为大学生思想政治教育的教育目的这一根本点未曾改变。历任党和国家领导人始终是站在中国社会主义事业发展全局的战略高度强调有中国特色的社会主义建设需要几代、十几代甚至更多代的人进行不懈的努力奋斗，因此，必须始终坚持以培养"接班人"为大学生思想政治教育的目的。

培养"接班人"具有重要的现实意义。尽管许多国家倡导教育的中立性，但在现实中没有哪种教育是不带有政治性的，更勿谈思想政治教育了。在战争年代，思想政治教育起到了非常重要的作用，那么在和平年代，培养"接班人"的目的是不是已经落后了呢？毫不夸张地说，现代社会，尤其是国与国之间的竞争是一场没有硝烟的战争，这种没有硝烟的战争不仅仅是科技信息的较量，更是意识形态之间的争夺。这种在思想领域上的暗流涌动有时候比实际战争来得更猛烈，破坏力和杀伤力更强。因此，维护国家主流意识形态更需要发挥思想政治教育的作用，更需要坚定培养"接班人"的政治立场。随着经济发展的全球化，各国文化、价值的相互传播、融合、渗透自然不可避免，各民族国家也卷入到了世界性的公共政治中。印度学者阿帕杜

---

① 马克思，恩格斯. 马克思恩格斯全集：第 10 卷［M］. 北京：人民出版社，1998：744.

莱曾说："今天，全球互动的中心问题是文化同质化与异质化之间的紧张关系。"如何既能吸收、借鉴国外先进的文化价值理念，又可以防止各种霸权主义和腐朽思潮的侵蚀，保持自己的主流意识形态呢？这需要我们拥有卓绝的政治智慧、清醒的价值判断、宽宏的国家视野。因此，在全球化时代明确培养"接班人"的大学生思想政治教育目的，不仅没有过时，而且需要我们更进一步明确要培养适应全球化发展的"接班人"。

把培养"接班人"作为大学生思想政治教育的目的，反映了思想政治教育的本体意义，是思想政治教育学哲学沉思的结果。什么是思想政治教育？对这一本体性问题的回答有利于我们"拨开云雾见青天"。现有理论界比较流行的观点有以下几种。一是张耀灿等人提出思想政治教育是"一定阶级、政党、社会群体用一定的思想观念、政治观点、道德规范，对其成员施加有目的、有计划、有组织的影响，使他们形成符合一定社会、一定阶级所需要的思想品德的社会实践活动"①。二是陈秉公提出的"所谓思想政治教育，就是一定阶级或政治集团，为了实现其政治目标和任务而进行的，以政治思想教育为核心与重点的，思想、道德和心理综合教育实践"②。三是李辽宁等从公共管理的角度提出，"思想政治教育是整个社会公共治理中的一个重要组成部分，社会公共治理是一个整体的公共管理活动，在这个管理活动中有一项活动是专门管理社会意识形态的，那就是思想政治教育的本质"③。姑且不论关于思想政治教育的界定哪个更精准，但我们从这三个界定可以看到一个共同点，就是思想政治教育不仅具有政治意蕴，而思想政治教育本身就是一种政治活动，是国家意识的一个重要体现。金林南从哲学的视角分析，一针见血地指出"思想政治教育的本质是意识形态政治……思想政治教育的本体是意识的政治，就是人的思想、观念、意识的影响活动的政治实践的一种形式"④。可见，与普通的教育不同，思想政治教育具有强烈的政治性，并且植根于政治的沃土中，把培养"接班人"作为大学生思想政治教育的目的是合乎逻辑的。

---

① 张耀灿，陈万柏. 思想政治教育学基本原理［M］. 北京：高等教育出版社，2001：4.
② 陈秉公. 思想政治教育学原理［M］. 沈阳：辽宁人民出版社，2000：3.
③ 李辽宁，闻燕华. 公共管理视域中思想政治教育的伦理意蕴：兼谈对思想政治教育本质的再思考［J］. 思想理论教育，2008（5）.
④ 金林南. 思想政治教育学科范式的哲学沉思［M］. 南京：江苏人民出版社，2013：2.

（三）马克思公共性视域下"接班人"培养目的的思考

明确了培养"接班人"目的的不容置疑性，接下来我们应该思考的是如何消解这种质疑，即明确培养什么样的"接班人"，如何培养"接班人"，为谁培养"接班人"。回答这些问题需要从思想政治教育的本源——马克思主义，从马克思思想中寻求答案。

马克思没有为人的发展问题开出一张"药到病除"的药方，更没有为未来的公共性模式和特征进行详细的阐述和定性。马克思科学预测了人类社会形态必然从资本主义发展到共产主义，但马克思并没有告知后人共产主义的详尽模样，仅用了"社会解放""自由人联合体""自由全面发展的人"来表达理想的生活图式，表达历史发展的价值指向。尽管如此，我们依然清楚地看到"'共产主义'是马克思政治哲学的实践精神……共产主义不是在观念中为扬弃私有财产的思想而进行的人本主义式的'价值悬设'，共产主义的诉求'径直是现实的和直接追求实效的'"①。马克思是从考察现实的生活世界的基础上来构想和论证未来的社会状态的，是在剖析历史的"落后"与"进步"、社会的"野蛮"与"文明"的矛盾中发现问题、解决问题的，进而科学构建未来生活图景的。马克思公共性思想的理论旨趣在于确立具有普遍的、具体的、内在社会联系的真实共同体和造就具有公共品格的世界性"公共人"。无疑，从马克思公共性视域出发，表明了培养"共产主义接班人"和"可靠的社会主义接班人"的目标是大学生思想政治教育的正当选择，表明了大学生思想政治教育的目的"蕴含着事实批判与价值诉求的双重的生成本性"②，也表明了大学生思想政治教育要以"公共性"的姿态从根本上关注和关切人的发展。可见，"接班人"彰显了"公共人"意蕴，大学生思想政治教育以培养"接班人"为目的正是思想政治教育的"公共性"体现。大学生思想政治教育对于社会来说是一种公共善的追求与实践，其培养的目标指向的是追求和实践公共善的"接班人"。我国大学生思想政治教育对"接班人"的培养，是"为社会主义现代化建设服务，为人民服务"的，

① 常江，胡海波.论"为政以人"的政治哲学精神：马克思主义中国化的政治哲学观[J].东北师大学报（哲学社会科学版），2009（2）.
② 常江，胡海波.论"为政以人"的政治哲学精神：马克思主义中国化的政治哲学观[J].东北师大学报（哲学社会科学版），2009（2）.

这充分彰显了培养"公共人"的理念。

当然，"接班人"并不只是表象地为他人"作嫁衣"的工具，公共性的本质是促进人的全面而自由发展，培养"接班人"的根本也是促进人的自由全面发展。马克思认为国家通过公共教育使得社会成员具有公共性，而公共性的根本意旨是个体的自由发展，即通过培养国家成员的公共性来实现国家、社会发展与个人发展的统一。马克思从人的本质来谈公共性的必要性。他说："没有共同体，这是不可能实现的。只有在共同体中，个人才能获得全面发展其才能的手段，也就是说，只有在共同体中才可能有个人自由。"①可见，"共同体"的前提和基础是公共性，公共性缘起于人的本质属性，公共性是通往人的全面而自由发展的必经之路。而大学生思想政治教育通过公共性的教育，改变大学生的依附性、工具性的人格，培养具有主体性、自觉意识、公共精神的个体，这些个体在公共交往、公共生活以及公共领域中，个性能得到充分尊重和发展，人际间能平等而自由地交往，并通过关注和促进社会的发展和公共利益的实现来提高自身的生命质量，进而最终实现个人自由而全面的发展。

二、马克思公共性思想为大学生思想政治教育的公共性构建提供了行动指南

无论是作为"政治公共性逐步拓展的产物"②，还是以"谋求公共人的诗意栖居"为目的③，大学生思想政治教育都需要直面公共性、关注公共性。当代大学生思想政治教育的有效性如何，关键在于大学生思想政治教育的内容是否与大学生的公共价值指向相吻合，是否与社会的公共发展要求相一致，是否与人类的公共价值体系相契合。因此，大学生思想政治教育需要建构一套自己的公共性理论和实践体系。如何建构？金林南认为，"只有在马克思主义的公共性视域中，思想政治教育才能真正进入当下和未来的公共

---

① 马克思，恩格斯．马克思恩格斯文集：第 1 卷［M］．北京：人民出版社，2009：571.
② 金林南．论思想政治教育的公共性［J］．思想理论教育，2012（15）.
③ 李宏亮．论"公共人"的培育［D］．南京：南京师范大学，2011：13.

空间"①。马克思公共性视域使得大学生思想政治教育拥有自觉的问题意识和历史意识，进而能自觉建构自己的公共性进路。马克思公共性的阐发始终跟现实人的存在状况和人类真实的公共生活紧密地联系在一起，在深度剖析和批判人类公共性发展异化的基础上，探寻人类发展的真实公共性理想，这注定了马克思公共性具有实践的品格和特质。因此，马克思公共性并没有给予大学生思想政治教育太多的规范性知识和认知性理论，但它为大学生思想政治教育提供了关于如何有效地改变异化现象、怎样追求公共生活目标等的行动指南。

从理论层面上看，大学生思想政治教育要始终面向公共生活构建关于公共性的理论进路。马克思公共性认为人是现实的人，现实的人是社会中的人，社会中的人是可生成、发展的"公共人"。这样的逻辑理路包含着形式合理性和实质合理性的统一。对于思想政治教育来说，也需要从其形式合理性和实质合理性两个维度来考察公共性的理论问题。思想政治教育的形式合理性，表现为思想政治教育的目标与社会发展的目标相一致、内容与社会的现实要求相契合、立场符合社会的价值期待。根据马克思的人类社会发展形态三阶段理论，人类必然要走向真实的公共性，社会发展必然从虚幻公共性走向真实，而当今的社会正处于公共性"亟须"和"缺乏"的现实状态，中国社会的发展路径是一条走向真实公共性的发展路径，这必然要求思想政治教育主动建构思想政治教育公共性，自觉向公共性靠拢、转型，确立其公共性立场与人民的公共性诉求相一致、其公共性内容的建构与社会现实和时代要求相契合、其公共性的指向与社会的价值期待相符合。思想政治教育的实质合理性，是马克思提出的实现人的"自由而全面发展"。因此，大学生思想政治教育在建构公共性理论进路时，必须以追求和创造丰富和谐的公共生活为根本，促进人际交往的和谐发展，进而促进人的个性解放和自由发展。

从实践层面上看，大学生思想政治教育要以实践之势将公共价值期待转化为现实。公共生活、公共参与并非仅仅是政治体成员的活动体现，恰恰相反，只有全体社会成员都获得公共意识和公共精神并主动地参与、践行公共生活才能真正实现公共价值期待。马克思指出："最先进的工人完全了解，

---

① 金林南. 思想政治教育学科范式的哲学沉思［M］. 南京：江苏人民出版社，2013：40.

他们阶级的未来，从而也是人类的未来，完全取决于正在成长的工人一代的教育。"①对于思想政治教育来说，这一代受教育者、下一代受教育者甚至更多代都将处于"正在成长的工人一代"，如何进行教育，才能确定"未来"、成就"未来"？在马克思公共性视域下，"自由人联合体"和"自由全面发展的人"始终是思想政治教育面向"未来"所要坚持的价值立场和精神皈依。关注现实，思想政治教育要积极回应现有的"公共性"问题，尤其是要解决人们对公共生活的关注度、对公共性信念的理解度以及对公共性价值的认同度等问题。因此，大学生思想政治教育要构建自己的公共性实践进路：第一，在场域上要构建面向公共生活世界的思想政治教育；第二，在主体上要夯实以公共意识教育为基础的思想政治教育；第三，在内容上要培育以公共品格为核心的思想政治教育；第四，在路径上要创设以公共实践为根本的思想政治教育。

三、马克思公共性思想为大学生思想政治教育的价值澄清和真伪明辨提供了判断标准

当前，对大学生思想政治教育的价值存在两种错误判断。一种是对大学生思想政治教育存在价值的误判。认为大学生思想政治教育是意识形态的产物，是依附于政治上层建筑的；党和国家领导人的讲话和重要的政治文件纲领是思想政治教育的基本依据，而这些带有浓厚的功用色彩和经验主义，是一种思想的钳制，是政党阶级统治的工具。另一种是对大学生思想政治教育所倡导的价值的误判。如认为大学生思想政治教育所倡导的爱国主义是过时的、集体主义是压制个人发展的、公共道德是牺牲个人利益的，等等。面对双重的错误判断，大学生思想政治教育有必要进行价值的澄清。何为思想政治教育的价值澄清？即思想政治教育应该积极引导并鼓励人们"更加审慎和全面地思索自己的价值观以及整个社会的价值观问题"，使得"人们能深思熟虑地看待价值问题，他们能更好地整合其选择、珍视和行动"②。那么，如何进行思想政治教育的价值澄清？马克思公共性思想提供了一个判断标准，

---

① 马克思，恩格斯. 马克思恩格斯全集：第16卷 [M]. 北京：人民出版社，1964：217.

② ［美］拉思斯. 价值与教学 [M]. 谭松贤，译. 杭州：浙江教育出版社，2003：1－2.

在马克思公共性视域的指引下，大学生思想政治教育能够阐明自我价值的存在，能够拥有辨别是非真伪的判断能力，进而引导受教育者自觉选择合理的个人价值、认同公共价值。

马克思公共性视域下大学生思想政治教育价值得以自我澄明。正如张耀灿等人所指出，"在全球化进程迅猛推进、社会主义市场经济不断完善的背景下，如何从价值哲学的高度，对思想政治教育的价值进行合理的、内在的反思、阐明与说明，就成了关系到思想政治教育的重大前沿研究课题"①。对于前面的误判，思想政治教育要进行"正本清源"式的声明、分析和解释，才能澄明当代大学生思想政治教育的价值。对于思想政治教育存在的价值来说，人的政治社会化的需求是思想政治教育源起的动因。"当教育由单纯的知识教育转化成一种政治思想或政治文化的教育时，人类历史上一种新的教育模式——思想政治教育已孕育成熟，并展现于世人面前。"②思想政治教育是作为一种传播政治思想和政治文化的工具和手段而诞生的，它是自主自觉地去宣扬、传播社会的主流意识形态和核心价值观的。金林南认为，与普通教育相比，思想政治教育具有更高的"政治自觉性"和"有意识性"，"这种高度的自觉表征着人类政治文明的发展变化，因为它意味着政治活动方式和内容不再局限于暴力工具等物质性力量的博弈，而是逐渐转向人的观念意识领域，通过影响人的观念意识，使观念意识的认同在政治权力中获得和维护中逐渐成为政治活动的基本内容。"③可见，大学生思想政治教育的价值是从思想上、精神上、价值上去追求人类的精神利益、追求符合人类发展的政治价值和政治信仰的。马克思认为，人类的解放，首先是政治的解放；人类公共性品质的获得，首先是参与性、民主性等公共政治品质的获得。因此，与其说大学生思想政治教育是为"政治和统治阶级"服务，不如说大学生思想政治教育是人类文明发展的思想马达，是人类公共性从虚幻到真实发展的路径需要。

马克思公共性视域赋予了大学生思想政治教育明辨公共性是非虚实的基

---

① 张耀灿，等．思想政治教育学前沿［M］．北京：人民出版社，2006：70.

② 李合亮．思想政治教育探本：关于其起源及本质的研究［M］．北京：人民出版社，2007：57.

③ 金林南．思想政治教育学科范式的哲学沉思［M］．南京：江苏人民出版社，2013：111－112.

本标准。马克思的真实公共性是在批判虚假、异化的资本主义公共性的基础上建立的，我们能从马克思的公共性思想体系中清晰地辨认哪些是虚幻的公共性、哪些是真实的公共性。对于当代大学生思想政治教育而言，我们特别要甄别西方的"普世价值观"是否符合马克思公共性的价值指向。马克思在驳斥资产阶级关于共产党教育的污蔑时，指出："你们的教育不也是由社会决定的吗？不也是由你们进行教育时所处的那种社会关系决定的吗？不也是由社会通过学校等等进行的直接的或间接的干涉决定的吗？共产党人并没有发明社会对教育的作用；他们仅仅要改变这种作用的性质，要使教育摆脱统治阶级的影响。"①因此，面对社会思潮的多元化、社会价值观的多样化，尤其是西方极力推行的"普世价值观"，大学生思想政治教育如何选择？马克思告诉我们，教育是具有阶级性和历史继承性的，西方的"普世价值观"就是马克思所指出的资本主义虚伪的价值观和虚幻的公共性。可以说，"马克思主义的公共性视域为思想政治教育从业者如何克服意识形态性与学术理性、理论与实践、政治与价值的现实悖论提供了思考视角"②，这样的视角能让我们清晰地看到当代西方所吹嘘的价值观所具有的欺骗性，能更加坚定社会主义的政治立场和价值观取向，从而能通过大学生思想政治教育引导学生认同社会主义公共价值，并通过关心国家、关心社会来实现个人价值。

① 马克思，恩格斯.马克思恩格斯选集：第 1 卷［M］.北京：人民出版社，1995：290.
② 金林南.论思想政治教育的公共性［J］.思想理论教育，2012（5）.

第四章

大学生思想政治教育公共性构建的当代境遇

大学生思想政治教育是关涉个人发展和社会发展的一项重要社会实践，更是高校人才培养不可或缺的重要内容。大学生思想政治教育开展得如何，直接影响青年一代的思想政治风貌，直接关系着社会主义事业建设发展是否后继有人，直接关系着党和国家的前途和命运。马克思认为，人"是处于既有的历史条件和关系范围之内的自己"①，人的发展是在一定的社会关系中才能得以实现的。因此，分析大学生思想政治教育的当代境遇，把握大学生思想政治教育内在和外在的生态环境，才能充分发挥大学生思想政治教育的育人功能，提高大学生思想政治教育的实效性。

分析大学生思想政治教育的境遇，就是要求我们要关注时代的发展、社会的需求；审视大学生思想政治教育的境遇；就是要正确认识当代大学生思想政治教育所面临的机遇和挑战；探析大学生思想政治教育的境遇，就是要准确把握当代大学生思想政治教育的时代主题和历史方位。当务之急，大学生思想政治教育需要直视包裹着自身的内外生态系统，反思当代大学生思想政治教育发展的不足，深扎于现实国情和鲜活现实，由内置外地探索当代大学生思想政治教育的发展方向。

"环顾今日世界，人们发现，在社会生活、社会科学和社会哲学中，一个公共性的时代已经到来……"②公共性时代的到来，必然要求当代大学生思想政治教育具有公共性向度，拥有学科领域的公共性话语权，才能承担起社会和历史赋予的公共使命。但同时，我们清楚地看到，对马克思公共性的遮蔽，大学生思想政治教育公共性维度彰显的不足，而导致大学生思想政治

---

① 马克思，恩格斯.马克思恩格斯全集：第 1 卷［M］.北京：人民出版社，1995：277.

② 郭湛.社会公共性研究［M］.北京：人民出版社，2009：1.

教育在全球化、现代化的来临中显得有些"不知所措"，在和谐社会、公民社会生成的契机中显得有些"手忙脚乱"，在应对社会转型、个人主义的侵袭中显得有些"无能为力"。这些问题的解决，首先需要我们在马克思公共性视域下把握大学生思想政治教育的当代境遇，了解在当前大学生思想政治教育公共性构建中所存在的积极因素和消极因素，客观判定大学生思想政治教育公共性构建的历史方位。

第一节　当代大学生思想政治教育对马克思公共性思想的遮蔽

尽管当代大学生思想政治教育没有明确使用"马克思公共性"这样的词汇来宣传、实践马克思的公共性思想，但大学生思想政治教育仍然坚守着马克思公共性的立场，以培养"社会主义合格的建设者和可靠的接班人"为目标，以培养"德智体美劳"全面发展的人为落脚点，并以此立场开展了形式多样、内容丰富的教育活动和实践活动，取得了显著的成效。尽管如此，当代大学生思想政治教育对马克思公共性思想的发掘依然不够深刻，对马克思公共性思想的系统把握依然不够完整，对马克思公共性思想的解读依然不够精准。可以说，当代大学生思想政治教育在一定程度上遮蔽了马克思的公共性思想。

一、当代大学生思想政治教育遮蔽马克思公共性思想的表现

无可回避这样的事实——当代大学生思想政治教育公共性维度是缺失的。这正如我们感受到这个时代的模样——这是一个个体权利意识日益增强和公德意识日益衰减的时代。社会个体公共性缺失的背后，实质上是教育在公共性理论与实践上的缺席。追溯公共性教育缺席的缘由，很大程度上是源于当代大学生思想政治教育在理论研究和行为实践上对马克思公共性思想的遮蔽。尽管思想政治教育是马克思主义理论的二级学科，思想政治教育以马克思主义为指导思想，但当代大学生思想政治教育鲜有关注马克思的公共性思想，更勿谈深入发掘马克思公共性的价值和意义了，这直接导致了马克思公共性思想在当代大学生思想政治教育中处于式微状态。

（一）当代大学生思想政治教育理论研究对马克思公共性思想的遮蔽

尽管大学生思想政治教育在理论创新研究中仍然运用马克思的认识论、方法论、本体论等一些元理论作为支撑工具，但不可否认，当代大学生思想政治教育在理论建构中还缺乏马克思公共性情怀的学术气质和学理品格。有学者指出，当代大学生思想政治教育理论研究对马克思公共性思想的遮蔽，主要包括三个方面：一是"思想政治教育理论基础的公共性应用不足"，二是"思想政治教育基本理论的公共性彰显不足"，三是"思想政治教育分支学科知识体系的公共性发挥不足"①。具体来说，就是大学生思想政治教育理论研究并没有建立起与马克思公共性思想的有机联系，没有充分利用马克思公共性思想来建构学科的公共性话语体系。从当前的基础理论体系看，大学生思想政治教育在理论基础、内涵范畴、方式方法上都没有有效地凸显马克思公共性的价值取向和路径依赖；在思想政治教育过程理论中，无论是"四要素说""五要素说"，还是"N要素说"，大学生思想政治教育在思维模式、逻辑理路、话语表达上，都缺乏马克思公共性的理论意蕴。大学生思想政治教育理论中的实体性思维、固定式思维总是有意无意地割裂着个人与共同体之间的关系，从而导致大学生思想政治教育无视于思想政治教育理论是一种在"关系"中的教育理论，更无从谈起从主体间性到公共性的理论创新。随着社会发展的日益复杂，学科的交叉相融性不断增强，思想政治教育学科分支也不断细化发展。尽管在学科的分支中，如思想政治教育伦理学、思想政治教育社会学等关于公德教育内容比较多，但学科理论间更多的是相互借鉴、相互移植、相互嵌入，这种更多侧重于技术型和方法论的融合方式直接导致了思想政治教育交叉学科放弃了从源头——马克思经典著作中寻找公共性思想，进而弱化了思想政治教育关于公共性理论的汲取和研究。

（二）当代大学生思想政治教育实践对马克思公共性思想的遮蔽

马克思特别强调"实践"是实现真实公共性的根本途径。但在当代大学生思想政治教育实践中，往往无视对公共性，尤其是对马克思公共性思想的实践。第一，对于主体而言，无论是教育者（教师）还是受教育者（大学生），都几乎很难在各种公共场合公开讨论各种公共事件，为公共利益公开

---

① 夏庆波. 论公共性视域中的思想政治教育［J］. 思想教育研究，2009（6）.

辩护，为主流意识形态公开代言。即使是在高校的思想政治理论课堂上，"思想政治理论课仅仅是公共价值观抽象理论与原则的灌输渠道，它与跃动的社会公共生活是隔离的，大多数思想政治理论课教师没有能力为学生有效阐释正在发生着的社会公共事件，更没有能力成为参与社会公共生活的典范"①。第二，从介体方面来说，当代大学生思想政治教育实践遮蔽了对"公共生活世界"的诉求。马克思认为生活世界是一个有机联系的、表征着总体性的存在，是一个"我"和他者的共在世界，是"我们"的世界，"在我个人的生命表现中，我直接创造了你的生命表现，因而在我个人的活动中，我直接证实和实现了我的真正的本质，即我的人的本质，我的社会的本质"②。对于当代大学生思想政治教育实践而言，理应关注公共生活世界，推动生活世界的公共性发展，同时应该通过积极实践，扎根于生活世界的公共关怀中，批判异化现象，主动掌握意识形态的话语权。但在现实中，大学生思想政治教育实践更关注个人的名利场，遮蔽了对"公共生活世界"的诉求，使得当代大学生思想政治教育实践在公共生活、公共空间中失真、失声、失语。第三，对于目标而言，大学生思想政治教育实践遮蔽了对"公共性"理想生成的追求。其实，无论是理论体系上，还是相关的教育政策、方针上，大学生思想政治教育一直坚守"培养共产主义接班人"的教育目标；但在实践中，我们却把"培养共产主义接班人"作为虚无缥缈的理想而放弃了对"公共性"理想生成的追求，并没有侧重于"公共性"理想生成的向度，而是把重心放在了大学生私人品德的教育上，甚至把品德的教育烙上"成功学"的印记，这导致了大学生思想政治教育在实践过程中缺乏公共性视域。

二、当代大学生思想政治教育遮蔽马克思公共性思想的主要原因

当代大学生思想政治教育对马克思公共性思想的遮蔽，有着客观的原因，毕竟马克思并没有在其文本中明确提出"公共性"的概念和意蕴，这容易造成人们对马克思公共性思想的忽视。但是，当代大学生思想政治教育对

①　金林南．论思想政治教育的公共性［J］．思想理论教育，2012（15）．
②　马克思．1844 年经济学哲学手稿［M］．北京：人民出版社，2000：184．

马克思公共性思想的遮蔽，其主要原因并不在此，它主要由以下三方面造成。

（一）在历史发展过程中，思想政治教育公共性先天发育不良

教育具有民族性和传承性。在中国的传统教育中，我们难以发现具有现代意义的"公共精神""公共责任""公共理性"等的"公共"或"公"的内涵意义。梁启超先生曾明确指出："试观《论语》《孟子》诸书，吾国民之木铎，而道德所从出者也。其中所教，私德居十之九，而公德不及其一焉。……若中国之五伦，则惟于家族伦理稍微完整，至社会、国家伦理，不备滋多。此缺憾之必当补者也，皆由重私德轻公德所生之结果也。"①为何如此？为何传统文化中极力倡导的"天下为公"的道德准则，最后得出的结论是"公"教育的缺失？缘由可能还需要根据马克思关于前资本主义社会"人的依赖"的公共性进行解释。在农业社会，人的依赖性极强，个人毫无主体意识和独立意识。"天下为公"的"公"不是指社会公共利益，更不是指天下百姓，而是指专制君主。"家国一体""家国同构"的社会制度导致公共空间和公共生活的缺失，进而导致国民没有"公共心"②。诸如"学而优则仕""不在其位，不谋其政"等教育思想说明我国传统教育，不仅是一种公共性缺失的教育，而且是一种"去公共性"的教育。

近代教育有着强烈的公共性诉求，但其结果犹如"昙花一现"。列文森（Joseph R. Levenson）指出："近代中国思想史的大部分时期，是一个使'天下'成为'国家'的过程。"③在这个过程中，公共领域开始形成、公共舆论开始出现，国民开始追寻现代意义的公共性。于是，新型的学校应运而生，"这些新式学堂在近代社会的大变革中肩负起引领社会风气、教化民众的使命，这种使命使新式学堂成为清末从事公共批评的一块重要的公共空间"④。这时期的教育有着鲜明的公共立场，以唤醒国民公共意识、培养国民公共道德、追求公共利益为己任，把公共性教育作为重要使命。但是，由于时局动

---

① 梁启超. 梁启超选集：上［M］. 上海：上海人民出版社，1984：142.

② 陈独秀. 独秀文存［M］. 合肥：安徽人民出版社，1987：618.

③ ［美］列文森. 儒教中国及其现代命运［M］. 郑大华，任菁，译. 北京：中国社会科学出版社，2001：84.

④ 许纪霖. 近代中国的公共领域：形态、功能与自我理解——以上海为例［J］. 史林，2003（2）.

荡，近代公共性教育在历史中风雨飘摇，并很快烟消云散。

现代思想政治教育在发展中曾走过两个极端，这直接导致了公共性的旁落。新中国成立后，基于当时的历史任务、时局变动以及国际形势，思想政治教育把价值取向定位为整体主义，这是符合当时社会的发展的。但在社会主义改造后期，思想政治教育工作错误地理解马克思关于共产主义的意蕴阐释，急于"要把人类改造成为大公无私的共产主义社会的公民"①。"大公无私"的绝对化，追求脱离现实的理想人格，压抑了人的实际需求、忽视了个体的合理利益，使得人们不得不质疑这种教育价值的合理性，更使得人们在后来厌恶谈"为公"。改革开放后，压抑已久的人性得到释放，人们开始关注个人的发展、关切个人的利益，大学生思想政治教育在这过程中逐渐消隐"为公"的主导价值。

（二）在学科定位上，思想政治教育学没有形成鲜明的公共性范式

无论是从学科成立的主旨还是人类实践的需要看，无论是从经济形态分析还是社会效益细述，思想政治教育学都理应展现其"公有性、公享性、公治性、公善性"②。然而，与公共哲学、公共行政学、公共伦理学等学科相比较看，思想政治教育学科在创立和发展的过程中，并没有旗帜鲜明地构建公共性范式。

一是思想政治教育学缺乏公共性的理论形态。尽管思想政治教育学科自建设以来，取得了辉煌的成绩，构建、创新了一系列符合社会主义发展的理论体系。然而遗憾的是，作为一种新型的思维模式，公共性的内涵、范畴、价值等并未为被思想政治教育学科所关注和吸纳。这显然与思想政治教育的马克思主义理论学科归属是严重不符的。当然，在这里我们不是指责思想政治教育学科缺乏反映公共性的内容，恰恰相反，思想政治教育学科有许多内容关涉公共性，如理想信念教育、爱国主义教育、集体主义教育等都反映了公共性的精神价值，但对这些内容的阐释，是远离公共生活体验和实践的强行灌输，这种教育方式使得教育无法达至公共性的思想精髓和根本要义，更

① 陈弱水.中国历史上"公"的观念及其现代变形：一个类型的与整体的考查［M］.公共意识与中国文化，北京：新星出版社，2006：115.
② 樊改霞.教育与公共性：公共教育的现代性转型［M］.福州：福建教育出版社，2012：106.

勿谈能构成一个关于思想政治教育学的公共范式。思想政治教育学缺乏公共性的研究视角，没有在学术方式上或学术体制上进行理论的突破，自然也不会自觉地去发掘马克思公共性为己所有了。

二是思想政治教育从业者缺乏公共性意识。我国思想政治教育带有强烈的国家色彩，国家意识形态以及相关的方针政策主导着思想政治教育学的发展。这对于思想政治教育的研究者、传播者等从业人员而言，容易造成他们对思想政治教育理论与实践的自发性创新不够，与之伴随的是公共性意识不足。思想政治教育从业者在理论研究中往往以党和政府的相关文件、政策指令为理论依据，常常被世人误解为党的"喉舌"。从业者们对思想政治教育本体性的研究不足，没有深入系统地思考思想政治教育与公共领域和公共生活的关系，没有超越文件政策的话语局限去探析思想政治教育如何促进社会公共善的实现，没有在面向大众的公共空间和公共场域中以思想政治教育学视野来阐释、回应公共问题；甚至"一些思想政治教育研究者对参与公共讨论本身没有什么兴趣，却对公共知识分子进行政治性批判颇为热衷"①。还有一部分思想政治教育从业者误认为公共性话语是西方的话语体系，不符合中国的社会现状，应该避而不谈。思想政治教育从业者缺乏公共性意识，这是大学生思想政治教育遮蔽马克思公共性思想的主观原因，也是重要原因之一。

（三）简单处理马克思主义理论与思想政治教育的关系，导致大学生思想政治教育对马克思经典著作的关注不足

我们从来没有怀疑但也没有加以思考，就理所当然地接受"马克思主义是思想政治教育的指导思想""思想政治教育学是马克思主义理论的二级学科"这样的事实论断。主张怀疑和思考，不代表否定，而是要进一步深究马克思主义与思想政治教育的关联，进一步深挖马克思主义中一些对现代思想政治教育仍有重要意义的文本价值。如果简单地接受这样的论断，肤浅地首肯这样的表述，知其然而不知其所以然，其结果就是会导致对思想政治教育的马克思主义性质的理解表面化、执行走偏走样。事实正是如此，当前的大学生思想政治教育对马克思主义理论与思想政治教育的关系并没有做更多、

---

① 金林南．思想政治教育学科范式的哲学沉思 [M]．南京：江苏人民出版社，2013：300.

更深入的思考与研究。越来越多的思想政治教育从业者非科班出身，他们不关注马克思主义理论，更勿谈主动发掘马克思经典著作对于现代思想政治教育的价值意义。于是，大学生思想政治教育几乎放弃了对价值的追溯研究，放弃对实然与应然之间距离的弥缝，转而研究更多技术层面的问题。在技术化的导向下，大学生思想政治教育更多地关注手段方式上的改进，甚至在跨学科的交融中，也仅仅关注其他学科的技术手段和方法的移植，而非价值理念的融汇。

因此，有意无意地对马克思主义理论与思想政治教育关系做简单化处理，淡化马克思主义理论对思想政治教育的指导意义，是导致大学生思想政治教育对马克思公共性关注不足的重要原因。可以说，疏远马克思主义理论与思想政治教育之间的关系，不仅会使得思想政治教育理论体系僵化不前，甚至会使得思想政治教育在传播国家主价值观中走向相反的道路。因此，大学生思想政治教育无论在理论还是实践上，都要以马克思主义作为一个常规的研究视角，把握马克思主义，尤其是马克思经典著作中的理论旨趣和价值深蕴，解决当代大学生思想政治教育所遇到的问题。

可见，大学生思想政治教育没有从马克思公共性思想去挖掘相关的价值指向、话语内容、逻辑理论，根本原因在于没有深刻地理解马克思主义理论在大学生思想政治教育中的指导地位和功能作用，没有主动自觉地从马克思主义理论的源头中寻找理论支撑和实践支持。

第二节　当代大学生思想政治教育公共性构建的机遇和挑战

无论如何，明确当代大学生思想政治教育的"公共性"主题，构建大学生思想政治教育公共性，已是"箭在弦上，不得不发"。那么，如何做到蹄疾步稳？马克思指出："世界体系的每一个思想映象，总是在客观上受到历史状况的限制。"①这句话隐含着这样的意蕴，即人与特定的历史生活关联

---

① 马克思，恩格斯．马克思恩格斯选集：第 3 卷［M］．北京：人民出版社，1995：376.

着，大学生思想政治教育必须具有融入时代境遇的历史意识，在充分认识这个历史存在中思索如何进行公共性构建。因此，当前时代和社会的发展状况，是大学生思想政治教育公共性必须审视的外在环境。

可以说，这是一个"复兴"的时代，一个"复调"的社会，有机性、总体性、公共性是这个社会的基本特征，也是当代大学生思想政治教育所处的现实境况。在这个社会里，人与人之间通过各种互动关系构成了一个动态的统一集合体，在这个包裹着每一个个体的集合体中，每个人有着真实的差异，也有着真实的联系。"公共性问题既是一个与漫长而复杂的人类共同体生活的历史密切相关的基础性问题，又是一个与波澜壮阔的当今全球化历史时代密切相连的问题。"① 当代大学生思想政治教育正身处于一个世界性的公共生活场景中，正经历着一场规模宏大的公共性实践。可以说，全球化、现代化给当代大学生思想政治教育公共性构建提供了新的舞台；和谐社会、公民社会的构建以及社会治理方式的创新给当代大学生思想政治教育公共性构建提供了契机与动力。当然不容忽视的是，新媒体和社会转型这两把双刃剑也给当代大学生思想政治教育公共性实践带来了困扰和挑战。所有的这些都是当代大学生思想政治教育公共性构建所面临的环境背景，也是大学生思想政治教育公共性构建的现实场域，忽视、忽略任何生存情境和生活场景所带来的机遇与挑战，都会导致大学生思想政治教育公共性的构建犹如隔靴搔痒。

一、当代大学生思想政治教育公共性构建的出场语境

（一）现代化催生了人意识的觉醒，为大学生思想政治教育公共性提供了价值域

现代化已成为理论界对我国社会变迁与发展的一种整体性、系统性、逻辑性的描述。如果认为充分利用现代高新信息技术作为政治经济发展的方式以及工作生活的手段就实现了现代化，那么只能说这是一种低层次的、技术层面的"现代化"。现代化更应指向理念、制度的现代性，而理念的现代性是制度现代性的先导。因此，现代化具有社会结构层面的现代性和文化价值层面的现代性。现代化进程带来了经济全球化、信息网络化以及生活世界

① 胡群英. 社会共同体的公共性建构 [M]. 北京：知识产权出版社，2011：7.

化，使得公共生活以及交往实践的公共性特征日益彰显，公共性成了我国现代化进程中许多领域的价值基础和精神诉求。公共交往是现代人生存与生活所必需的条件，公共性原则是现代社会不可或缺的基石；公共生活作为一种新的社会生活状态，离不开公共性的价值体系和文化精神的支撑。可见，公共性不仅是现代化的一个价值观念形态的维度和品质，还为现代化的深度发展提供了精神信仰上的支持，是现代性在软实力维度上的重要体现。

　　立足于中国现代化这一社会背景来探讨我国大学生思想政治教育问题，不仅使大学生思想政治教育有了较为宽广的思维空间，而且把现代化与大学生思想政治教育联系起来，用来分析当代大学生思想政治教育的变化、发展、走向等问题，深化了大学生思想政治教育的现实意义和实践价值。然而在现代化的进程中，人们往往更关注于社会结构层面的现代性，并从工具合理性和形式合理性的视角来考察"市场经济、民主政治、科学技术、独立的个体"等方面①。以经济和科技唱主角，以生产"效率"和经济"效益"为至上的理念，这往往导致在思想、政治领域发挥作用而难以立竿见影出成效的大学生思想政治教育处于非主流"现代性"的尴尬处境。为消解尴尬，大学生思想政治教育在自身的现代化建设中也极力运用现代化的手段、方法、方式武装自己，这在一定程度上缓解了大学生思想政治教育与现代化的融合问题，然而这远远不足以解决问题。要消除尴尬、走出困境，真正实现大学生思想政治教育的现代化，我们就不仅仅需要在模式方法、手段程序上实现现代化，更应从根本的价值理念上实现现代化。

　　公共性是现代化的一个维度和品质，也是大学生思想政治教育走向现代化的应有之义。当然，在现代化的浪潮中，当代大学生思想政治教育的公共性有自然演进的过程，但更需要自觉地建构。走向公共性，是大学生思想政治教育现代化自然演进的过程。经济社会的发展带来了经济全球化进程的加快，科技发展的日新月异带来了交往范围的扩大，市场经济的发展带来了公共领域和公共生活的彰显，资源的开发与利用带来了生态和谐理念的普及……这些无不使得公共性在多领域、多维度中得到呈现和展开。与这种变化相适应，作为意识形态层面的大学生思想政治教育在现代化进程中自然地呈现出公共性的一些价值取向：倡导"以人为本"的教育理念，主张"民

---

①　李佑新.走出现代性道德困境［M］.北京：人民出版社，2006：19.

主"的沟通机制，强调"共在"的社会关系，张扬"责任"的伦理精神。公共性作为一个分析框架，一个话语范式，一种价值精神，已开始进入大学生思想政治教育现代化的视野中。但仅靠自然演进是远远没有办法建构起大学生思想政治教育公共性的理论体系的。公共性的完全自然演进是在没有外物干扰的真空状态下实现的，显然这是一种不切实际的理想状态。"在当今时代，无论是世界的经济秩序还是政治秩序，还远未达到起码的公平、公正的境地，仍然处于一种不合理的状态中。"①"市场失灵"和"政府失灵"带来了一系列复杂的社会问题和负面的影响，导致部分大学生价值观念的错乱与行为方式的失范。大学生思想政治教育的"现代性"——主要是公共性，才刚刚起步，现代化中的公共性精神理念、图式机理、结构方式还没有全方位、系统地植入、渗透到大学生思想政治教育中。因此，在现代化的进程中，当代大学生思想政治教育需要积极主动吸收现代性的机制理念，自觉引领大学生培养公共性品质。

（二）全球化扩大了公共生活，为大学生思想政治教育公共性提供了场景域

马克思公共性思想告诉我们，公共性是人类社会发展的一个重要属性，公共性存在是由人类的类本质所决定的；不同时期，公共性有着不同的形态属性和表现形式，或虚幻、或真实，或隐没、或显现。伴随经济的发展，战争、政治、科技等一系列社会因素的促动，当代生活世界的公共性日渐增长、凸显化，最为显现的一个场景域标志是全球化。全球化带来了"一种正在拓展的生活维度，即公共性的生活或生活的公共性质正在深刻影响我们的各个生活领域"②。全球化是全方位的，经济的全球化使得各国的市场资源在世界范围内流动起来，公共资源、公共产品和公共服务的提供者和受益者不再局限于本国，但同时我们也看到部分西方国家出现了逆全球化的趋势。政治的全球化也使得公共领域逐渐扩大并突破地缘和国界所维系的场域，国家之间、地区之间的公共交往得到前所未有的加强，民主、公平和正义等公共理念为人们所强烈关注。但不可否认，一些国家在处理政治事务和政治问

① 郭湛. 社会公共性研究 [M]. 北京：人民出版社，2009：21.
② 袁玉立. 公共性：走进我们生活的哲学范畴——马克思主义哲学的一个新视点 [J]. 学术界，2005（5）.

题时已越出了主权国界，造成了部分地区和国家动荡不安；文化的全球化使得各国文化在交融中璀璨绽放的同时，也带来了文化冲突和流血战争。全球化的发展，还带来了环境问题和能源危机的全球化，带来了毒品、暴力、腐败等全球性社会问题的趋同化和蔓延。

从马克思公共性中关于人与社会关系的视角分析，在全球化的时代，公共性呈现了多重、多维的关系，包括主体上的区域与区域之间、国家与国家之间、人与世界之间、人与社会之间、人与人之间等的关系，还包括多极化的政治、多元化的文化、差异化的世界观，等等。多元多类多面的公共关系既表明了公共性的敞明化，也表明一个公共性的新秩序需要建立。这些公共关系还决定着人的价值取向和行为规范。从总体上看，公共意识明显提高，人们在世界的发展中普遍达成"和平发展、合作共赢、互利互惠、利益共享"的相处原则，公共情感、公共理性、公共精神随着公共利益和公共责任的凸显而逐渐被唤醒、被社会所诉求着。从学理层面来看，无论哪个学科，都以"公共性"的主题向度和思维范式构建着新型的学科范畴、言说论域和框架模式。从更深层的意义上说，任何脱离当前全球化中公共性的主旨，其学科发展都难以为继。

可以说，全球化为大学生思想政治教育提供了一个时空场景。全球化在时间维度上表征着历史正进入了"世界历史"阶段，同时在空间维度上又表明公共领域已突破地域的限制而具有了世界性的范围。吉登斯（Anthony Giddens）指出："全球化使'在场'和'缺场'纠缠在一起，让远距离的社会事件和社会关系与地方性场景交织在一起。"①全球化改变着人们的日常生活，重构着人们的思维模式。当代大学生思想政治教育不仅要顺应全球化的发展，而且要积极回应全球化的挑战、主动参与全球化公共性理念的建构，自觉承担起对大学生进行公共性教育的历史责任，积极发掘相关的公共性教育资源，进行公共性教育内容和教育模式的构建。也就是说，当代大学生思想政治教育公共性的构建，意味着在全球化背景下，大学生思想政治教育的主题性——公共性范式的选择，大学生思想政治教育要走向更加开放的教育，走向世界性的公共领域，"倾听我们这个时代'公共性的声音'，体验并

---

① ［英］安东尼·吉登斯. 现代性与自我认同［M］. 赵旭东，方文，王铭铭，译. 北京：生活·读书·新知三联书店，1998：23.

领悟'公共性问题'存在的真谛，走进公共性、思入公共性"。①但在全球化的时代，"人类需要普遍的实践的、真实的'公共性人道关怀'，需要马克思主义哲学提供'公共性思维智慧'，并按照这一哲学的基本原则确立合理的'公共性的生活规范'，获得一种'公共性的真理和生活意义'指导"②。因此，当代大学生思想政治教育公共性的构建，应以马克思公共性的视域，立足于全球化的公共生活场景，以追求真实公共性作为永恒的理想，从根本上关注并致力于解决现实世界中的各种公共性问题。

（三）公共领域的凸显，为大学生思想政治教育公共性提供了空间域

现代化和全球化带来了一个明显的公私划分，即把我们的生活世界分成了公共领域和私人领域两部分。从马克思公共性发展的阶段理论看，这种划分是历史发展的必然产物和逻辑结果。在私人领域，人们更多地关注自我存在，关注自我权利和私人利益的实现。但事实的另一面是，"公共活动领域已成为当今社会中扩展最快的一个领域"③，日渐成为社会成员进行公共生活、开展公共活动等的舞台，成为社会成员以"共同体"形式存在的重要载体。公共领域，并不仅仅是一个实体性的物理概念，还表征着一个开放的空间、一个他者的存在立场、一个"共同体"本位的价值理念。

马克思的公共性发展是在现实的生活世界中进行的。因此，回归生活世界，不仅仅是回归私人领域，还要关注公共领域。公共领域与私人领域的共存理应是互补互辅，共同成就社会与人的发展的。但现实中，一方面，虽然人与人之间的交往范围和实践内容扩大了，但人与人之间的关系变得疏远、人与社会的关系变得疏离了；个人主义的泛滥和个人交往的自我封闭，私人生活被过度地颂扬，公共性在某种意义上消退着。另一方面，公共领域不断扩展，人的类生活越来越显现，公共生活占据了人活动和创造的大部分空间，不管愿不愿意，他者或者社会已成为大部分人个人目标的达成和个体利益实现的必要条件；同样的，个人利益的诉求也必须放置在公共领域里通过协商、对话、互助等方式才能得以解决。更为重要的是，公共利益的实现与

① 袁祖社．公共性真实：当代马克思主义哲学范式转换的基点［J］．河北学刊，2008（4）．

② 袁祖社．公共性真实：当代马克思主义哲学范式转换的基点［J］．河北学刊，2008（4）．

③ 郭湛．社会公共性研究［M］．北京：人民出版社，2009：8．

否与社会成员个人福祉休戚相关，每个人都应该在公共领域中发挥个人的作用，承担个人的社会责任，在公共领域中实现自身的价值。

公共领域的凸显，为当代大学生思想政治教育提供了全新的存在方式，也为大学生思想政治教育公共性的构建提供了空间域。一方面，公共领域的扩大，让大学生思想政治教育活动有了更大的实践舞台。大学生思想政治教育不必再拘泥于学校范围内的活动开展，可以走向更大的公共空间进行公共教育，通过"此景此地"的实景教育，让大学生对公共性有了更全面的认识和深入的体悟，对自身公共品质的获得有了更自觉的追求和积极的行动。另一方面，公共领域的拓展，要求大学生思想政治教育的活动要转向公共空间，以建设公共领域、完善公共生活为己任，在公共空间中发挥其导向、整合、调节、激励等功能，营造良好的公共文化氛围，确立优良的公共秩序和公共机制，确保大学生与其他社会成员在公共领域中实现良性互动，从而引导大学生从学校的"象牙塔"中走到公共空间，走进公共领域，自觉培育公共意识。

二、当前国内社会变革为当代大学生思想政治教育公共性提供了生长平台

伴随着现代化和全球化的进程，我国在经济、政治、文化等领域有序地进行着社会变革。社会的变革包括了和谐社会的建构、公民社会的成长、社会管理方式的改变等方面。如果说现代化和全球化是历史发展不可阻挡的潮流，社会变革则是中国自觉选择和努力建构的结果；如果说现代化和全球化对大学生思想政治教育公共性的构建既是机遇又是挑战的话，国内社会变革则为大学生思想政治教育公共性提供了生长平台。可以说，大学生思想政治教育公共性是与和谐社会共契、与善治的社会管理方式共振、与公民社会共生的。

（一）大学生思想政治教育公共性构建与和谐社会构建共契

共同体是马克思公共性的一个重要载体，它既是人的存在方式也是公共性的空间场域。马克思从历史的视野解释了人类共同体从自然共同体到虚幻共同体的发展变化，指出人类的发展必然走向真实的共同体。"真实共同体的本质是消除了对抗和异化的和谐共同体，因此，置于社会转型和价值多元的当代中国，和谐社会无疑是马克思共同体思想的必然结论和价值核心，可以说，构建社会主义和谐社会是马克思真实共同体的当代表征和实践。"①公共性与和谐有着深厚的意蕴关联，"公共性实际上深蕴了和谐的意蕴，并以社会和谐为价值追求和价值目标"②。和谐的社会需要社会成员公共品质的获得和公共精神的达成才能实现，和谐社会与公共性是同构的。

　　构建和谐社会是我国建设特色社会主义事业的一个重要方面。《中共中央关于构建社会主义和谐社会若干重大问题的决定》中提出了构建和谐社会的内涵和要求，即"民主法治，公平正义，诚信友爱，安定有序，人与自然和谐相处"。构建和谐社会，是党和国家遵循和秉持马克思公共性历史生成的规律和规定，是从人与人之间的共生共存、人与社会的和谐共在的角度来谋求社会的有序发展、人的自由发展的。实际上，我国对和谐社会的构建，也是对公共性构建，人们对公共性理论的期待本身就反映了公共性对于和谐社会构建的价值和意义所在。在中国致力于构建和谐社会的平台上，公共性有了很大的生长空间。因此，将当代大学生思想政治教育公共性构建置于和谐社会构建的大框架中，有助于增强当代大学生思想政治教育公共性构建的明确性和坚定性，有助于当代大学生思想政治教育正视利益主体的多元化和尊重个人利益的合理性，有助于当代大学生思想政治教育始终不渝地坚持公共利益和个人利益的统一。和谐社会的构建还寄托了人生存和发展的公共方式，因此和谐社会的构建促使大学生思想政治教育不仅要关注学生的个人发展，还要关注社会的发展，关注人与社会的互动，从而让大学生走出自我，关注他者，关心社会，关注公共性，进而建设和谐社会。

　　可见，大学生思想政治教育公共性的构建与和谐社会的构建是相互契合的。构建和谐社会，从本质上讲就是求同存异、包容多元、公私兼顾、合作共赢，就是追求具有公共性价值的社会。这意味着和谐社会的运转需要公共理念作为依托，需要社会成员必须具有公共理性和公共精神。显然，公共理性和公共精神并非是人与生俱来的品质，需要通过教育和实践来获得。作为未来社会的栋梁，大学生是否具有公共理性和公共精神，对能否建成和谐社会具有至关重要的影响。因此，大学生思想政治教育公共性的构建，是构建社会主义和谐社会的内在要求。大学生思想政治教育要顺势而为之，把培养

---

① 赵艳琴.马克思共同体思想的价值研究［D］.苏州：苏州大学，2009：42.
② 贾英健，肖蓉.公共性与和谐社会的构建［J］.东岳论丛，2012（1）.

社会主义建设者和接班人的目标与构建和谐社会相结合,从和谐社会构建的战略高度出发,以和谐共同体的视角培养大学生的公共意识和公共素养,促进大学生和谐思维的养成,促进大学生在"利他"和"利己"的互动生成中成长为总体性存在的"完整人"。

(二)大学生思想政治教育公共性构建与公民社会成长共生

随着我国改革开放的推进,市场经济得到了进一步的发展,民主政治得到了进一步落实,社会文化更加开放包容,社会结构也在发生根本性的变化,社会自主性力量异军突起,社会自治空间得到空前的拓展。国家—社会一体的社会结构形式被瓦解,社会从国家中逐渐分离开来,开始萌生出公民社会。改革开放四十余年,中国公民社会已逐渐成形,个体公民的主体意识逐渐增强,公民人格开始由依附型向独立型转变。尽管当前我国的公民社会还不成熟、不完善,但不可否认,公民社会正日益成为沟通国家和公民的重要桥梁,成为现代社会发展的一支重要力量。可以说,公民社会的出现,使中国开始摆脱"对人的依赖"阶段,并在不断摈弃"物的异化"中,走向真实的公共性阶段。

尽管目前"还没有形成对公民社会一致的公认的权威定义"①,但综观我国公民社会四十余年的成长,我们具有以下的感性认识和理性认知。第一,公民社会是一种事实性存在。独立自主的个人成为社会的基本单位,人的依赖性和依附性逐渐减少,主动性和创造性不断增强;多元主体带来了多元诉求和多元利益的并存,自由的交往、普遍的联系开始成为社会成员的一种生活方式。第二,公民社会有着制度的诉求。"公民社会这一生活方式作为承载人们诸多精神诉求的主导文化模式和价值观念,不仅要渗透到公民个体和社会的行为与活动中,而且必然也必须作为自觉的制度安排成为社会运行的机理。"②除了制定有关国家与社会之间的边界和权限外,还有着有机统一、互为表里的运行机制,同时公民间的契约制度、法治制度也在不断调整和完善中。第三,公民社会还表征着一种价值向度。公民社会的生长是一种实然,同时它还承载着社会成员对和谐共同体的构建,承载着公共理性、公共责任和公共精神的追求。

---

① 李劲. 公民社会与社会层级结构重塑 [M]. 北京:中国社会出版社,2012:75.

② 汪业周. 公民社会的意蕴、维度及当代中国语境 [J]. 广西社会科学,2007(2).

我们对公民社会的认识不能只停留在"是什么"阶段，还要致力于解决"为什么""怎么办"。马克思对公民社会（文本中的"市民社会"）是有所期待的，他认为"只有当现实的个人把抽象的公民复归于自身，并且作为个人，在自己的经验生活、自己的个体劳动、自己的个体关系中间，成为类存在物的时候，只有当人认识到自身'固有的力量'是社会力量，并把这种力量组织起来因而不再把社会力量以政治力量的形式同自身分离的时候，只有到了那个时候，人的解放才能够完成"①。从这个视角出发，中国公民社会是一种公共生活，是对公共性社会的诉求和回应。良好的公民社会主要依靠全体公民来建设，而培育公民的公共品质，必须进行公共性教育，当代大学生思想政治教育必须将公民教育作为其重要的内容。可见，当代大学生思想政治教育公共性的构建，是与中国公民社会的成长相一致的。通过公共性的教育，大学生思想政治教育在理念上培养大学生自治、契约、公正、平等、理性、民主等社会意识，在情感上培养大学生理解认同、支持参与公民社会等公共情感，在认知上培养大学生相关的公共事务知识、公共生活技巧等，在能力上培养独立的分析判断能力、参与公共讨论的能力等，在价值取向上培养大学生现代公共精神，进而推动公民社会的健康发展。

（三）大学生思想政治教育公共性构建与社会管理方式创新共振

和谐社会的构建是由上至下推动的，公民社会的萌生则具有自发性和"草根性"。然而不管是哪一种形式，和谐社会的构建和公民社会的成长都让政府主动或者被动改变原来大揽大包的管理方式和自上而下的单一运行机制，并通过"治理"的形式进行社会管理方式的改革和创新，以期实现国家与社会的良性互动，促进公共利益的实现、公共福祉的增长。

"治理一词的基本含义是指官方的或民间的公共管理组织在一个既定的范围内运用公共权威维持秩序，满足公众的需要，增进公共利益。"② "治理"的管理方式有以下特征：第一，主体的多样性，除去公共权力部门外，公民个体、私人机构、第三部门（NGO）等都是治理的参与者；第二，治理是一种互动过程，是政府部门与非政府部门（或个人）的协调、合作，对确

①　马克思，恩格斯．马克思恩格斯全集：第 3 卷［M］．北京：人民出版社，2002：189.

②　俞可平．民主与陀螺［M］．北京：北京大学出版社，2006：81.

认的公共目标实行公共管理；第三，治理的目标是善治，即实现政府与公民、公民社会之间结合的最佳状态，从而促进公共利益的最大化。政府"治理"模式的革新，意味着政治的参与和表达渠道将越来越宽广，越来越多的公民将参与到公共事务中来，并日益影响着公共事务和公共利益的达成。中国"治理"方式的开启，意味着公共主体多元化发展，民主政治有了新的发展，公共服务体系将更加完善。

思想政治教育是社会管理的一种软权力，同时又是社会管理的重要形式和有效载体，当代大学生思想政治教育的发展无论如何也应该与社会管理方式创新是共振的。当代大学生思想政治教育要"唤起人们关心社会管理，参与社会管理创新，用思想政治教育化解矛盾调节社会关系"，"要有效应对社会治理的风险，内化社会治理的价值目标，积极运用社会治理实践平台，引导人们的公共生活实现对人的公共性品质的培养"[1]。具体而言，当代大学生思想政治教育要从公共立场出发，培养大学生的主体意识和独立人格，让大学生体认主体间性中民主协商、平等对话的重要性；培养大学生社会主义民主政治观念，让大学生充分理解自己的权利和义务，在维护自身正当权益的同时树立公共责任，提升大学生理性表达的能力、民主参与能力等；通过公共知识的传授和公共实践相结合，塑造合格、理性的政治活动参与主体，从而促进社会治理的实效性，实现社会的和谐发展。

三、新媒体环境对当代大学生思想政治教育公共性构建的"双刃剑"效应

（一）新媒体催生了公共领域，也摧毁着社会公共性

21世纪已经全面进入新媒体时代，新媒体已经成为人类的政治经济文化生态环境，每个人直接或者间接地受到新媒体的辐射和影响，它改变着我们的交流方式和行为习惯，也重塑着人类的话语结构和价值理念。公共性作为当今最重要的价值阈之一，在新媒体场域表现出了两种并存却截然相反的状态：公共性得到凸显的同时也在逐步消解着。

新媒体的出现模糊了时空界限，扩大了人们的公共交往，网络成了人们公共生活的重要组成部分，公共性在新媒体场域得到凸显。

---

① 侯勇．论思想政治教育公共性困境与公共化转型［J］．理论与改革，2015（4）．

首先，新媒体本身就是一个公共领域，具有公共性。所谓公共领域，哈贝马斯认为："公共领域原则上向所有公民开放。公共领域的一部分由各种对话构成，在这些对话中，作为私人的人们来到一起，形成了公众。那时他们既不是作为商业或专业人士来处理私人行为，也不是作为合法团体接受国家官僚机构的法律法规的规约。当他们在非强制的情况下处理普遍问题时，公民们作为一个群体来行动；因此，这种行动具有这样的保障，即他们自由地集合和组合，可以自由地表达和公开他们的意见。"①按照哈贝马斯的理解，公共领域应包括以下几个要件：一是具有开放性，参与的人尽可能地多以形成公众；二是人们能够自由表达、公开讨论，形成公共意见；三是公开的空间，不是个人隐私的天地，并内蕴着追求公共利益的旨趣。对照公共领域的要件，新媒体就是一个新兴的公共领域。每天，有亿万人民在上网，"网民"是这个公共领域的公众代名词，他们或在搜寻汲取别人的话语信息，或在撰写发表自己的观点想法，或在与熟悉或不熟悉的人讨论某一公共事件或热点话题，他们在受别人影响的同时也影响着别人。在这个具有隐匿性的公共领域里，每个个体都不再是"沉默者"，都通过各种渠道表达自己的见解，无形中促进了公共交流，达成共识，形成公共舆论，这些公共舆论直接或间接促进了公共利益的实现。

其次，新媒体提供了一个公共性彰显的平台。亚里士多德有个著名的论断，即"人天生就是一种政治动物"②。孙中山先生也曾说过："政治乃众人之事。"这说明了人的社会性以及政治的公共性。国家通过举办各种政治仪式和教育促进人的政治社会化。新媒体的出现，使得政治社会化得到前所未有的延伸和拓展，公共性也得到了空前的彰显。国家充分利用网络平台，传播政治理念和政治知识、宣传主流意识形态，倡导主流政治文化，从而对社会成员产生持续而稳定的影响，在社会成员中形成一套政治价值体系。同时，社会成员通过网络接触到了全球不同地域的政治文化、价值理念，或通过分析比较、讨论碰撞、识别判断，形成自己的政治认知、政治情感、政治态度和政治行为。网络上的一些热点话题、社会事件容易引起人们的聚焦、

---

① ［德］哈贝马斯. 公共领域的结构转型［M］. 曹卫东，译. 上海：学林出版社，1999.

② ［古希腊］亚里士多德. 政治学［M］. 颜一，秦典华，译. 北京：中国人民大学出版社，2003：82.

关注，并形成一定的舆论压力，也无形中彰显了公共性。

最后，新媒体提供了一个公共性生成的场域。新媒体技术能将大量的政治现象呈现在社会成员面前，社会成员通过网络媒体获取大量的政治信息，及时了解社会发生的政治事件或社会公共事件，并通过现象描述以及别人的评论再经过自己的思考判断，形成自己的观点取向。在这个信息的传播、过滤、整理、再传播的过程中，社会成员自觉不自觉地拥有了公共意识、公共情感、公共理性、公共精神等公共品质。社会成员一旦获得公共品质，就会积极、主动参与公共事务，从而促进整个社会公共性的生成。

新媒体在培育壮大公共性的同时，也消解着公共性。这主要体现在以下几方面。一是价值观的多元化和网络信息的良莠不齐，侵蚀着人们的公共理性。我国正处于社会深度转型期，社会阶层的分化、利益分配的结构改变带来了价值取向的多元化，尤其是市场经济的发展，使得更多的人更趋向于现实主义和功利主义。这在新媒体上，主要表现出人们更关注对自己有利的信息和事情，而非公共事务；更关注物质世界的丰富，而非精神世界的充盈。加之网络信息海量、良莠不齐，社会主义主流意识形态被弱化，社会主流价值观受到冲击，人们对网上信息很难做出理性判断，难辨是非真伪，这容易造成人们思想迷失、思维混乱，进而失去公共理性。二是加速个人原子化，容易使人丧失公共关怀。市场经济使得个人意识觉醒的同时也使得个人具有原子化趋向，而新媒体的隐匿性、虚拟性则进一步加剧个人原子化程度。人们越来越关注自我，无心于公共交往，远离公共生活，使得现实中的人与人之间的关系越来越冷漠，人们不关心公共事务，却乐于把个人隐私公开化。除此之外，随着自媒体的流行，其偶发性、碎片化的信息割裂了人们整体思考的思维，断章取义的信息让人难以从更高的立意来思考问题，这些碎片化信息肢解、撕碎了公共性，直接导致部分人丧失公共关怀。三是受到政治权力、经济资本以及文化娱乐的宰制，公共传媒蜕变为大众传媒。公共传媒理应是一个"属于社会公众并形成公共舆论的平台"，却在政治的威逼和经济的利诱下，丧失其应然状态，异化为为政治撑腰和经济说话的工具。"在大众传媒时代，金钱和权力侵入媒体，原来作为公共领域机制的公共传媒消解了自身的公共性原则：大众传媒与国家势力的合作使它背离了非政府原则，从而使公共领域丧失了对权力的批判精神；大众传媒与商业的合谋则使它又背离了非商业化原则，从而使公共领域受制于市场逻辑。"①在文化传播上，媚俗替代高雅，吹捧炒作替代责任伦理，过度娱乐导致"政治冷漠症"。

（二）新媒体场域中大学生思想政治教育公共性的缺失

新媒体与大学生思想政治教育的结合是历史的自觉与逻辑的必然。如何运用新媒体技术来提高大学生思想政治教育的实效性已进入理论家和教育界的视野。但是，关于新媒体对大学生思想政治教育公共性的影响，鲜有人关注，研究和实践的空白导致了大学生思想政治教育公共性的缺失，进而导致了大学生思想政治教育在新媒体场域中的无力和失效。

一是公共性思维被限定。由于历史原因以及学科定位的依附性，公共性并未显现地进入大学生思想政治教育的视野，缺乏公共性思维必然导致大学生思想政治教育沦为工具理性而缺失公共关怀。思维的固化，是适应与创新最大的阻碍，公共性思维的限定，必然带来大学生思想政治教育在公共性方面的阙如。其原因如下。首先，传统公共性思维动力不足。尽管中华民族古代文明璀璨，但我们的文化一直建立在"家国同构"的基础上，人们只有家族观念而缺少公共意识、国家思想、公共责任等，自然也就不关心公共利益。淡漠公共事务的文化抑制盘踞着国民的思维，延续至今。其次，对大学生思想政治教育内容的矫枉过正。改革开放前的计划经济时代，我国大学生思想政治教育具有浓重的阶级性、政治性等意识形态色彩：注重集体利益，轻视个人利益，集体利益具有绝对的优先性；注重对个人的要求，轻视社会对个人的责任，个人对社会具有无限义务。随着改革开放的进程，"回归生活世界"的要求让大学生思想政治教育突出大学生的主体性，在方式方法上注重平等沟通，在内容上注重个性化的发展，在价值追求上是个人的全面发展。这些说明了大学生思想政治教育取得了巨大的进展，但是个体与社会的调和——公共性，始终没有进入大学生思想政治教育的发展范式中。最后，对新媒体所产生的软影响认识不足。可以说，新媒体技术已经植入大学生思想政治教育中，并大大提高了思想政治教育的时效性；相对于硬件上的运用，新媒体所产生的公共性思维、公共性图式等软影响并未进入大学生思想政治教育的视域中。

二是公共理性被异化。在新媒体场域，部分大学生表现出道德冷漠、政

---

① 杨仁忠．公共领域论［M］．北京：人民出版社，2009：267.

治狂热、盲目跟从、偏执暴力、价值虚无等非理性状态。大学生公共理性的异化，主要原因如下。首先，一直以来我国大学生思想政治教育就忽视理性精神的培育，更勿谈公共理性的培养。大学生思想政治教育在主观上或客观上，有意无意地忽视个体的主体性选择，更多地通过理论灌输和道德说教等被动性的方式使得大学生发展符合预设框架，这种缺乏主体性自觉的教育灌输往往难以培养出能独立思考、具有理性思维的大学生。如果说在传统媒体上难以显现这个问题，那么，基于开放性、自由性、交互性、虚拟性、隐匿性等特征的新媒体把大学生思想政治教育的这个缺陷暴露无遗。其次，面对纷繁复杂的新媒体环境，正处于世界观、人生观、价值观形成时期的大学生难以理性地甄别辨析。新媒体信息容量巨大且良莠不齐，面对一些公共问题或公共议程的走向判断，大学生往往因思维能力、辨别能力等不足而容易被错误信息所误导，并最终造成价值迷失和行为失范。最后，网络信息削弱了大学生的独立思考能力。新媒体环境下，几乎无所不包、无所不有的海量信息让学生感觉到了网络的万能，"有事找度娘"成了大学生的一句口号和行动指南。"海量信息也为'拿来主义'的滋生创造了条件，海量信息逐渐改变着学生的知识结构，改变着学生观察的方法和思考过程，逐渐削弱学生的理性分析和判断能力，挤压了学生独立思考的时间和空间。"①

三是公共性精神被遮蔽。市场经济所带来的消费主义、享乐主义、功利主义和个人主义等价值观延伸至新媒体领域，表现为大学生关注低俗文化，追捧炫富晒权网络行为，通过个人隐私公开化来博人眼球，关注、八卦他人的个人琐碎，公共事务淡漠，公共道德漠视，政治民主参与意识淡薄。在新媒体场域里，大学生公共意识的缺失、公共责任的退避、公共价值的阙如等，都是大学生公共精神被遮蔽的表现。其主要原因如下。首先，教育者作为"把关人"的作用逐渐弱化。在新媒体场域里，高校教育者难以做到如在传统媒介中一样能够对信息发布和浏览加以把控，传统的大学生思想政治教育内容和方式在新媒体场域里难以奏效，教育者在引导和规范学生价值观和行为上难度日益加大，更勿谈关于公共事件的阐释和公共讨论的引导了。其次，新媒体本身对公共性的消解，也直接导致了大学生公共精神的遮蔽。新

---

① 桂卫林. 新媒体环境下的大学生思想政治教育研究［D］. 北京：中央民族大学，2011：26.

媒体的虚拟性和隐匿性造就了其行为言论的难以监控，出于猎奇、宣泄、盲从等心理，部分大学生任意妄为，出现一些不负责或有违道德的言行，更有甚者，违法违纪，危害他人和社会，损害公共利益。网络运用已经成为大学生的主要生活方式了，人机真实地相处，人与人却通过数字化在虚拟交往；与现实生活的脱节，容易造成个人"原子化"程度进一步加深，大学生越来越关注自我，远离公共生活和公共交往。人与人之间的冷漠导致了大学生情感的迷失，甚至影响人格的健全发展。

（三）公共性：新媒体环境下大学生思想政治教育的重要支点

提高新媒体的正面影响力，消除其负面影响，不仅需要政府提供相关的法律和道德机制并积极宣扬社会主流意识形态，还需要进一步提高媒体技术水平来过滤一些有害信息以及提高媒体从业人员的政治素养和业务素质，更需要每一个公民具有公共性的自觉。青年群体，尤其是大学生群体是新媒体的主要用户，大学生思想政治教育如何在理念、内容、方法、手段等方面创新，才能与新媒体环境有机地契合呢？显然，公共性是新媒体时代大学生思想政治教育的重要支点。大学生思想政治教育要以公共性为锚点，以培养具有公共意识、公共理性、公共责任、公共精神等公共性品质的大学生为主要任务，才能在新的生态环境下培养出合格的"社会主义接班人"。

新媒体时代大学生思想政治教育应具有更高的公共立意。新媒体使网络公共空间、公共交往、公共生活超越了时空的限制，成为大学生学习生活中重要的组成部分。大学生如何理性面对公共事件和公共问题，如何判断公共舆论的真伪和走向，如何维护公共利益和承担公共责任？这都是大学生思想政治教育在新媒体时代亟待解决的问题。以培养公共性"接班人"为目标，大学生思想政治教育无论是线上还线下都能启蒙大学生的公共思维的发展，引导大学生公共理性的生成，培育大学生公共精神的自觉。只有获得稳定持久的公共品质，大学生即使是在虚拟的、隐匿的新媒体环境里，也能根据自身习得的公共素养和公共能力进行分析、判断，进而促成良好公共舆论的形成和公共利益的实现。

大学生思想政治教育工作者成为新媒体公共性的阐释者和践行者，也是新媒体时代大学生思想政治教育公共性构建的应有之义。面对新媒体的海量信息以及价值指向的多元化，教育者要有坚定的马克思主义立场，要有公共性认同和公共性关怀的品质。一是教育者应具有公共性的引导力，无论在课堂内外、网络线上线下，教育者都应是思想的领袖，面对网络纷繁复杂的信息，要努力提高大学生的鉴别力和分析力，引领大学生识别公共舆论的良莠真伪。二是教育者应具有公共事件的阐释力。"在新媒体大力发展的当代，思想政治理论课教师应该学习如何在公共场域进行表达。"①在新媒体场域里，教育者应积极介入公共讨论，把握时代思潮、关注公共事件，充分利用新媒体的特色和优势宣扬公共性精神，对实时发生的公共事件进行有效的阐释，并让学生参与情景式互动讨论，增强学生理论学习的自觉性。

新媒体对大学生思想政治教育的最大改变就是多主体的出现消解了教育者的单主体地位和话语权威。因此，新媒体环境下，大学生思想政治教育要以互联网的思维关注大学生在开放网络中自由地表达自我、探索社会、追求真理的一种内在需求，改变过去单向灌输的教育思维，充分尊重大学生的主体地位，遵循新媒体的双向性、互动性、参与式的民主、平等沟通和交流的模式，通过对公共话题的思考和对话，激起大学生对公共事件的自觉关注和公共责任感。同时要帮助大学生拨开新媒体中纷繁杂乱的信息迷雾，理性地去分析和判断，提升自己的媒介判断能力，如将一些新媒体所出现的热点和难点问题作为讲座、沙龙、辩论的话题，增强学生的政治敏锐性和辨识能力，培养其公共理性。

四、社会转型的价值冲突对当代大学生思想政治教育公共性构建的冲击

（一）价值视角下的社会转型

就目前中国社会整体而言，当代中国正处于从传统社会向现代社会的转变过程中。中国社会的转型，是历史发展的必然结果，也是中国社会发展的必然要求；中国社会的转型，是在现代化和全球化的推动下，中国自觉选择和主动架构的社会发展道路；中国社会的转型，是一个从物质制度层面到精神价值层面、从经济形态到政治文化形态等全方位的深度转型。但正如马克思所说："创造这一切，拥有这一切，并为这一切而斗争的，不是'历史'，

---

① 金林南．思想政治教育学科范式的哲学沉思［M］．南京：江苏人民出版社，2013：308.

而正是人，是现实的、活生生的人。"①因此，无论是经济的转型，还是政治、文化的转型，推动其转型的主体都是人，而人正是通过自身的实践活动推动社会转型，从而推动人本身的转型。如果说，社会转型的基础是经济的转型，那么社会转型的核心就是人的转型，关键是人的思想、价值观念的转型。

对社会转型的考察，不仅需要整体性的视野，还需要多视角进行考察。社会的整体转型，使得经济得到了较快的发展，政治体制得以进一步深化改革，社会也由封闭、单一逐步走向开放、多元。这些也催生了一系列与传统社会所倡导的不同的社会理念，比如独立与自主、民主与法治、开放与自由、效率与理性等。社会理念意味着人的价值选择。马克思认为，"随着每一次社会制度的巨大历史变革，人们的观点和观念也会发生变革"②。事实上，"在社会转型期除了利益结构、社会权力、权威地位等发生变化之外，社会价值观念的变化更加引人瞩目。若在社会转型期驻足观察一会儿，便可发现价值的变迁令人吃惊，以往认为合理的事情变得不近情理了，以往拼命追求的事物毫无价值了，过去的标准受到了怀疑，传统的准则受到了挑战——这些均是社会转型期价值观念变化的结果"③。因此，从价值变化的角度来考察社会的转型、考察人的转型，是一个重要且较佳的视角。

（二）社会转型时期的价值冲突

伴随社会转型所生发的价值理念具有双面性。一方面，社会转型所带来的人的主体性、包容性、民主性等价值理念成了社会转型中的价值主旋律。但另一方面，社会转型也带来了负面的价值，如金钱至上、效率之上等。可以说，正面价值和负面价值的并存冲突反映了社会转型过程中无法扬弃的阵痛。例如，人们追求主体独立性，却被金钱主义所宰制；人们追求平等自由，却被个人主义所异化；人们追求理性效率，却被丛林法则所降迫；人们追求民主法治，却产生文化认同危机。中西文化观念的冲突、传统与现代观念的反差等社会转型中的价值矛盾和冲突，形成了强劲有力的冲击面，扰乱

---

① 马克思，恩格斯．马克思恩格斯全集：第 2 卷［M］．北京：人民出版社，1957：118.

② 马克思，恩格斯．马克思恩格斯全集：第 7 卷［M］．北京：人民出版社，1959：240.

③ 兰久富．社会转型时期的价值冲突［M］．北京：北京师范大学出版社，1999：37.

了人们固有的思想和价值观。

其实，立足于更高的视域，我们可以发现，无论是利益结构的失衡、贫富阶层的固化还是强弱势群体的分化，都是社会转型所带来的不可避免的负面影响，同时也是人们社会共识的稀薄，其背后是个人利益与公共利益的失调所造成的。因此，转型时期的价值冲突，可以说是个人本位与社会本位的矛盾与冲突。

个人本位与社会本位的矛盾与冲突，其实质是转型时期公共性的缺失。在社会转型时期，西方充分利用各种腐朽价值观的传播、政治意识形态的宣扬等对我国政治、经济、文化等各个领域进行渗透。这些与我国传统的糟粕文化，如"人情主义、实用理性、小集团意识"等的价值观念不谋而合，两者的结合产生了消费主义、享乐主义以及功利主义等个人主义价值观。个人主义价值观在社会转型时期的盛行，一方面是对我国自古倡导的"崇公抑私"的绝地反弹，另一方面是过度解读了西方关于"主体""权利""人性"等的内涵，盲目崇拜西方的"民主""自由"等所谓的普世价值观所造成的。个人主义的膨胀与泛滥，是公共性的萎缩与缺失的主要表现。从反向看，公共性价值观的缺失，进一步激化了社会内部的各种矛盾，食品安全问题、房价物价等问题，又进一步加剧了人们内心的不安。这种工具理性的主观视域进一步固化着个人主义，消解着社会公共性。也就是说，社会转型提供了一个彼此联系、相互融合的公共性客观基础，但由于主体缺乏公共理性和公共精神，公共性的主观基础并没有形成。

（三）社会转型时期的大学生思想政治教育公共性构建

马克思指出："整个人类历史无非是人类本性的不断改变而已。"①社会的转型意味着人的转型，人的转型又必然要求教育的转型。大学生思想政治教育在社会转型发展过程中，积极调整了教育思路和教育内容，在解决大学生的思想认识、价值取向、思维方式等方面发挥了巨大的作用。可以说，大学生思想政治教育在促进人的自主意识、独立意识等方面起到重要作用，尤其是在社会转型中矫正了教育目标，从围绕以阶级斗争为纲到以经济建设为中心来开展教育工作，从单纯的工具理性转变为工具理性与价值理性的结

---

① 马克思，恩格斯. 马克思恩格斯选集：第 1 卷［M］. 北京：人民出版社，1972：138.

合，在考虑社会发展的同时，开始更多地关注人的需求和发展。

但大学生思想政治教育在社会转型时期依然面临着困境。在唯经济论、效率论、利益论的大潮下，人们更关注物质追求，精神价值不被重视，思想政治教育被弱化、边缘化，甚至出现了大学生思想政治教育"无用论"。当然，人们衡量大学生思想政治教育的"无用"，并不仅仅以它是否能产生直接的经济效益为标准；更为关键的是，面对社会转型中认知的危机、思想的矛盾、价值的冲突，大学生思想政治教育并没有转型到位。虽然大学生思想政治教育从单纯强调社会价值转型变为强调个体价值，关注了个人的发展，却忽视了社会与个人、个人与个人之间关系的调整与发展。也就是说，大学生思想政治教育在社会转型时期关于公共性的教育是不足的，甚至是缺失。

"问题蕴含着方法，困境孕育着出路。"①大学生思想政治教育应积极主动进行公共性构建，承担起缓解、消除大学生思想价值观念上的矛盾与冲突的责任。首先，大学生思想政治教育要围绕社会转型中"分化"的问题进行有机的整合。在社会转型中，无论是在社会领域、社会阶层上，还是社会主体、社会结构上，都打破了原有格局而走向分化。大学生思想政治教育需要对大学生进行主流价值观的宣扬和教育，用主流价值观把分化中的"多"变为"以一统领多"。其次，大学生思想政治教育要围绕着社会转型中"冲突"的问题进行有效的引导。"冲突"是社会转型时期不可避免的"阵痛"，是双方或者多维主体在利益、价值观、阶层等方面的矛盾体现。大学生思想政治教育要对社会转型所出现的现象进行总体性的准确把握，对大学生普遍存在的价值矛盾、心理冲突等给予疏导，通过改变大学生的心理、价值观取向来改变其对社会转型的认知。最后，大学生思想政治教育要以马克思公共性思想为内容引导大学生的公共价值观建构。大学生思想政治教育要积极引导大学生走进社会生活中，对由社会转型所引起的公共事件或公共问题进行有效的阐释，引发学生对个体与社会关系的思考，进而引发对公共性的思考，并主动树立公共价值观。简而言之，大学生思想政治教育的公共性构建不是简单地从社会转向到个人或者从个人回归到社会，而是回归到社会与个人的关系中，从主体间性、公共性的视角出发，促进大学生从"主体"到"类主

---

① 李宏亮. 论"公共人"的培育［D］. 南京：南京师范大学，2011：107.

体"的养成，从而实现"'小我'与'大我'的有机融合"①。

第三节　把握当代大学生思想政治教育
公共性构建的历史方位

马克思指出："每个原理都有其出现的世纪。"②任何的理论和实践都产生于特定的历史环境，都有其时代背景和历史基础。因此，人和教育的发展都应该放置到历史进程中做动态的考察，"只有把人放入宏观的社会历史进程中来理解，才可以把握住主体活动的走向，教育理论经历了从主体性到公共性的发展，不是理论逻辑自身的单纯概念性演进，而是对历史发展趋势的自觉反映"③。从这个意义上来说，把握当代大学生思想政治教育公共性构建的历史方位，对于大学生思想政治教育如何理解历史、如何切入时代、如何超越现实具有基础性的意义。

一、社会主义初级阶段是当代大学生思想政治教育公共性构建的历史方位

（一）马克思公共性的三阶段理论是确立历史方位的依据

对于历史方位的清醒认识和准确把握，是我们认识社会发展总趋势、把握时代发展脉搏、思考历史责任和时代使命的关键。似乎已经不用罗列数据来证明这样一个"事实"：我国仍然处于并且将长期处于社会主义初级阶段——这是当代大学生思想政治教育公共性构建的历史方位。但从马克思公共性视域看，我们依然要深入挖掘社会主义初级阶段的公共性状态，因为这不仅仅关系到社会主义的定位问题，关系着社会主义共同体的发展状态问题，也关系着社会主义的发展方向。那么如何科学地进行判断和把握当代大学生思想政治教育公共性构建的历史方位？毋庸置疑，马克思公共性发展的三阶段理论是我们确

---

① 冯建军. 教育转型·人的转型·公民教育 [J]. 高等教育研究，2012（4）.

② 马克思，恩格斯. 马克思恩格斯选集：第 1 卷 [M]. 北京：人民出版社，1995：146.

③ 孙迎光. 从主体性到公共性：教育理论的发展历程 [J]. 教育理论与实践，2011（13）.

立历史方位、全面分析社会主义初级阶段发展状态的根本依据。

马克思在《1857—1858 年经济学手稿》中对社会形态演变进行了详细的论述:"人的依赖关系(起初完全是自然发生的),是最初的社会形态,在这种形态下,人的生产能力只是在狭窄的范围内和孤立的地点上发展着。以物的依赖性为基础的人的独立性,是第二大社会形态,在这种形态下,才形成普遍的社会物质交换、全面的关系、多方面的需求以及全面的能力体系。建立在个人全面发展和他们共同的社会生产能力成为他们的社会财富这一基础上的自由个性,是第三阶段。"①许多学者对此进行了不同视角的阐释,有的从生产力发展水平进行解读,有的从经济形态方面进行剖析,有的从人学角度进行阐述,近年来,有学者从公共性的视角进行了全新的阐析。综观这四种视角,公共性的视角是一种比较全面、综合的视角,它既包含了前面三种视角所要论述的内容,也延展和突出了人和社会共同置于人类"共同体"中所表达的一种人类最基本的状态,从而赋予了马克思理论对当代的感召和关怀。

当然,这并不是说公共性是一个无所不包的视角,而是从公共性的视角出发,我们能更确切地"着眼于个人同社会处于何种关系,人类生产能力的发展水平以及在此基础上个人获得独立和自由的程度,人类对社会整个生产过程、生活过程的控制和自由程度"②,从而明确整个社会共同体在历史进程中的状态,进而采取准确有力的措施促进人和社会的发展。"在实践意义上,公共性同时又是一个对人的整体性存在何以可能进行历史的和哲学的反思的规范范畴。"③以公共性的视角阐释社会形态演进理路和嬗变过程,以历史的一种公共性反思另一种公共性,我们才能对当代公共生活进行自觉塑造和自我完善。因此,如果说马克思的社会形态三阶段是人类一幅壮丽的历史图景,那么公共性是这幅历史图景的主题。

(二)社会主义初级阶段是非典型的马克思社会形态模式

根据马克思社会形态发展三阶段理论,人类社会历史发展的历时态顺序

---

① 马克思,恩格斯.马克思恩格斯全集:第 46 卷(上)[M].北京:人民出版社,1979:104.

② 马克思,恩格斯.马克思恩格斯全集:第 46 卷(上)[M].北京:人民出版社,1979:110.

③ 胡群英,郭湛.哲学视野下公共性的历史生成与转换[J].理论导刊,2010(8).

应该是自然经济社会（对应第一社会形态）、商品经济社会（对应第二社会形态）、产品经济社会（对应第三社会形态）。那么，如何依据马克思社会发展阶段理论框架来解释"我国仍处于社会主义初级阶段"这样的历史方位呢？马克思晚年在《给维·伊·查苏利奇的复信草稿》中论述了飞跃"卡夫丁峡谷"思想，即俄国和东方的一些国家，"它可以不通过资本主义制度的卡夫丁峡谷，而吸取资本主义制度所取得的一切肯定成果。……如果它在现在的形式下事先被引导到正常状态，那它就能直接变成现代社会所趋向的那种经济体系的出发点，不必自杀就能获得新的生命"①。中国所处的"社会主义初级阶段"，就是飞越了"卡夫丁峡谷"，没有经历资本主义社会，直接从封建社会过渡到社会主义社会。但这并不违背马克思的社会形态发展三阶段理论。因为目前的中国，虽然不是资本主义制度，但从总体上看，中国社会主义初级阶段与资本主义社会一样，都属于商品经济，都体现了"人的独立性"与"物的依赖性"并存。

当然，我们也不能简单地判定我国社会主义初级阶段就与马克思所描述的第二社会形态完全吻合，因为我国从第一社会形态向第二社会形态转变过程中，历史已如马克思所说，"历史正向世界历史转变"。我国从第一社会形态向第二社会形态过渡并非是自然、自发地实现的。我国从农业的自然经济向工业的商品经济发展，既是被动地在反帝反封建过程中逐渐发展起来的，又是在社会现代化和经济全球化的影响下主动地发展起来的。同时，由于社会主义所彰显的制度优越性和价值先进性，加之受后现代文明价值观的影响，其又具有了第三社会形态的一些元素，即追求人的普遍具体的联系和人的全面发展。

可见，我国社会主义初级阶段是非典型的马克思社会形态模式，它以第二社会形态特征为主，同时又有着第一社会形态和第三社会形态的一些特征。三种社会形态的特征以"共时态"的方式在我国社会主义初级阶段同时存在。

（三）社会主义初级阶段的公共性特征：人的依赖、物的依赖和人自由发展并存

人类社会在不同的历史发展阶段会有不同的特征和表现，公共性的流变

---

① 马克思，恩格斯. 马克思恩格斯全集：第 19 卷［M］. 北京：人民出版社，1979：451.

则能集中体现一个社会不同阶段的主要特点。马克思认为，随着历史的发展，人类的公共生活是不断扩展的，人类的公共性水平也是在不断提升的。对于社会主义初级阶段而言，生产力有了极大的发展，人们的生活水平有了很大的提高，公共性也得到了前所未有的发展。但正如我国社会主义处于"初级阶段"一样，公共性的发展也处于马克思真实公共性中的"初级阶段"，它主要呈现的是第二形态的以物的依赖为基础的公共性特征，但还残留着第一社会形态所具有的以人的依赖为基础的公共性特征，也崭露了第三社会形态所具有的以能力依赖为根本的公共性特征。

　　马克思在《资本论》中指出，在阶级社会里，人"只是经济范畴的人格化，是一定的阶级关系和利益的承担者……不管个人在主观上怎样超脱各种关系，他在社会意义上总是这些关系的产物"①。我国社会主义初级阶段经济仍然主要是商品经济，人们在公共领域和公共空间中必然要通过商品的流通和交换而获得交往联系。这种交往具有普遍性，但也具有抽象性，即人不仅仅是依靠"物"为中介而联系着，而且人要通过"物"的利益获得来维系自身的生存和发展。一方面，"物"的发展让人自身的发展和人与人之间的关系的发展得到了提升，人们能相对独立、平等地进行经济活动，能相对民主、理性地参与政治活动，能相对自由、自主地参与文化活动。但另一方面，社会主义初级阶段的各项制度还不完善，生产力远未达到发达、物质远未达到丰厚程度。这正如马克思所说："市民社会的利己主义的个人在他那非感性的观念和无生命的抽象中可以把自己夸耀为原子，即同任何东西毫无关系的、自满自足的、没有需要的、绝对充实的、极乐世界的存在物。"②尽管中国社会主义初级阶段的公共性取得了长足发展，但其个体的原子化、"人对物的依赖"依然是社会主义初级阶段公共性发展不充分的重要表现。

　　从客观上分析，中国飞越了"卡夫丁峡谷"，直接由封建社会向社会主义社会过渡，其间并没有经历类似于西方的启蒙运动，农业经济所残留的公共性形态难以短时间内消除，在以差序格局为基础的中国传统小农经济社会，人与人之间的关系依靠世俗人情维系着，注重"差序伦理道德"，私德

① 马克思，恩格斯. 马克思恩格斯全集：第 3 卷［M］. 北京：人民出版社，1972：541.

② 马克思，恩格斯. 马克思恩格斯文集：第 1 卷［M］. 北京：人民出版社，2009：321.

资源丰厚而公德内容薄弱，小农经济所产生的"对人的依赖"观念依然影响着人们的价值取向。三纲五常等传统道德文化仍影响着当代人们的思想，家族观念、家长制、官本位等价值观念仍在当今一些社会公共领域中苟延残喘，在一定程度上抹杀了个体主体意识，挤压着现代社会公共思维、公共品质和公共精神的生长空间。

尽管我国社会主义初级阶段仍然处于第二社会形态发展阶段，并在发展上受到第一社会形态的一些负面价值观念的影响，但并不能阻断其"在逐步形成以普遍的物质交换与精神交往的历史阶段"①。这是生产力发展的结果，也是社会主义的本质要求。针对当前存在的诸如公共产品和公共服务的提供、公共服务型政府的建立、公共参与机制的完善、公共精神的培育、人与自然的和谐统一等社会公共问题，党的十八大提出了全面建设、落实政治文明、物质文明、精神文明、社会文明、生态文明五位一体的总布局。中国在努力构建、创新新型的社会关系，以实现中华民族伟大复兴的中国梦为历史新起点，"以人民为中心"的主体地位，以"富强、民主、文明、和谐，自由、平等、公正、法治，爱国、敬业、诚信、友善"兼具国家价值目标、社会价值取向、公民价值准则三位一体的社会主义价值观为核心理念，不断创造各种条件，在兼顾个体发展和社会发展的过程中朝着"自由人联合体"的目标迈进。

因此，我们可以清晰地看到，社会主义初级阶段的公共性形态发展状态是：人的依赖渐退、物的依赖凸显、人的自由全面发展初见端倪。

（四）当代大学生思想政治教育公共性构建要立足于社会主义初级阶段

用马克思公共性三阶段理论来观看我国社会主义初级阶段，它既有传统的封建意识形态利用惯性思维盘踞着现代人的思想，又有西方资本主义的意识形态利用全球化网络渗透到我们的文化中，更有社会主义制度文化的蓬勃发展。三种意识形态文化相互碰撞、暗生角力、冲突四起。可以说，从意识形态的公共性状态看，社会主义初级阶段正处于"一个充满着传统与现代、东方与西方、社会主义和非社会主义、历史现代与未来等多维度矛盾冲突的

---

① 邹鸣. 转型期中国价值冲突问题研究：以媒介公共性为视角［D］. 天津：天津财经大学，2011：16.

过程"①。三种社会形态公共性的冲突、矛盾、胶着将长期存在于社会主义初级阶段，这是我国社会主义初级阶段历史发展的日常场景，也是当代大学生思想政治教育公共性构建所处的历史方位的基本景象特征。

对此，大学生思想政治教育应当认真审视当前的历史方位，通过精准把捉社会主义初级阶段的历史方位，有效、精准、高质量地进行公共性构建。当前的"党—国—社会—个人"一体化的社会结构已经瓦解，传统文明、现代文明、后现代文明复杂交错，集体主义和个人主义、宗族观念和公共精神、工具理性和人文价值等之间的建构和解构、凸显和消隐，此消彼长，其正面和负面效应从不同的角度对当代大学生造成思想冲击和价值冲突，当代大学生常常处于"选择困难症"，这引发了当代大学生价值观的困惑、迷茫与失落。对此，大学生思想政治教育必须明确，历史既不可能退回到传统的农业文明，也不可能超越现代的工业文明而直接建立起马克思所说的人总体生成的"自由人联合体"。为此，大学生思想政治教育公共性一定要立足于"社会主义初级阶段"这样的语境，一方面消解传统的公共性形态，防止个体被社会所淹没，防止"以人为依赖的公共性"的"复辟"；另一方面，努力避免极端个人主义的横行肆虐，对西方资本主义社会所倡导的公共性要进行科学理性的批判与扬弃，提升社会的整合度。

最为根本的是，当代大学生思想政治教育公共性的构建，要坚持马克思主义的指导思想，要与社会主义本质要求相吻合。立足于"社会主义初级阶段"的历史方位，当代大学生思想政治教育要通过公共性的构建，培养具有公共意识和公共品质的社会主义事业的合格建设者和可靠接班人——培养社会主义的"公共人"。

二、社会主义市场经济下的大学生思想政治教育公共性

马克思对社会三形态更替的描述是基于生产力不断发展而展开的历史发展进程。马克思站在唯物主义历史观的制高点，既批判了西方资本主义市场经济对人所造成的异化，又肯定了市场经济对人类共同体的发展、人的全面自由发展的基础性作用和无法超越的价值。马克思的三大社会形态理论，为

---

①　陈章龙. 社会转型时期的价值冲突与主导价值观的确立［D］. 南京：南京师范大学，2005：17.

我们揭开了市场经济的重重帷幕，把商品经济社会形态的本质解蔽开来，从而把符合人自由全面发展的共产主义图式和景象生动地展现出来。马克思的辩证唯物主义告诉我们，经济发展是社会形态发展的决定性力量；经济基础决定上层建筑，上层建筑对经济基础具有反作用。讨论大学生思想政治教育，讨论大学生思想政治教育公共性的构建，无论如何都不能脱离我国"社会主义市场经济"这样的经济环境大背景。

（一）社会主义初级阶段的市场经济

根据马克思社会形态三阶段理论的划分，我国所处的社会主义初级阶段是马克思所指的"以物的依赖性为基础"的第二大社会形态——商品经济社会。商品经济社会必然要实行市场经济体制，才能推动生产力的发展，实现交换价值。实践证明，市场经济不是一个社会是姓"资"还是姓"社"的评判标准，市场经济促进了资本主义的快速发展，市场经济也推动了社会主义的高速发展。马克思指出："社会经济形态的发展是一种自然历史过程，是不管个人在主观上怎样超脱各种关系，他在社会意义上总是这些关系的产物。"①中国社会主义初级阶段还不具有强大的生产力基础和物质财富，还难以超越第二社会形态直接过渡到马克思所预设的消除异化的人自由全面发展的共产主义阶段。因此，中国可以超越资本主义制度实行社会主义制度，但在生产力发展阶段，中国社会主义建设必须实行以商品生产和交换为根本的市场经济，"这是不可逾越的历史阶段"②。

社会主义初级阶段的市场经济，它同样有着马克思所指的"第二社会形态"的特征，有着对人发展有利的一面，也有难以克服的缺陷。在马克思看来，尽管"第二社会形态"还存在着对人的异化，但"毫无疑问，这种物的联系比单个人之间没有联系要好，或者比只是以自然血缘关系和统治服从关系为基础的地方性联系要好"，"这正是以建立在交换价值基础上的生产为前提的，这种生产力在产生出个人同自己和同别人普遍异化的同时，也产生出

---

① 马克思，恩格斯. 马克思恩格斯选集：第 1 卷［M］. 北京：人民出版社，1975：86.
② 人民出版社. 中国共产党第十五次全国代表大会文件汇编［M］. 北京：人民出版社，1997：15.

个人关系和个人能力的普遍性和全面性"①。可以说，社会主义市场经济的发展，确立了人的主体性和独立性，破除了人传统的依附意识；形成了以物为中介的人的全面的联系，丰富了人的社会关系，突破了血缘性和地缘性的限制；满足了人的多样化需求，促进了人的整体能力的不断提升。

我国社会主义市场经济与资本主义市场经济有着根本的区别。社会主义市场经济是建立在公有制基础上的市场经济，这是对建立在私有制基础上的资本主义市场经济的一种扬弃。社会主义市场经济在遵循社会化大生产的经济发展规律的同时，也根据实际国情和社会主义性质，对经济制度进行创新，不仅"使社会上一切要素从属于自己的"，让市场经济为社会主义社会的发展和人的发展服务，还要"把自己还缺乏的器官"创造出来②，让公有制与市场经济有机融合，这在一定程度上弥补了市场所带来的实质上的不公平以及缓解了商品交换所带来的对人的异化。因此，尽管社会主义市场经济依然对人具有不可克服的异化现象的存在，但社会主义市场经济的运行目的不是像在资本主义社会中为个人利益服务、为代表所谓的"公共利益"的少数人的统治阶级服务那样，"社会主义的经济是以公有制为基础的，生产是为了最大限度地满足人民的物质、文化需要，而不是为了剥削"③。市场经济是社会主义初级阶段发展的一个重要手段，当物质生产到达一定程度后，社会主义市场经济必然被超越，人的异化现象也随之消失殆尽。

（二）社会主义市场经济对大学生思想政治教育公共性构建的影响

事实证明，社会主义必须发展市场经济，但事实也呈现出，市场经济必然会对人造成异化，人的异化现象在社会主义初级阶段同样是不可避免的一个客观现象。但我们不能因此而否定市场经济。在马克思看来，市场经济是不能跳跃的，它是实现共产主义的必经之路，没有市场经济，人类就无法达到共产主义，也就不可能实现人的自由全面发展。因此，我们探讨市场经济，已经不是在探讨市场经济需不需要的问题，而是探求如何更好地发展市场经济以促进人的发展以及在市场经济中该如何尽可能地缓解、减轻市场经

---

① 马克思，恩格斯．马克思恩格斯全集：第 46 卷（上）［M］．北京：人民出版社，1979：108 - 109.

② 马克思，恩格斯．马克思恩格斯全集：第 46 卷（上）［M］．北京：人民出版社，1979：235 - 236.

③ 邓小平．邓小平文选：第 2 卷［M］．北京：人民出版社，1994：167.

济给人带来异化的负面效应的问题。

"社会主义市场经济作为我国经济生活中的主导方式，决定性地引起了人们思想观念、思维方式、价值观、道德观和交往方式等方面的转变。"①市场经济不仅仅是一种经济形态，还承担着特定的价值体系，这种价值体系对于大学生思想政治教育既有正向作用，又有负面影响。第一，市场经济在促进个人意识的觉醒、使个体从人的依附关系中解脱出来而成为独立个体的同时，又容易诱发个人主义和丛林主义，把个体抛入物的依赖关系中，"每个人为另一个人服务，目的是为自己服务，每一个人都把另一个人当作自己的手段互相利用"②。可以说，市场经济的运行在一定程度上成了人际关系和谐构建的不利因素，也进一步影响了大学生在对个人利益与集体利益之间做出抉择时，更倾向于个人利益的满足。第二，市场经济在创造社会活力、培养社会主体效益意识的同时，也产生了功利主义。功利主义的价值观在一定程度上驱逐着道义精神和伦理价值。追求利益是市场经济发展的重要支撑点，追求利益的动力激发了人的主动性、积极性和创造性，促使人不断向前发展。但同时我们也清楚地看到，过度追求物质利益，把金钱和财富作为衡量人的价值尺度，往往会导致功利主义打压、吞没人对伦理精神价值的追求。这些负面效应会直接传导给大学生。第三，市场经济为社会带来活力的同时，也消隐了传统伦理道德，解构着经典权威。市场经济打破传统，主体个性化、需求多样化增强了市场的活力，但同时传统所倡导的"先义后利"等伦理道德在市场经济面前被摒弃，马克思主义、共产主义等经典信仰在市场经济运行中产生了存在危机。如何提高大学生对国家主流意识形态的认同，坚守马克思主义、坚定共产主义信仰，是大学生思想政治教育公共性必须解决的问题。

在社会主义市场经济条件下，大学生思想政治教育不能脱离实际地大谈特谈"社会主义""共产主义"的信仰和追求问题，它首先要关注的是人的基本需要问题——对物质利益的追求和关注，关注市场经济对利益格局的重新分配所带来的需求与满足的矛盾关系问题。因此，在市场经济条件下，利益问题是大学生思想政治教育不可回避的问题。市场经济产生了"经济人"，

---

① 李红梅. 市场经济语境中的高校思想政治教育 [J]. 红河学院学报，2014（4）.
② 武经伟. 经济人·道德人·全面发展的社会人 [M]. 北京：人民出版社，2002：212-213.

并出现了与传统道德文化"道德人"所倡导的不同的"行为失范"现象。对于大学生思想政治教育而言,不能不分青红皂白地一票否决市场经济。大学生思想政治教育首先要肯定个人合理利益的追求,鼓励大学生在市场经济中为获得更好的个人生存和发展条件而不懈努力。但大学生思想政治教育在引导学生在追求物质利益、满足自身生存生活需求的同时,必须明确物质利益不是人的唯一追求。一个健全的人、和谐发展的人不仅仅是"经济人",还应该是"道德人""公共人"。因此,在社会主义市场经济条件下,大学生思想政治教育要"按照某种超越于现实的道德理想去培养人和塑造人,促使人去追求一种理想精神境界与行为方式,以此来实现对现实的超越"①。这种道德理想就是马克思公共性中的"自由人联合体"、共产主义。构建大学生思想政治教育公共性,既要加强道德教育,尤其是要增强公德教育,更要强化社会主义理想、共产主义信念的教育,让大学生把共产主义信仰内化为心中的信仰、自觉的行动,使大学生在市场经济的环境下能自觉抵制物化的入侵,追求更高境界的发展。

可见,构建大学生思想政治教育公共性,培养社会主义的"公共人",并不意味着要摒弃市场经济。恰恰相反,"公共人"的培养要立足于社会主义市场经济条件下,才不会变成理想主义和浪漫主义的口号,才有可能在一步一步的行动中实现。

三、大学生思想政治教育公共性构建在社会主义初级阶段的价值意义

（一）大学生思想政治教育公共性与社会主义本质具有互构性

大学生思想政治教育公共性与社会主义本质具有互构性,是指大学生思想政治教育公共性与社会主义的本质在人的对象性活动中,对个体和共同体的本质存在与发展具有内在的互动关联性,这种互动关联性包括了对象的关联性、过程的关联性以及目标的关联性。这些互动关联性从公共性视角,即由"有关公众的""通过公众的""为了公众的"② 三个层面互构互成的。社会主义的本质是"解放生产力,发展生产力,消灭剥削,消除两极分化,最终达到共同富裕"。从马克思公共性视角来理解社会主义的本质,其体现了

---

① 鲁洁. 道德教育:一种超越 [J]. 中国教育学刊, 1994 (4).

② 刘鑫淼. 试论马克思主义意识形态的公共性品质 [J]. 长白学刊, 2007 (4).

社会主义追求的是一种真实的公共性。社会主义制度之所以优于资本主义制度，是因为社会主义首先致力于解放和发展生产力，通过生产力的发展，消灭"剥削"所带来的"虚幻公共性"，消除"人对物的依赖"所带来的"人的异化"，最终实现真实的公共性——共同富裕。可见，追求公共性是社会主义本质的根本体现。综观我国特色社会主义理论，无论是"共同富裕"还是"三个代表"重要思想，无论是"科学发展观"还是"和谐社会"，都体现了社会主义的价值取向是为全体人民谋福祉的。中国共产党始终代表着人民的根本利益，"立党为公，执政为民"是中国共产党应有的公共性品质，也是社会主义的本质要求。尤其是党的十八大以来，习近平总书记提出的"中国梦归根到底是人民的梦，必须紧紧依靠人民来实现，必须不断为人民造福""让居民望得见山、看得见水、记得住乡愁""小康不小康，关键看老乡""保障和改善民生没有终点站"等话语，真切朴实地体现了社会主义的本质。

马克思公共性兼顾个性的发展和社会共同体的发展，不仅强调对个人自由和权利的维护、对个性发展和平等对话的尊重，还强调对公共利益、公共美德、公共理性、公共精神、价值共识的追求。这是社会主义的追求，也是当代大学生思想政治教育公共性构建的诉求。"教育公共性的彰显，不仅是教育特性的一种时代变化，而且也是当代教育发展的一种新的价值诉求。"①大学生思想政治教育公共性的构建，并不是简单地关涉公共性知识的理解和阐释，而是站在公共立场、公共文化和公共生活中思考社会的总体发展问题和大学生的个体发展问题，是站在社会公共福祉的高度去把握思想政治教育所需要解决的公共性问题。这意味着当代大学生思想政治教育站在了更高的平台以更高的视角对人类和人类社会的公共性给予了关注和参与。当代大学生思想政治教育站在社会主义初级阶段的历史阶梯里，必然受到"初级阶段"的条件制约，但这不是无法越过的障碍，人总能立足于现实并超越现实去追求理想的生活。当代大学生思想政治教育公共性的构建，正是诉求于社会主义的本质，引领当代大学生以"公共性"的姿态进入"社会主义初级阶段"的历史时空中，一次一次地探寻理想的公共性，一点一点地超越现实的公共性。这表明了大学生思想政治教育公共性的构建，并非要跨越性地推动

---

① 张茂聪. 教育公共性的理论分析 [J]. 教育研究, 2010（6）.

社会主义向共产主义的转变，它"对未来前景的展望并非旨在科学地设定将来的生活样式，而旨在阶段性地超越以往的生活样式，即对前景的每一次设定与超越正是不断体认'社会理想'的过程"①。在这阶段性的公共实践过程中，当代大学生要自觉承担起促进社会主义本质充分展现的公共使命。

由此可见，社会主义的本质要求当代大学生思想政治教育要进行公共性的构建，而当代大学生思想政治教育公共性的构建必然要与社会主义的本质发展方向相一致。当代大学生思想政治教育公共性的历史方位决定了其目的性、实践性、超越性都与社会主义本质具有互构性。具体而言，我国社会主义在努力构建一个包括价值追求、路径依赖、主体担当等的公共性闭环——"发展为了人民、发展依靠人民、发展成果由人民共享"②，在社会发展和个体发展中统筹兼顾、齐头并进，个人与社会在互动中互为工具，更互为价值。所以我们可以通过对社会主义本质的把握，进而有方向、有序地推动当代大学生思想政治教育公共性的构建；反过来，通过对大学生思想政治教育公共性的构建，可以从更具体、更深刻的层面来理解社会主义的本质特征，并按照社会主义本质要求全面协调个人与社会的发展，使当代大学生以推动社会主义的充分发展为实践自觉和使命担当，在推动社会主义公共性实现的过程中逐渐成为"自由而全面发展的人"。

（二）社会主义建设召唤大学生思想政治教育公共性的构建

相比于传统社会，我国社会主义社会的各种社会要素和历史因素都发生了深刻的变革和转型。无论如何，社会主义的本质体现了真实的公共性要求，但在社会主义初级阶段，社会主义的本质并不能得以全部实现，真实的公共性并不能完全得以展露出来。推动社会主义建设从第二社会形态向第三形态发展，需要大学生思想政治教育公共性从思想意识和人的培养上为其助力。

社会主义市场经济的健康发展，需要大学生思想政治教育公共性作为保障。市场经济的发展，提升了人们物质生活的同时，也刺激了人们追逐私人利益的欲望。如果这种私欲没有得到有效的控制而恶性膨胀，追逐个人物质利益将成为人们生活的主要目标，那么随之而来的拜金主义、利己主义等思

---

① 臧宇峰. 当代共同体的中性智慧与实践反思 [J]. 党政干部学刊，2010 (11).
② 王同新. 论中国特色社会主义理论体系的公共性品质 [J]. 社科纵横，2010 (7).

潮将会侵袭社会主义市场经济，严重阻碍社会主义市场经济的健康发展。如果对这种私欲没有正确价值观加以引导，人们不能在市场经济的发展过程中对一些基础性、根本性的问题达成价值共识，就会使人在"丛林竞争"中表现出绝对的自我中心主义，其结果是"排除发现自我之外的每一件东西，就会消灭一切要紧事物的候选者"①，直接造成人绝对地"依赖于物"。大学生是未来社会主义市场经济发展的重要主体，若不积极引导大学生公共价值观的发展，社会主义市场经济制度将会被破坏，社会主义市场经济秩序将会被扰乱，社会主义市场经济将难以可持续发展。大学生思想政治教育培养了大学生的公共品质，即培养了未来市场经济主体的公共性，这是社会主义市场经济公共规则有效运行、个人利益的理性追求以及公私利益能得到最佳平衡的前提基础。因此，大学生思想政治教育公共性的构建，能够培养高素质的公共性主体，能够提供良好的公共生活氛围和成熟的公共生活实践，能够使人们"在市场经济社会里构建起互相沟通和理解的意义世界，才可以抵制金钱和权力原则对生活意义的破坏"②，从而对社会主义市场经济的健康发展起到保驾护航的重要作用。

社会主义政治民主的有序开展，需要大学生思想政治教育公共性作为推力。在政治层面上，"人民当家作主"是我国社会主义民主政治的核心。近年来，我国社会主义民主政治建设正有序地进行着。民主政治的开展，表明社会主义已从社会结构"合一"到"分化"的状态转变，多元的社会存在、多元的价值观并存、多元的利益诉求要求多元治理主体的共谋共治。党的十七大报告指出，要"扩大社会主义民主，更好保障人民权益和社会公平正义"，要推动"公民政治参与有序扩大"。如何实现多元主体的治理，如何扩大公民的政治参与？这不仅需要公民具有爱国之心、报国之情，更为重要的是公民必须具有政治意识和公共精神，在互动协作中承担公共责任、追求公共利益。社会主义越发展，民主政治越发展，对公民的公共品质的要求则越迫切。因此，大学生思想政治教育要从专注于对大学生私德的培养转向专注于大学生公共理性、公共参与精神的培养，为推动社会主义民主政治的发展

---

① ［加］查尔斯·泰勒. 现代性之隐忧［M］. 程炼，译. 北京：中央编译出版社，2001：47.

② 刘秀华. 当代大学生马克思主义价值观教育的文化公共性审视［J］. 思想教育研究，2008（6）.

输送源源不断的主体动力。

中国特色社会主义理论体系的实践转化，需要大学生思想政治教育公共性作为前提条件。中国特色社会主义理论体系是我国最为根本的公共性文化价值体系，是社会主义建设的行动指南，包含着巨大的公共性意蕴。但理论不能束之高阁，必须转化为实践行动。构建和谐社会，实现中华民族伟大复兴的中国梦是我们践行中国特色社会主义理论体系的体现。对于大学生而言，就是要坚定"道路自信、理论自信、制度自信"，"自觉坚持做中国特色社会主义道路的'坚定信仰者'、中国特色社会主义理论的'忠实践行者'和中国特色社会主义制度的'坚强捍卫者'"①。大学生们不仅要把中国特色社会主义理论体系内化于心，更要外化于行，积极践行之，让中国特色社会主义理论体系所体现出来的公共性意蕴成为一种社会文化和文明内涵，成为一种实践的态度和价值目标。因此，当代大学生思想政治教育公共性的构建，必须以和谐社会的构建、中国梦的实现为目标导向，并以此承担起"培养什么样的人"和"怎么样培养人"的根本任务。

四、培养"公共人"是社会主义初级阶段的发展要求

"一个城邦，一定要参与政事的公民具有善德，才能成为善邦。在我们这个城邦中，全体公民对政治人人有责（所以应该个个都是善人）。"②在这里，亚里士多德非常清楚地指出，"善德"的公民对一个城邦的建设具有重要的作用。亚里士多德的"善德"并不是单纯地指个人的美德，它更多地指向公民的"公德"，指向对共同体负责的公共的善。处于社会主义之中，必然要进行社会主义意识形态的思想政治教育，这是毋庸置疑的。但是，大学生思想政治教育公共性，不是简单的政治教化和意识灌输，而是一种以培养大学生公共性品质为旨趣的新教育形态。

马克思认为："人的根本就是人本身。"③人在真实共同体中全面自由的发展是马克思的价值追求，是社会主义的最高理想，也是思想政治教育的最

---

① 肖永红. 坚定三个"自信"坚持三个"自觉"［EB/OL］. 中国共产党新闻网，2012－12－07.

② ［古希腊］亚里士多德. 政治学［M］. 吴鹏寿，译. 北京：商务印书馆，1965：384.

③ 马克思，恩格斯. 马克思恩格斯选集：第1卷［M］. 北京：人民出版社，1995：9.

高目标。但同时马克思又指出，人是在社会之中的，不是抽象地剥离在社会之外，"人就是人的世界，就是国家，社会"①。因此，构建当代大学生思想政治教育公共性的根本就是培养大学生为社会主义"公共人"。培养"公共人"，不是要求思想政治教育培养"大公无私""有公无我"的大学生。恰恰相反，"公共人"的第一要义是个人具有主体性的意识，个人的合理利益和需要能得到实现和满足；第二，个人通过对公共价值的确认和公共责任的承担，成为一个具有公共情怀的社会人；第三，个人在建构、优化社会公共性的过程中，与其他个体形成主体间性、与社会形成一种公共性的关系，并在这些关系中进一步实现个人的发展。从这个意义上理解，培养"公共人"不仅是以个人为出发点，也是以个人发展为落脚点，在出发点和落脚点之间是以实现公共性为中介。

马克思在《1844 年经济学哲学手稿》中指出："对社会主义的人来说，整个所谓世界历史不外是人通过人的劳动而诞生的过程，是自然界对人来说的生成过程，所以关于他通过自身而诞生、关于他的形成过程，他有直观的、无可辩驳的证明。"②这是马克思从历史视角来审视人的生存问题，但马克思并没有静止地谈论生存论，他把实践观和历史生存论打通，指出历史是人的实践历史。可见，马克思的实践观表达着人类对未来理想积极追求的历史态度。大学生思想政治教育作为人类在思想领域、在意识形态领域、在公共性文化领域的一种重要实践活动，如何面对"社会主义初级阶段"的生存现状进行实践的目标确定呢？立足于社会主义的初级阶段，当代大学生思想政治教育不能单单关注当前的存在境况，还要从当下出发去钩沉历史、勾连未来，这是马克思公共性的深蕴，也是社会主义初级阶段赋予当代大学生思想政治教育的历史责任。这正如历史的时间视界让人们从"大众围观"到"公众参与"，但这不是简单的名词替换、动词更替，其背后深蕴着对公共性的期待，这必然要求当代大学生思想政治教育以培养"公共人"为历史使命。

马克思指出："作为确定的人，现实的人，你就有规定，就有使命，就有任务，至于你是否意识到这一点，那都是无所谓的。这个任务是由你的需

---

① 马克思，恩格斯. 马克思恩格斯选集：第 1 卷 [M]. 北京：人民出版社，1995：1.
② 马克思. 1844 年经济学哲学手稿 [M]. 北京：人民出版社，2000：92.

要及其现存世界的联系而产生的。"①"公共人"的培养，超越了西方个人主义视野中的主体自我实现，"它是从人的类本质的视角来看待主体的自我实现"②。"公共人"的培养，不仅是一种个体性与公共性之间的张力要求，更是一种社会主义对类本质追求的基本要求，是在社会主义的发展中建构与自我建构的历史过程。处于社会主义初级阶段的"我们"因经济、政治、文化的发展而越趋于类本质的发展，"我们"的关系越来越紧密，"共生共在"已然是当代社会的基本特征。然而，这仅仅是当代社会的一面。处于社会主义初级阶段的"我"，因个人利益而游离于共同体之外，个体与个体之间依然有着戒备的距离，他者依然可能成为"我"的工具而非目的。这是现实存在的"我"。传统思想政治教育曲解了马克思关于社会主义、共产主义的阐释，只关注"公"的利益需求，个体只不过是集体的工具；在传统思想政治教育的"去'我'保'我们'"的价值取向下，"个体"不是"对物的依赖"，而产生严重的"对人的依赖"。这是一种倒退。因此，当代大学生思想政治教育要改变传统思想政治教育的价值取向，既要坚持"我们"集体共在的价值取向，又要支持"我"个体发展的内在需要。这表明"我们"和"我"应互为目的和手段，因此当代大学生思想政治教育既要有工具性价值也要有目的性价值。可见，培养"公共人"，是对个体社会化教育和社会个体化教育的一种有机结合，它消除了个体发展与社会发展之间的紧张关系，实现了个体发展与社会发展的平衡和同步。

综上所述，社会主义初级阶段的建设需要当代大学生思想政治教育的理论辩护和实践支持，而培养"公共人"是当代大学生思想政治教育参与社会主义建设最佳的方式。

---

① 马克思，恩格斯．马克思恩格斯全集：第 3 卷［M］．北京：人民出版社，1960：329.

② 李宏亮．论"公共人"的培育［D］．南京：南京师范大学，2011：45.

第五章

马克思公共性视域下当代大学生思想政治教育的路径构建

"教育与政治一样，是决定共同体的生活方式的方式。"①思想政治教育公共性的构建，表明了思想政治教育既是社会公共性实现的具体方式手段，承担着社会公共价值传播的历史责任，同时又把公共性作为自身的精神理念和价值追求，实现着教育的公共性理想。马克思在《〈科隆日报〉第 179 号的社论》一文中讲到国家"公共教育"，他认为："实际上，国家的真正的'公共教育'就在于国家的合乎理性的公共存在。国家本身教育自己成员的办法是：使他们成为国家的成员；把个人的目的变成普遍的目的，把粗野的本能变成合乎道德的意向，把天然的独立性变成精神的自由；使个人以整体的生活为乐事，整体以个人的信念为乐事。"②将大学生思想政治教育置于马克思公共性视域下予以考量，其目标确立必须围绕马克思的公共性理想进行，其内容构建势必或深或浅打下马克思公共性的烙印，其方式方法应坚持马克思公共性的方法论原则。因此，马克思公共性的"自由人联合体"的价值论、共同体的存在论、公共实践的方法论是当代大学生思想政治教育公共性构建的路径依赖。

也就是说，构建大学生思想政治教育公共性，就是在马克思公共性视域下，构建当代大学生思想政治教育的路径依赖：以马克思"自由人联合体"的价值论确立培养大学生"公共人"的目标，以马克思"共同体"的存在论方式构建大学生思想政治教育的情境，以马克思"公共实践"的方法论创设公共教育实践之路。

---

① 金生鈜. 为什么需要教育哲学：为教育的应然研究做一个哲学辩护 [J]. 教育理论与实践，2004（1）.
② 马克思，恩格斯. 马克思恩格斯全集：第 1 卷 [M]. 北京：人民出版社，1995：217.

第一节　以马克思"自由人联合体"的价值论确立培养大学生"公共人"的目标

马克思主义中国化的不断发展证明了马克思理论的科学性。近年来，学者对马克思公共性的研究掀起了高潮，再次证明了马克思理论的真理性。马克思坚持把共产主义的"自由人联合体"作为人类不断践行的历史发展目标，因此，中国特色社会主义建设和发展一直朝着实现"自由人联合体"的历史使命方向努力。而大学生思想政治教育目标则是为实现这样的历史使命提供学理证明、思想辩护以及行动方案。

从培养人的角度来说，当代大学生思想政治教育应该根据马克思"公共教育"的理念、目标、思路和轨迹，并结合时代背景、社会要求和当代大学生的个性特点，以更高的公共立意、从现实关怀的角度出发培育和塑造大学生成为"公共人"。

一、以培养"公共人"为当代大学生思想政治教育的目标

马克思公共性视域下的大学生思想政治教育研究除了要澄明思想政治教育公共性的方向和思路外，还隐含着一个重要的理想目标追求——"公共人"的培养。如何培养"公共人"？我们需要立足于马克思公共性的"理想目标"，按照"辩证理路"和"历史思维"的逻辑方式，确立当代大学生思想政治教育"公共人"的培养路径。

马克思公共性的社会形态发展阶段论表明人由片面发展向全面发展是历史的生成，人在历史的发展过程中既要摒弃个体内部的畸形发展防止成为单向度的人，又要抵制人与人之间的不平等发展防止达尔文主义的滋生。尽管马克思关于人的全面发展论是在批判资本主义社会对人的异化以及批判"物的依赖性"的虚幻公共性的基础上提出来的，但其对于当代中国社会主义的发展以及在全球化过程中的人的发展依然具有观照意义。"人的全面发展既是一个永恒的历史追求，也是一个永恒的历史过程。"①马克思认为人的全面

---

① 廖加林. 现代公民社会的道德基础［M］. 长沙：湖南大学出版社，2006：195.

发展不是一朝一夕可以完成的，而是要经历较长的人类历史发展过程；同时历史发展的每一阶段都承载着"人全面发展"的阶段性目标。就目前社会发展和人的存在状况来看，人是不可能实现全面发展的，但不能因此而放弃追求，也不能急于求成地"揠苗助长"，而要从实际出发，把"人的全面发展"的阶段性目标与终极目标相统一，从实践入手沿着"人的全面发展"方向一步一步超越现实、一步一步接近终极目标。

马克思对资本主义虚幻公共性的批判启示我们不仅要关注社会主义发展过程中生产条件和物质状况，还要关注价值观念、生活领域、生存方式、思维方式等的变革和转型，因为其背后的本质关涉对社会公共性的发展和人的发展关怀，即如何达成真实的共同体以及如何实现人的全面发展。从民族文化角度出发，这"意味着必须将公共性理念作为民族文化获得新生的一种新的构成因子，努力以'公共精神'塑造民族的精神和心理，形成中华民族所应有的新公共人格追求与德性行为规范"①。从教育的角度出发，这又意味着当代大学生思想政治教育应以马克思"自由人联合体"的价值论来培养"公共人"，在教育的过程中始终坚持和保卫思想政治教育的公共性理念，积极搭建一个合理的公共性目标范式，并沿着目标范式框架，培养与时代发展、社会进步相一致的"公共人"，让大学生真正成为中国特色社会主义合格建设者和可靠接班人。

二、搭建大学生思想政治教育"公共人"培养的目标范式

"教育目的里隐含着其理想的新人形象，亦包括其对教育在社会中作用的理解。人的理想形象和教育的理想作用往往是结合在一起的，在某种程度上可以说理想的人的形象是按照其对教育的理想作用的理解来设计的。"②社会历史的发展越来越强调公共性，大学生思想政治教育本身具有公共性，培养"公共人"是大学生思想政治教育公共性的本质要求。当代大学生思想政治教育沿着马克思"自由人联合体"的价值论方向来培养大学生"公共人"，就是要在马克思公共性视域下对"公共人"应有的价值理念、素质品质和行为能力做一个详细而明确的内容设定，这是一个系统的工程，我们需要借助

① 袁祖社．"公共哲学"与当代中国的公共性社会实践 [J]．中国社会科学，2007（3）．

② 陈秉公．思想政治教育学原理 [M]．沈阳：辽宁人民出版社，2000：3．

"范式"的框架来构建。

"范式"一词是由美国科学哲学家托马斯·库恩（Thomas Kuhn）提出来的。库恩在《科学革命的结构》中对"范式"的解释和用法有很多种，后来学者对其进行总结归纳，认为"范式是某一科学共同体在某一专业或学科中所具有的共同信念，这种信念规定了他们的共同的基本观点、基本理论和基本方法，为他们提供了共同的理论模式和解决问题的框架，从而为该科学的一种共同的传统，并为该学科的发展规定了共同的方向"①。从"范式"的内涵中可以看出，"范式"是包含着"处于范式核心的价值要素、处于范式中间结构的规则要素以及联结科学共同体和外部世界的操作要素"三个层面的逻辑统一体②，大学生思想政治教育利用"范式"来构建其公共性目标，不仅有利于厘清"公共人"所涵盖的意义内容的层级关系，而且与马克思的公共性所表达的内涵及其"公共人"理想设定是相一致的。

在马克思看来，公共性不仅仅是一种法律责任和道德要求，它更是人类生存的基本要求，是社会发展的信仰追求，是人全面发展的精神动力。因此，构建大学生思想政治教育的公共性目标范式，不仅可以较为全面地展现公共性的本来内涵，而且有助于当代大学生思想政治教育沿着这样一种范式框架对"公共人"进行全方位的培养。

（一）价值要素：公共精神是"公共人"的首要特质

马克思公共性是一个包括了公共价值、公共利益、公共生活、公共实践等多维立体的内涵范畴，其中，公共价值是公共性最为根本的一个维度，因此，公共人首先必须具有公共价值。对于现代社会而言，公共精神是公共价值的内核。不同的学者从不同的视角对公共精神内涵有不同的阐释，学者们比较认同的是袁祖社提出来的公共精神定义，即"孕育于现代市场经济和公民社会之中，位于最深的基本道德和政治价值层面，以全体公民和社会整体的生存和发展为依归的一种价值取向，它包含着对民主、平等、自由、秩

---

① 张九海. 意识形态的内在结构探析：从库恩的"范式"理论谈起［J］. 上饶师范学院学报，2005（2）.
② 莫春菊. 库恩的"范式转换"理论与行政文化分析［J］. 南京农业大学学报，2006（1）.

序、公共利益和责任等一系列最基本的价值目标的认肯与追求"①。公共精神包含着以下几种意蕴。一是公共精神是时代发展的产物，它与社会形态的演进息息相关，是伴随着市场经济和公民社会的产生而产生的。二是公共精神不仅仅是一种伦理要求和公共美德，它还具有政治价值，它要求人们要以公共精神作为一种政治信仰，并在政治社会化的过程中获得公共精神。三是公共精神体现了一种包含个体性在内的整体性价值取向，它不排除个人发展的价值取向，追求个人发展与社会发展的一致性是公共精神的真正要义。

公共精神的养成，首先要求大学生具有公共意识。公共意识是指独立个体在公共生活中对公共规则、公共关系、公共利益等所具有的一种整体性或总体性的观念意识。"人的主体意识和独立气质构成现代人公共精神的前提。"② 大学生首先要具有公共意识，才会主动关注公共生活中的人与事，才会产生公共协商、公共沟通、公共参与等行动意识，面对公共利益问题上，才会自觉产生公共责任、公共使命等担当意识。其次，要求大学生具有公共关怀。"公共关怀是公共精神在态度层面的体现，是公民对公共利益和价值、公共事物、公共秩序所表现出来的一种自觉关心、关注的态度。"③公共关怀是人的心理、情感对公共事务、公共利益等的一种倾向性关注和关心，体现了一种坚定公共性的立场、一种公共使命的意识担当以及对人类命运的一种终极关切。最后，要求大学生具有公共理性。公共理性是保证公共精神始终在"正轨"的精神力量。公共精神的践行，不是人云亦云，也不是不辨公共性的真伪而盲从之。保有公共理性，意味着大学生能对公共生活进行客观审视和理性关照，并追求公共生活的意义和理想。

公共精神是"公共人"所体现出来的一种精神境界，公共精神的承载、辩护、传递、践行必须由"公共人"来承担。当代大学生要成为"公共人"，首先必须具有公共精神，唯有如此，"才能以公民主体的姿态解读个人—集体、社会—国家、民族—人类、历史—未来的内在关系，认清个人的生命和

---

① 袁祖社．"公共精神"：培育当代民族精神的核心理论维度［J］．北京师范大学学报（社会科学版），2006（1）．
② 路壮志．和谐社会视野下的大学生公共精神塑造［J］．安徽工业大学学报（社会科学版），2009（1）．
③ 路壮志．和谐社会视野下的大学生公共精神塑造［J］．安徽工业大学学报（社会科学版），2009（1）．

使命，从而构建社会主义现代国家公民和世界公民应有的人生价值观、道德观、法制观、国家观和世界观"①，才能理性辨析世界历史的走向，勇于追求社会的正义和承担公共责任，努力营造和谐的公共生活环境，立志做一个为公共利益服务的"公共人"。

（二）规范要素："他者"视角是"公共人"应有的公共伦理

马克思在关于个人利益与整体利益中明确指出："在人类，也象在动植物界一样，种族的利益总是要靠牺牲个体的利益来为自己开辟道路的，其所以会如此，是因为种族的利益同特殊个体的利益相一致。"②这说明了个体性与公共性之间存在着一定的张力，同时又说明了个人与社会之间互生互动。如果对个人与社会关系之间的把握需要放到共同体中进行考察，确保个体性与公共性的平衡则需要"公共人"的创生。马克思的共同体思想认为，个人与社会之间的关系的真实与虚假对应着共同体的真实与虚假，因此，塑造"公共人"必须立足于个人与社会的真实关系中。可见，"公共人"不仅需要自我的创造、还需要在不断地与"他者"进行互创互促中生成。"他者"视角的公共伦理是"公共人"的应有之义。

马克思公共性中的"他者"维度，强调的是一种共在共生的内在性，这正如海德格尔所说："此在的世界是共同世界。'在之中'就是与他人共同存在。"③因此，"他者"的视角，并非简单地一味强调"无私奉献"的"利他主义"，也不是一种"帮助他人是实现自我利益的手段"的"工具主义"和"利己主义"，更不是一种"同情、关爱弱势群体"的"悲悯主义"。"他者"视角，是"以普遍正义、人我共存的道德理念为基础，践履协商共识、宽容开放、关怀尊重等价值原则，促进学生的'他者'意识和关怀意识的提升，从而真正实现对"他者"的人格尊严以及生命存在的关怀和尊重"④。"他者"的视角，必然要求当代大学生具有"他者"的意识、"他者"的立场、"他者"的思维，把"自我"融入"他者"中而成为他人的"他者"。

---

① 吴江生，苏玉菊. 论大学生公共精神的培育［J］. 海南大学学报，2009（4）.

② 马克思，恩格斯. 马克思恩格斯全集：第 26 卷［M］. 北京：人民出版社，1973：125.

③ ［德］海德格尔. 存在与时间［M］. 陈嘉映，等译. 北京：生活·读书·新知三联书店，1987：138.

④ 叶飞. "他者"道德视角与道德教育的"他性"建构［J］. 江苏高教，2012（2）.

从这意义上说，"他者"的视角意味着：一是自我与他者之间是一种和谐的关系，这种和谐关系包括了人与人之间的平等、友爱、诚信、包容、正直等；二是人与社会之间的和谐关系，这种和谐关系包括了社会方面的以人为主体、以人为发展目标，也包括了个体方面的追求社会正义、追求公共善、追求人类终极幸福等；三是共同体内部的和谐共融，这是由前两者作用而产生的共同体的良好运作秩序，个体权利得到尊重和保护，社会整体意识在"他者"意识中得到张扬，共同体日趋真实。

（三）操作要素：公共参与是"公共人"的能力要求

在库恩的"范式"中，价值要素、规范要素需要具有操作要素的实施才能得以实现。这正如马克思所认为，离开实践的公共性都是抽象。公共精神、"他者"视角是属于思想意识和态度立场层面的，如果离开了公共实践，公共精神和"他者"视角都犹如镜中花、水中月。因此，一个真正的"公共人"，不仅具有公共精神、"他者"视角，还应具有公共的行动力——公共参与。当代大学生只有在公共参与中才能彰显公共精神，才能在"他者"视角的公共伦理关系中促进公共性的发展，才能促进自身公共品格和公共能力的完善。

"旁观是异化的个体人的存在方式，行动才是公共人的生活姿态。"①大学生通过公共参与，捍卫和增进公共利益，促进社会公共性的真实发展。公共参与，首先要求大学生积极进行公共交往。公共交往要求大学生面对的对象无论是熟人还是陌生人，是单数的"他"还是复数的"他们"，都应该平等、理性地交往，并在公共交往的过程中，尊重异质不同、尊重多元自由，维护每个参与者的主体性和独立性，在交往中达成共识。公共参与还要求大学生将公共精神转化为实际行动，通过公共行动参与公共生活、参与公共事务，促进公共目标和公共理想的实现。因此，公共参与不是一种简单的"在场式"旁观，而是沉浸式的通过或公共讨论而进行公共表达，或主动地沟通商议而达成公共意见，或通过合作治理而主动地承担公共责任。

三、培养当代大学生"公共人"的总体目标方向

马克思站在历史发展的高度，科学地预测人类必将走向"真实的共同

---

① 李宏亮. 论"公共人"的培育［D］. 南京：南京师范大学，2011：49.

体",在这过程中,人的发展将从"人的依赖"到"物的依赖",最终发展为"自由全面"的人。马克思公共性不是浪漫的理想主义,而是人类发展的理想价值追求,正是这种对人类理想的不懈追求,推动着人类不断向高阶发展。马克思公共性坚持从历史唯物主义的角度阐明人的本质、阐述人的过去历史、现实状况以及未来发展。在现实社会中,依然存在着一种对立异己的力量制约着人的本质发展,因此,要促进人的本质发展,需要社会实践和教育的参与。有学者指出,"教育的本质不在于偏重政治或偏重经济,而在于促进人的全面发展,推动社会的全面进步,进而对整个人类文明起到积极的引导作用"①。对于大学生思想政治教育公共性的构建而言,就是要从人的全面发展角度出发,促进大学生在需要、能力、个性、素质等方面的全面发展,成为自在自为的人。

因此,针对目前社会的公共性状态、人的公共性状况,当代大学生思想政治教育要致力于摈弃"以人的依赖"关系为基础的消极公共性的弊病、克服"以物的依赖"关系为基础的虚幻公共性的弊端。我国生产力的发展不够充分以及历史遗留下来的小农经济文化导致"臣民"心态依然根深蒂固,一部分大学生缺乏独立自主的人格意识;同时,传统公德的缺席导致"各人自扫门前雪,莫管他人瓦上霜"成了惯性,部分大学生"两耳不闻窗外事,一心只读圣贤书",不关心国家大事、社会时事,缺乏公共精神。除了有消极公共性的羁绊,当代大学生还面临着虚幻公共性的束缚。当代社会,"以物的依赖"为基础的异人力量、消极公共性带来了物欲横流、庸俗市侩以及人与人之间的占有式疏离和分裂;追名逐利成了部分大学生的"目标理想",部分大学生放弃远大理想的信念向度,放弃关注公共事务的应有权利,放弃实现公共利益的价值情怀,选择做一名精致的"利己主义者"。当代大学生思想政治教育要清醒地看到消极公共性和虚假公共性给大学生发展所带来的负面影响,并在批判和自我反思中消除对实然的呼应和跟随,按照价值规范和应然状态的逻辑理论不断去除消极公共性和虚假公共性的弊病,着力培养大学生成为名副其实的"公共人"。

"教育与政治之所以同等重要,就在于教育既对于一个共同体的完善的

---

① 周光迅.哲学视野中的高等教育[M].北京:中国海洋大学出版社,2006:155.

关切，也在于对一个人的完善的郑重关切。"①好的教育应该是无论在思想言说还是实践行动上，都是致力于对真实共同体、对真实的公共性的追求；大学生思想政治教育公共性的构建正是应了此意。也就是说，以马克思"自由人联合体"的价值论为永恒的价值追求，培养具有公共精神、"他者"视角、公共参与三位一体的"公共人"，正是大学生思想政治教育对"共同体的完善的关切"和"一个人的完善的郑重关切"。因此，培养"公共人"，是大学生思想政治教育对消极和虚假公共性的一种解构，对真实公共性的一种建构。具体而言，大学生思想政治教育在培养"公共人"的过程中，一是要引导学生树立远大的理想信念，认同共产主义，坚定公共性信仰。大学生思想政治教育在关注人的"个体性"维度的同时，要把重心转移到人的"公共性"维度教育中来，积极引导大学生认识、理解、体悟公共信仰和公共美德的内涵和意义所在，并将其内化为自身的精神动力和实践指引。二是要充分发掘大学生的公共意识，引导大学生勇于承担公共责任。公共意识是破除臣民意识、对抗功利主义的根本，大学生思想政治教育要加强对大学生"人就是人的世界，就是国家，社会"的共同体意识教育②，培养大学生对公共事务关心和公共利益捍卫的主动性和积极性，自觉意识到作为中国特色社会主义的接班人，应主动承担起社会公共责任。三是要促进公共理性发展，推动大学生积极进行公共参与。"公共人"不仅仅是一种价值体现、品德体现，还是一种能力体现。大学生思想政治教育要促进大学生公共理性的生成和发展，让学生学会在公共事务、公共问题、公共舆论面前理性地进行思考、选择、分析、批判和建构；同时，大学生思想政治教育还要通过构筑公共空间、创造公共生活、提供公共平台，以提高学生的公共实践能力。

---

① 金生鈜.为什么需要教育哲学：为教育的应然研究做一个哲学辩护［J］.教育理论与实践，2004（1）.
② 马克思，恩格斯.马克思恩格斯选集：第1卷［M］.北京：人民出版社，1995：1.

第二节　以马克思"共同体"的存在论方式构建
大学生思想政治教育的情境模式

"人创造环境，同样，环境也创造人。"①马克思深刻洞悉到，不同的
"共同体"环境塑造着不同人的公共性状态。在自然共同体中，个体是共同
体的手段并依附于共同体中而没有独立性；在虚假共同体中，人虽然有独立
性，但个体依然是共同体的手段而非目的；在真实的共同体中，人既是共同
体的手段又是共同体的目的，人在真实共同体中独立自由而普遍联系着。
"在前两种共同体形态中，个体被共同体解释；在真实共同体中，共同体被
个体阐明。"②马克思以共同体的视角阐述、审视着人与人之间、人与社会之
间关系的历史流变。由此我们可以推导出，人在现实的关系中要获得认可和
尊重，就应当积极参与、推进共同体的建设，以独立自由的身份自主地参与
公共生活，并通过参与公共生活而获得自我价值的实现。可见，马克思"共
同体"的存在论对于我们思考大学生思想政治教育应当追求什么、应当如何
为之有着重要的启示意义。

"一个共同体的生活方式最重要的是政治或教育把什么东西看作是这个
社会最令人敬重的，最令人值得追求的。"③显然，以马克思"共同体"的存
在论方式来思考我们的大学生思想政治教育，大学生思想政治教育应旗帜鲜
明地追求有德性的卓越的公共生活。高校是大学生思想政治教育的基本主
体，也是大学生思想政治教育的重要载体，更是大学生思想政治教育的主要
情境。"学校教育的目的与使命是以'教育的公共性'作为根本原理，在异
质人们的共同体相互交流的空间里寻求学校教育的形成基础，构筑有助于民
主主义发展的实践的文化的共同体。"④因此，以马克思"共同体"的存在论

---

① 马克思，恩格斯．德意志意识形态 ［M］．北京：人民出版社，2003：36-37.
② 胡业成．马克思共同体思想的研究 ［D］．北京：中共中央党校，2013：49.
③ 金生鈜．为什么需要教育哲学：为教育的应然研究做一个哲学辩护 ［J］．教育理论
与实践，2004（1）.
④ ［日］佐藤学．学习的快乐——走向对话 ［M］．钟启泉，译．北京：教育科学出版
社，2004：102.

方式，要塑造高校的真实共同体，充分彰显高校每一维度的个体性和公共性；对于大学生思想政治教育而言，其既要塑造公共性的多维主体性，建构公共性教育的内容，又要面向现实关系构筑公共生活。

一、塑造高校各主体的公共性维度

"改革开放以来，中国的教育理论发展经历了主体性阶段、主体间性阶段与公共性阶段。"①理论的发展源于社会变迁和时代变化的需要，同时理论的发展需要用来指导实践方能彰显理论效能。

改革开放至今，随着市场经济的发展，人的主体意识逐渐增强，大学生思想政治教育在主体教育中也发挥了重要的作用，肯定了高校的主体性，确立了教师的主体性，确认了大学生的主体性，这无疑对促进大学生的发展迈出了重要的一步。但显然，一味地强调主体性容易造成大学生过分地关注自我、强调自我需要的满足而忽略他人的存在，甚至放弃对"他者"的向度。因此，大学生思想政治教育在主体教育过程中进行反思，开始注重主体间性的教育。主体间性在人与人交往的过程中强调平等、尊重，强调人与人之间在交互共融中异质性共存、多元发展。同样，主体间性也并非是人间最完美的"关系"体现，在这一关系中人可能关心身边的人与事，但不代表关心天下事和人间事。于是随着社会的发展和全球化的凸显，公共性呼之欲出，因此，"教育不仅要弘扬人的主体性，而且要倡导主体间性，矫正过度的个人主体性；不仅要倡导主体间性，而且要培育公共性"②。

马克思认为，在共同体里的每一个人都是独立而特定的个体，同时又是共同体里的一员，是各种社会关系的承担者。共同体里的共生共存性必然要求人不仅具有主体性，还要在自我和他人中实现主体间的交往实践，并为营造共同体的共生共荣而做出努力。正是马克思"共同体"存在论方式决定了当代大学生思想政治教育必然要打破和超越主体与客体的思维模式，塑造主体，塑造主体间性，塑造主体和主体间性的公共性。从更具体和细化的角度出发，当代大学生思想政治教育公共性的构建，必然要求大学生思想政治教

---

① 孙迎光. 从主体性到公共性：教育理论的发展历程［J］. 教育理论与实践，2011（5）.

② 孙迎光. 从主体性到公共性：教育理论的发展历程［J］. 教育理论与实践，2011（5）.

育的主要承担者发挥其主体性，营造和谐共生的理念，弘扬公共性的精神，塑造、培育每一层面的主体公共性。对于高校而言，大学生思想政治教育的主体有三个维度：高校、教师、大学生。

（一）打造高校的公共性精神气质

作为一个整体，高校不仅是大学生思想政治教育的平台和载体，也是重要的主体之一。高校的办学理念和价值取向直接影响大学生思想政治教育的效果。如果学校倾向于重视实用价值和技术主义，那么大学生思想政治教育必然为功利主义所驱动，培养出精致的利己主义者；如果学校倾向于重视意义价值和德性取向，那么大学生思想政治教育必然具有终极性的追求，培养出具有较高人格品位之人。可见，高校的精神气质如何，决定着大学生思想政治教育的价值平台的高度。精神气质是舍勒（Max Scheler）提出的概念，他认为精神气质是"贯穿在历史上每一个人类社会形态的变化之中的价值结构和秩序"①。高校教育的目标反映了国家教育的目标，高校的精神气质体现了国家发展的价值要求，也决定着大学生思想政治教育的基本价值取向。因此，构建大学生思想政治教育公共性，培养大学生"公共性"，理应打造高校的公共性精神气质。

教育不是简单的知识传播和问题的解惑，"学校教育有双重目的：一是造福个人的美好人生和美好生活，二是造福社会追求社会福祉。"②显然，高校的教育目的是维持和优化个体性与公共性张力的平衡，追求实现两者的最优状态。如何实现这种目的？高校作为重要的价值导向者，必须保有公共性精神气质，这首先要体现在大学精神上。"大学精神是大学存在的灵魂"，"是大学存在的状态，是大学的气韵和主题"，"是大学的意义世界"③。因此，打造高校的公共性精神气质，首先要塑造大学生精神的公共性。大学生精神的公共性实质是大学应该破除孤芳自赏和"象牙塔"的场域壁垒，通过对公共价值的澄明和公共精神的引领，倡导包括高校本身、教师、学生在内的所有主体关注社会公共问题、自觉承担公共责任和捍卫公共利益，并在这

---

① ［德］马克斯·舍勒. 舍勒选集：上 ［M］. 刘小枫，选编. 上海：三联书店，1999：468.

② 金生鈜. 教育的多元价值取向与公民培养 ［J］. 教育理论与实践，2000（8）.

③ 孙新. 论大学精神与大学存在：兼论当代中国大学的新精神性 ［J］. 现代教育科学，2013（2）.

过程中实现自我个体性和公共性的真正复归。"大学已成为形成公众普遍认可的价值与秩序规范的主要场所之一"①，大学精神的公共性既是一种对社会价值的引领，也是一种对多元价值观、多元社会利益整合的重要方式。大学精神公共性的塑造，其实质是大学教育在高校文化层面谋求的一种人文意义上的公共性构建。因此，塑造大学精神的公共性，即塑造了一个无形的、意义空间上的大学生思想政治教育的公共情境。

打造高校的公共性精神气质，除了需要大学精神公共性的塑造，还应该具有机制的保障与强化。纵横观之，高校"善治"的治理机制是打造高校的公共性精神气质的制度安排。简而言之，"善治"是一种多元主体进行良好的民主治理的管理模式。"善治"从政府行政层面中被引入到高校，成为高校教育管理中一种适应社会公共性发展需要的管理理念和实践形式。高校"善治"，实质上是引导和推动"教师和学生对学校治理权利的共享，引导教师与学生通过协商、对话、合作以及公民伙伴关系等方式积极参与学校公共事务的管理，从而扩大和提升学校的公共利益，培育学生的更为健全的公民品质"②。高校的"善治"机制既是社会公共性的应有之义，也可以为大学生思想政治教育公共性构建提供制度保障和氛围营造。高校实行"善治"，促使高校成为一个更具有公共品格的公共领域，有助于唤醒大学生的民主意识和治理意识，有助于激发大学生的主人翁意识和责任意识，有助于提升大学生的平等意识和合作意识，有助于更好地培养大学生的公共精神和公共能力，使得学校生活成为大学生真正意义上的公共生活。

（二）塑造教师的公共关怀品质

无论是从本质属性上看，还是从目的要求看，大学生思想政治教育都内蕴着公共性，这必然要求从事大学生思想政治教育的职业者的教育理念和职业精神建立在"公共性"的基础上，并且把这种公共性精神内化为个人的人格品质。作为大学生思想政治教育的主体之一，教师是国家意识形态和社会主流价值观的研究者、阐释者、传播者和实践者，具有思想传播、舆论引领、价值导向等作用，因此，教师是否具有公共意识、公共情怀、公共能力

① 孙新. 论大学精神与大学存在：兼论当代中国大学的新精神性［J］. 现代教育科学，2013（2）.
② 叶飞. "治理"视域下公民教育的实践建构［J］. 教育科学，2014（1）.

等公共关怀品质，直接影响着大学生思想政治教育公共性构建的效果与质量，也直接影响着大学生能否成为与社会发展相契合的"公共人"。

塑造教师的公共关怀品质，首先要确立教师的公共性角色。"如果你想知道一门学科是什么，你首先应该观察的不是这门学科的理论或发现，当然更不是它的辩护士们说了些什么；你应该观察这门学科的实践者们在做些什么。"①大学生思想政治教育的公共性构建，本身就意味着思想政治教育者——教师必然向公共性角色转型。第一，教师应该是公共性思想的代言者。教师不仅要学习公共性知识、理解公共精神，教师本身也要具有公共精神和公共立意，并以身作则坚持不懈地践行公共性思想，在公共空间中表达公共立场、积极传播公共性的思想观念和价值意义。第二，教师应该是公共性思想的阐释者。教师对一些思想观念的理解力和阐释力如何，直接影响着大学生思想政治教育的效力。教师在进行思想政治教育的过程中不是简单地照搬照抄国家一些政策文件以及主要领导的讲话，也不是教条化地对马克思主义理论进行强行的灌输，而是需要通过教学话语的转变，在教与学的互动中，引起大学生对公共性的关注，或引经据典、或结合现实的公共性问题，生动、深刻地阐释马克思及马克思主义公共性思想，引发大学生对公共性事务和公共性问题的关注与思考。第三，教师应该是"公共人"的主要培养者。教师的公共关怀品质从根本上体现为把致力于培养当代大学生为"公共人"作为自己的第一要务和重要使命。教师不仅要关注学生私德的培养，更要关注公德的培育，引导大学生在个体性和公共性的发展上实现有机的统一，真正"担负起'专业化的学科使命与公共化的伦理责任'"②。

塑造教师的公共关怀品质，除了要确立公共性角色外，教师还应具有公共情怀和公共能力。"作为文科教育者，他的政治职责就是不断地将个人困扰转换为公共论题，并将公众论题转换为它们对各种类型个体的人文上的意义。"③ 教师要具有强烈的公共情怀，这必然要求教师要超越自身狭隘的私

① [美] 克利福德·格尔兹. 文化的解释 [M]. 韩莉，译. 南京：译林出版社，1999：6.
② 邓纯余. 基于专业发展的思想政治教育者角色论析 [J]. 中南民族大学学报（人文社会科学版），2014（5）.
③ [美] 米尔斯. 社会学的想象力 [M]. 陈强，等译. 北京：生活·读书·新知三联书店，2005：203.

人生活，作为一名公知分子的身份存在于公共生活中，从关注自身的利益转向关注公共利益和真实共同体的形成；不仅自身积极投身于公共事业，也积极引导学生走进公共生活。在学校的公共空间里，教师要注重与学生形成一种多元主体的伙伴交往关系，师生在互动交往中共同生成公共意识，共创学校的公共生活。教师还要具有较强的公共能力，不仅要在知识体系上坚持和学习马克思公共性思想和马克思主义公共性理论，通过专业化、职业化、专家化的道路提升知识水平、提高专业眼界、拓宽思想境界，还要运用马克思公共性思想进行社会的公共实践，"以清醒的学术眼光和鲜明的政治立场介入公共生活，自觉担纲公共利益的守护人、公共活动的组织者和公共论坛的发言人，在自身的价值实现和专业价值的创造过程中，展现出一名卓越的马克思主义者应有的领袖气质、人格风范和公众形象"①。

（三）培育大学生的公共性人格

大学生思想政治教育另一个重要主体是大学生。肯定大学生的主体性，说明了大学生能自主地把外在的要求转化为内在的自觉。在此基础上，大学生思想政治教育要积极培养大学生的公共性人格。亚里士多德认为，"人一出生便装备有武器，这就是卓越和德性……人一旦毫无德性，那么他就会变成最邪恶残暴的动物"②。对于大学生而言，要明确知识和能力以及价值观对人的发展具有不同的功能，但缺一不可，厚此薄彼都会带来发展的片面和畸形。对公共性诸如爱国主义、集体主义、公共道德、公共秩序的要求不能仅仅看成是一种客观责任和法律义务，它更应该是一种正确的人生观、价值观，是一种充满正能量的精神动力和信仰追求。

因此，对于大学生公共性人格的培育，大学生思想政治教育应该做出以下几种努力。第一，积极引导大学生主动培养公共道德敏感性，主动践行公共道德行为规范，从而生成具有公共精神、公共伦理和公共情感等的公共性价值观。第二，积极引导大学生自觉地站在公共生活的角度观察、分析社会问题，主动关注公共事件、理性对待社会舆论、积极参与公共生活，为公共

---

① 邓纯余. 基于专业发展的思想政治教育者角色论析［J］. 中南民族大学学报（人文社会科学版），2014（5）.

② ［古希腊］亚里士多德. 政治学［M］. 颜一，秦典华，译. 北京：中国人民大学出版社，2003：5.

利益的实现主动承担公共责任。第三，积极引导大学生对各种意识形态保持清醒的认识和时刻的警惕，对国家主流意识形态要有深刻的认知和自觉的认同，并内化于心而产生政治共识，为有序、有效地参与公共政治打下基础。第四，积极引导大学生适当地参与一些政治活动，在实践中获得沟通对话、合作协商等能力。关注公共生活、认同主流意识形态，还需要用实际行动去体验。引导大学生主动去观摩、参与一些政治会议、政治活动，到基层去实习锻炼，这样有助于大学生了解我国的政治生态，提高公共参与意识，习得公共素养和公共能力。

二、构建"真实的公共性"教育内容

大学生思想政治教育的内容是大学生思想政治教育目标的具体化。综观新中国成立以来我国思想政治教育的内容，曾走过两个极端：一是围绕着"大公无私"的传统集体主义教育，这种教育导致个人被忽视而异化为工具，并严重依附于绝对的集体里；二是围绕着"注重个体发展"的个人主义教育，这种教育因放弃了公共性维度的追求而成了单向度的人。无论哪一种教育，其本质都是在撕裂个体性与公共性的张力与合力，都导致大学生无法自觉自为地追求自由自在的公共生活。

教育要回归其本质，必然要求教育内容的转向和改变。大学生思想政治教育内容的确定，不是在于有关国家意识和个人意识哪方面优先的选择性问题，而是如何促进人与社会的有机联系、推动人与社会的共同发展的问题。马克思在区分虚假共同体与真实共同体中指出："从前各个人所组成的那种虚构的集体，总是作为某种独立的东西而使自己与各个个人对立起来，由于这种集体是一个阶级反对另一个阶级的联合，因此，对于被支配的阶级来说，它不仅是完全虚幻的集体而且是新的桎梏。在真实的集体的条件下，各个个人在自己的联合中并通过这种联合获得自由。"①因此，大学生思想政治教育绝对不是一种个人成功学，也不是国家钳制个人思想的软武器；大学生思想政治教育的功能和作用在于调节国家、社会发展需要与个人发展需要的冲突与矛盾，力促大学生自身发展与社会发展要求相吻合，通过马克思主义

---

① 马克思，恩格斯. 马克思恩格斯选集：第 1 卷［M］. 北京：人民出版社，1995：82.

教育弥补现实人的状态与理想"公共人"之间的差距,从而促成大学生公共品质的养成,促进真实共同体的形成与发展。

大学生思想政治教育公共性在教育内容的建构上,必须坚持以马克思的公共性思想为指导,秉承优良传统公共文化,借鉴西方先进的公共理念,赓续现代公共思想薪火,围绕人与社会、人与人之间如何达成公共共识、形成良好公共关系来设计内容。具体而言,大学生思想政治教育要在以下三方面着力建构公共性教育的内容。

第一,共同体生活的教育。共生共存是当今人们生存生活的主要方式,原子式的个体存在、精致的利己主义、竞争性的个人主义等已日益暴露其消极的一面,不能适应人类共同体的发展需要。大学生思想政治教育不能也不应该鼓励学生为追求更高的学业成就而放弃了道德上、精神上的自我追求,这样不仅加深了大学生因自我封闭而孤独存在,也会导致大学生患上对他人、对社会的公共冷漠症。长此以往,大学生将会因丧失公共关怀能力而被社会所淘汰,被共同体所排斥。因此,大学生思想政治教育必须构建共同体生活的教育内容,让大学生了解什么是共同体的真实生活、共同体生活的意义在哪、如何促进优良共同体生活的形成等。国际 21 世纪教育委员会向联合国教科文组织提交的报告《教育——财富蕴藏其中》,指出要把学会共同生活作为当代教育的重要内容之一,"教育的使命是教育学生懂得人类的多样性,同时还要教他们认识地球上的所有人之间具有相似性又是相互依存的"①。共同体生活的教育,至少包括道德伦理方面的关爱宽容他人的教育、团结合作的教育、诚实守信的教育、社会责任感的教育等,以及法律思维方面的权利义务的教育、自由平等的教育、民主法治的教育、公平公正的教育等。

第二,公共思维的培养。马克思共同体思想的论述为大学生思想政治教育在处理人与社会、人与人之间的关系问题上提供了一个"多元的、立体的、关系的"思维方式,这种"关系型"思维即公共思维;相应地,大学生思想政治教育也要培养具有公共思维的大学生。公共思维是一种超越"以关注自我为中心""简单的二元线性关系"的思维模式,是一种从人类的整体

---

① 联合国教科文组织. 教育:财富蕴藏其中 [M]. 联合国教科文组织总部中文科,译. 北京:教育科学出版社,1995:83.

价值和公共福祉来把握人生意义与生活取向的思维方式。从宏观层面上看，经济的全球化、政治的多极化、文化的多元化、社会的复杂化都要求大学生必须有公共思维，才能以总体性的方法对复杂的公共问题进行辨析；从微观方面上看，公共生活逐渐增多、公共空间不断凸显、公共交往不断扩大，必然要求大学生具有充足的公共意识，善于运用公共思维思考、解决公共问题；从公共福祉的角度看，大学生思想政治教育不仅在于促进个人的发展，还要促进国家公共利益的实现，甚至是促进整个人类公共利益的实现，因此"天下"框架必然要求大学生必须有公共思维。

第三，人文精神和理性精神的培植。当消费主义、功利主义、实用主义、享乐主义等充斥着整个社会时，当教育主要倾向于培育追求功名利禄的"经济人"时，部分大学生就会丧失追求高尚精神生活的愿景，丧失追求公共道德的动力，丧失追求人文关怀的气质。人文教育，"在于培养人的独立价值与自由精神，在于培养人的宽阔视野和人文情怀，在于开拓心性，在于培育作为公共生活的公民的公共价值观和公共理性精神，培养公民的公共美德，实现人的理性、德性和个人的优秀"①。因此，大学生思想政治教育通过人文教育，能够帮助大学生摆脱被经济价值所标准化和模式化的目标追求，转而关注人之为人的精神存在，让人有尊严地生存着并进行独立创造，让每一个个体都觉得自己有价值，对他人、对社会有价值。理性精神同样不可或缺。传统大学生思想政治教育更多地采用灌输而非启发式的教育，这样的教育理念和方式往往难以培养出具有理性精神的学生。在通常情况下，缺乏理性精神的大学生对复杂事物难以进行有效的判断、分析，只好盲从或屈服于外在力量，从而导致迷恋狂热以及虚无主义的产生。"理性之所以重要，首先不在于它是哲学的对象或理想，而在于它是人生的需要。"②"一个理性的人是追求生活意义和理想的人，并且把自己的生活意义和价值的实现与基于美好生活的普世价值联系起来……他不仅对自己也对他人的生活具有一种价值的承担，对社群的公共生活有着伦理的责任。"③可见，培养理性精神，有助于大学生明确对价值目的的追求，形成自我负责、自我反省、自我治理的优良品质，并在公共生活里，能够自由、平等、尊敬地对待他人，能自主地

① 金生鈜. 保卫教育的公共性［M］. 福州：福建教育出版社，2008：122.
② 张汝伦. 历史与实践［M］. 上海：上海人民出版社，1995：319.
③ 金生鈜. 保卫教育的公共性［M］. 福州：福建教育出版社，2008：122.

对公共事务进行关照和治理。可以说，理性精神与人文精神是"公共人"最基本的品质。

三、打造公共性教育的"生活化"

虽然大学生思想政治教育主要是从事"理念""价值""意识形态"等精神层面的教育和实践工作，但无论是大学生思想政治教育的目的还是内容和方法，都不能脱离生活世界。从生活化的视角来考察，大学生思想政治教育本身就是生活中的一项实践活动。任何脱离生活世界的大学生思想政治教育活动都必然导致思想政治教育与人本身之间的断裂、老师与学生之间的疏远以及大学生与社会之间的疏离。生活世界是思想政治教育的一个重要视角，尽管马克思没有明确提出"生活世界"的概念和内涵，但马克思在阐述其公共性思想过程中，特别强调"日常生活""现实生活"等，马克思指出："无论思想或语言都不能独自组成特殊王国，它们只是现实生活的表现。"①"马克思自始至终把生活世界作为其哲学的源泉、基础和出发点，以此关注和研究生活世界与整个世界，研究生活世界中'现实的个人'，从而真正实现了哲学史上的伟大变革。"② 因此，马克思共同体中的"生活化"理论与思想是当代大学生思想政治教育公共性教育"生活化"的理论基础。

（一）大学生思想政治教育的生活化

我国著名教育家陶行知明确反对教育脱离生活，认为"没有生活做中心的教育是死教育。没有生活做中心的学校是死学校"③。脱离现实生活的集体主义教育是虚假的公共教育，脱离现实生活的知识化、工具化的灌输方式是背离教育本质的。思想政治教育的生活化，从根本上说就是思想政治教育的反空洞化、反抽象化和反虚无化，即思想政治教育要从现实生活出发，关注生活的多样化，关切个人发展的多样化，关心社会公共性的真实发展。

大学生思想政治教育的生活化，首先要关注生活世界中现实的鲜活的个人。马克思指出："意识在任何时候都只能是被意识到了的存在，而人们的

---

① 马克思，恩格斯. 德意志意识形态［M］. 北京：人民出版社，2003：122.
② 陈飞. 回归生活世界：思想政治教育研究的一个视角［M］. 北京：人民出版社，2014：39.
③ 陶行知. 生活即教育［M］. 上海：东方出版社，1996：150.

存在就是他们的现实生活过程。"①也就是说,人的存在与现实生活是一个统一体,思想政治教育是做人的工作,其必然要求思想政治教育要关注生活。一方面,大学生思想政治教育要深入学生的生活实际了解学生、关爱学生,以学生个体生活质量的提高、素质能力的发展为目标;另一方面,大学生思想政治教育要参与生活、改变生活,通过创造生活、提升生活来扬弃现实生活中对人的束缚,积极构建有利于大学生发展的生活世界。第二,要关注人的实际生活利益诉求。这表明大学生思想政治教育要从实际生活出发关注大学生的现实需要,关注大学生的利益诉求,引导大学生对物质利益合理追求,并在追求物质利益的过程中加强对学生精神价值性的引导,确保大学生能得到内外和谐的发展。第三,要面向总体性的生活化。大学生思想政治教育总体性的生活化有两层含义。一是空间上的集合体,即大学生思想政治教育生活化并不仅仅是面向大学生个体的具体生活,还面向由所有个体所组成的社会生活。"个体是社会存在物。因此,他的生命表现,即使不采取共同的、同他人一起完成的生命表现这种直接方式,也是社会生活的表现和确证。"②大学生思想政治教育要关注社会生活,关注公共生活,从公共生活中把握人的维度。二是时间上的延展性。"从生活世界观照思想政治教育活动,其根本意义不在于它为思想政治教育提供了一个已经存在的现实社会,而在于它为思想政治教育奠定了价值追求的根基,指明思想政治教育的奋斗方向和目标。"③思想政治教育生活化不仅仅要立足于现实生活,还要具有追求公共生活的精神气质和责任担当去超越生活、追寻卓越生活。

(二)大学生思想政治教育公共性构建是生活世界与意义世界的联结

马克思指出:"个人怎样表现自己的生活,他们自己就是怎样的。"④生活世界是人的存在之域,任何人都要通过生活世界观看他人、反观自己;同

---

① 马克思,恩格斯.马克思恩格斯选集:第1卷 [M].北京:人民出版社,1995:72.

② 马克思.1844年经济学哲学手稿 [M].北京:人民出版社,2000:84.

③ 陈飞.回归生活世界:思想政治教育研究的一个视角 [M].北京:人民出版社,2014:210.

④ 马克思,恩格斯.马克思恩格斯选集:第1卷 [M].北京:人民出版社,1995:67.

时，马克思认为生活世界不是一成不变的，"全部社会生活在本质上是实践的"①，因此，"生活世界塑造人自身，是人的自我生成之域"②。马克思公共性的"生活化"观启迪我们，要高度关注人的生存生活环境，从人的现实生活出发，又不拘泥于现实生活地创造更适合人类生存和发展的新生活世界。

"与日常生活和现实需要无关的教育解决不了我们现在的任何问题，也不会将青年与充满希望和前景的未来相联系。"③作为一种精神领域的生产实践活动，大学生思想政治教育要立足于生活世界，才能关注到现实的具体的人，才能触摸到大学生的精神困顿和真实需要，才能通过"微小叙事"洞察到大学生的内心世界，进而引导其精神灵魂的成长。传统哲学关于"公共性"的理解多是彼岸世界的、形而上的、纯粹精神世界的逻辑范畴，马克思的"生活化"理论既是一种指向"现实的人"的思潮，也是一种关于人类历史公共性发展的思想。对于思想政治教育公共性而言，生活化的视角和路径给予了大学生思想政治教育公共性意蕴着一种新的阐释，构建大学生思想政治教育公共性的"生活化"，蕴含着大学生思想政治教育对人的公共性境遇的实践自觉、对塑造大学生"公共人"充满了信心与期待。

与其说公共性是高大上的精神价值，不如说公共性是接地气的现实生活。思想政治教育公共性构建既指向现实世界，也超越现实世界而指向意义世界，是一项如何通过公共性方面的教育把意义世界变为现实世界的生活实践工作。可见，大学生思想政治教育公共性的构建不是一味地迎合现实生活，而是引导大学生在认清现实生活之后仍然热爱生活，明确自己要做什么样的人、过什么样的生活，并在反思中努力改造现实生活，追求美好生活。

（三）构建面向公共生活的大学生思想政治教育公共性

大学生思想政治教育必须走向生活化才有可能取得事半功倍的效果。许多学者从思想政治教育中的"主体、目标、内容、方法、客体"五要素中的一些或全部要素提出了大学生思想政治教育生活化的实现途径。对于大学生

---

① 马克思，恩格斯. 马克思恩格斯选集：第 1 卷［M］. 北京：人民出版社，1995：60.

② 陈飞. 回归生活世界：思想政治教育研究的一个视角［M］. 北京：人民出版社，2014：56.

③ 潘运军，陶然. 公民教育：思想政治教育转型的指向［J］. 前沿，2012（21）.

思想政治教育公共性的生活化，除了要做到思想政治教育各要素的生活化之外，重点还在于大学生思想政治教育公共性的构建要充分关注公共生活，借助公共生活平台培养"公共人"。

第一，关注公共生活空间，构筑大学生思想政治教育公共性的实践体系。公共生活是当今人类社会生活的重要组成部分，没有任何一个人能置身事外、独善其身。公共生活的良性运转，需要具有公共精神、公共伦理和公共能力的人参与到公共生活中，共筑美好的公共生活；而良好的公共生活能够成就人与人之间的良好公共交往，促进公共利益的实现，并为个人的发展提供良好的公共平台。可见，公共生活和个人发展是双向互动的，大学生思想政治教育不能脱离生活世界，大学生思想政治教育公共性构建不能疏离公共生活。如果远离了公共生活，公共性只会成为一种外在的口号、僵硬的言语；即使书本知识对"公共人"的描绘有多么严谨和富有逻辑，脱离公共生活的大学生思想政治教育也无法培养出"公共人"来。因此，大学生思想政治教育不仅要生活化，还要植根于公共生活中，直面公共生活的种种问题，密切关注公共生活的热点，并积极构建以应对公共生活的公共性教育实践体系。也就是说，大学生思想政治教育要引导大学生不仅走近公共生活，更要走进公共生活，让大学生体验公共生活，体会公共生活对个人的道德伦理、个人素质能力的要求，从而引导大学生认同公共生活，主动自觉获取公共交往、公共参与的公共品质与公共能力，推动公共生活的和谐发展。

第二，打造学校公共生活，营造学校公共文化氛围。尽管社会的公共领域不断在扩大，但对于大学生而言，主要的活动场域在学校，因此，打造学校的公共生活，营造学校公共文化氛围是构建面向生活化的大学生思想政治教育公共性的主要途径。学校生活有着天然而成的公共成分，但作为真正的公共生活，学校因其场地空间和对象范围等的限制还不能完全称得上是"公共生活"。可以说，"学校公共生活是一种'准公共生活'，是一种以培育学生公共性为目标的'教育公共生活'，是师生自觉建构的'好的公共生活'"。①从这个意义上讲，学校公共生活的塑造不是简单地模仿或机械照搬社会公共生活，而是抓住公共生活的核心要义和基本要求，形成一系列公共

---

① 冯建军. 论学校教育作为公共生活［J］. 华东师范大学学报（教育科学版），2014（3）.

性主题生活教育，让"公共生活"成为学校的一种新常态。具体来说，大学生思想政治教育不能单纯在理念内容、技术方法上做有关公共性思想的革新，更为重要的是，"必须让公共空间、公共生活成为思想政治教育的新的存在方式"①，通过打造学校的公共生活，营造公共文化氛围，努力让大学生适应公共生活中的秩序规则，确立公共生活的交往观念，养成一种公共参与的习惯，为日后大学生踏入社会公共生活做充分的准备。

第三节　以马克思"公共实践"的方法论创设公共性教育实践之路

马克思指出："一切社会生活在本质上都是实践的。"②人在实践中生成，在实践中表达自我、创造自我，同时通过实践实现人与社会的双向互动，从而促进人类公共性不断向前发展。可见，公共性是一种精神与信念，是一种素养和能力，更是一种践行力。公共性是人和社会的基本属性，但它不是道德的约定随俗，也不是法律的成文规定，它必须通过实践而得以凸显。大学生思想政治教育是人类的一种实践活动，大学生思想政治教育必然要走向公共性实践之路。从马克思"公共实践"方法论来看，我们可以从课程教学、社会实践和校园文化三个方面进行构建，创设出大学生思想政治教育公共性的实践之路。

一、课堂教育：公共性教育融入课程教学中

课堂学习是大学生获取科学文化知识的基本平台，也是大学生思想政治教育的主渠道和主阵地。对于高校而言，"教书"与"育人"是紧密结合在一起的，高校除了教授大学生生存和发展的知识与技能外，还应该培养学生良好的道德品质和公共素养。杜威说："每一门学科、每一种教学方法、学

---

① 戴锐. 思想政治教育的公共化转型［J］. 马克思主义与现实，2013（1）.
② 马克思，恩格斯. 马克思恩格斯选集：第 1 卷［M］. 北京：人民出版社，1995：54.

校中的每一偶发事件都孕育着培养道德的可能性。"①2004 年，国务院在《中共中央国务院关于进一步加强和改进大学生思想政治教育的意见》中明确提出："要把思想政治教育融入到大学生专业学习的各个环节，渗透到教学、科研和社会服务各个方面。要深入发掘各类课程的思想政治教育资源，在传授专业知识过程中加强思想政治教育，使学生在学习科学文化知识过程中，自觉加强思想道德修养，提高政治觉悟。"文件强调，在知识教育的过程中要始终突出育人的功能，提高个人素质修养和完善人格个性。"教书育人"是教师基本职责，教师在教授知识和技能的过程中，要贯之以"育人"功能。因此，在专业课程教学过程中，我们要摒弃片面的"实用主义论"和"价值虚无论"，坚持"文"与"道"的结合，以文载道，把知识学习、能力培养和公共性价值观培育融为一体。教师在教学过程中要树立公共立场的教育思维，站在公共生活的维度思考教育与现实生活的关系，站在公共利益的视域把握教育需要解决的根本问题，引导学生做出正确的价值判断和选择，在平衡个人生活福祉和公共福祉之间关系的过程中学会关心人间、人事、人心。

当然，思想政治教育课程（下面简称"思政课"）主要承担着落实立德树人的根本任务。大学生思想政治教育的公共性构建，对于思政课而言就是要在教学中加大对公共性的教育。苏霍姆林斯基说："一个真正的教育者，善于使用知识来唤醒信念的生命，使他要播种真理种子的那块土地恢复生命力。他善于使一个人在对知识采取一定的态度的同时，就已经开始以实际行动对待世界，使他在对待知识的态度中积极地表现出他的世界观立场来。"②"思政课"理应是公共价值观传播最有效的载体，"思政课"教师理应是公共讨论的主导者以及公共事件和公共价值观的阐释者和践行者，但从目前的教学实际看，课堂上抽象的理论与原则灌输与现实的公共生活相隔甚远，生硬的说教难以有效地培育具有公共性向度的人。因此，"思政课"要具有更高的公共立意，把学生公共德行的培养作为教育的主要目标；教师应该利用第一课堂这样的载体，用思想学术塑造课堂知识领袖，讨论把握思潮脉搏和公

---

① ［美］杜威．学校与社会：明日之学校［M］．赵祥麟，等译．北京：人民教育出版社，1994：164.

② ［苏联］苏霍姆林斯基．关于全面发展教育的问题［M］．王家驹，译．长沙：湖南教育出版社，1984：59.

共事件使得学生习得公共素养，通过课程训练和交流培养学生理性言说的方式①。具体而言，"思政课"在内容教学上要具有公共视域，加强教学内容与现实公共生活的关联性，以实时的公共事件和鲜活的公共生活为阐释点，引导学生站在公共立意上思考、表达自己对这些公共问题的看法，鼓励学生对一些公共事件或公共问题提出质疑和批判，学以致用，让学生从中习得公共素养，也获得判断、解决公共事件的能力；开创课堂讨论交流互动平台，并通过平等对话、自由讨论、理性协商、自主选择等形式促进大学生关注公共舆论的形成，体验公共交往的价值秩序，从而自主生成公共理性和公共精神。在教学方式上，独白式的教育是远远不够的，还需要通过情景互动等方式让大学生习得理性判断的技能和在公共场域有效表达的技能。

特别值得一提的是，"思政课"课堂上的教学并不是师生之间的"闭门造车"，公共性的教育必须是"请进来"和"走出去"的联动。"走出去"就是我们下面要谈到的"社会实践"；至于"请进来"，目前的教育教学方式似乎主要是以个别讲座的形式呈现，偶然性和不连贯性使得"请进来"教育收效甚微。这需要让"请进来"成为一种新常态，即定期地邀请社会上相关的专家学者、公共事务（服务）从业人员走进校园、走进课堂，通过课堂教学、专题报告会、座谈会、研讨会等多种形式让学生真切地了解到外面的公共生活，理解公共生活对于自己、他人、社会的意义。2015年，中共中央组织部、中共中央宣传部、教育部联合出台了《关于领导干部上讲台开展思想政治教育的意见》（教思政〔2015〕4号）文件，文件指出："领导干部上讲台，有利于青年学生从'顶层设计'的高度了解国情、党情、社情、民情，有利于青年学生全面正确地理解党的路线、方针、政策，有利于青年学生坚定信仰，增强社会责任感，成为中国特色社会主义建设者和接班人。"文件明确要求领导干部上讲台要制度化、常态化，并规定了授课的主要任务包括中国梦、社会主义核心价值观等公共理念，"四个全面""五位一体"等相关的党和国家的重大公共政策，以及国际关系、世界重大事件等世界历史范围内的公共关系和公共事务等内容。可见，"请进来"的专家学者与在校教师不同，他们的视角是基于躬亲实践而形成的，这必然有利于学生更好地了解

---

① 金林南. 思想政治教育学科范式的哲学沉思［M］. 南京：江苏人民出版社，2013：308.

党和国家的公共政策、更鲜活地感知公共生活。

二、情景实践：多途径助推大学生参与社会实践

"纸上谈兵"远远无法"感同身受"。"学校思想政治教育课程教学尽管仍是思想政治教育的重要路径，但其意义主要在于基础性，而从关键性、紧迫性层面看，思想政治教育的主渠道、主阵地必须转移到公共空间和公共生活中，通过引导人们的公共生活实现对人的公共性品质的培养。"①因此，大学生思想政治教育要高度重视实践，通过制度的设计和活动的安排，使得大学生社会实践常态化，让大学生通过社会实践走进公共生活和公共空间，亲身体验各种公共活动的意义，探索各种公共问题和社会生活现象，寻绎问题和现象背后的本质以及意义，从而培养自己的公共关怀品质，锻炼自己的公共行动力。

社会实践是沟通学校与社会的主要桥梁，是大学生践行"公共性"的基本方式。从高校主体层面来看，要推动大学生的社会实践，必须从制度机制上予以保障，大力支持学生的社会实践活动，并积极主动与社区、相关单位部门共建实践基地、合作开发实践项目，打造可持续发展的实践公共空间，解决学生"不知道去哪参加社会实践"的问题。从教师主体层面看，教师要主动担任大学生社会实践的指导老师，在学生进行社会实践中进行全程的指导、监督、管理和教育，对于学生遇到的困难要及时解决、学生提出的疑惑要及时反馈，解决学生"不知道如何进行社会实践"的问题。从学生主体层面看，要主动参与社会实践，亲自体验公共生活和公共交往以提升自己的公共意识、公共德性、公共理性以及公共参与能力等，破除"两耳不闻窗外事，一心只读圣贤书"的负面形象。

大学生社会实践的主要形式有社会调研、公共事务参与、志愿服务等。第一，社会调研的实践活动。社会调研，主要是指大学生利用自己所学专业知识聚焦社会的热点问题，走进社会、走进千家万户、走到个体身边实地调查社会现状，反映真相、洞察问题、提出意见和建议。社会调研是引发大学生思考社会公共性问题的重要实践活动，他们以语言和文字为中介，对社会公共问题进行理性探讨、认真反思、客观批判、深入分析，提出见解。或许

---

① 戴锐. 思想政治教育的公共化转型［J］. 马克思主义与现实，2013（1）.

见解不一定会被采纳或者起作用，但这过程中提升了学生的公共理性分析能力。第二，公共事务参与的实践活动。公共事务参与主要是指大学生通过参与社会、服务社会的方式，包括参与社区的建设与服务、到政府及相关部门挂职锻炼、参与或旁听一些相关公共政策的听证会等，了解公共生活的运行规则，了解公共生活对公民参与的素质能力要求，通过服务参与学会如何与人沟通和合作，从而提升自身的公共精神、锤炼公共品质，获得处理公共事务的技能。第三，志愿服务的实践活动。可以说，志愿服务是一种向善的公共实践，志愿服务本身就体现了对公共责任的担当和公共美德的秉承。因此，大学生志愿服务的实践活动，既是把公共意识转化为公共行动，同时又是把公共行动内化为公共意志，并最终培养出稳定的公共性品质。

三、文化建设：提升校园文化的公共立意

校园文化是大学生思想政治教育的重要抓手，提升校园文化的公共立意，对大学生公共性品质的培养具有重要意义。这里的校园文化，不是单纯的校园文化活动，它还包括了一种物质实体上所呈现出来的文化意蕴，学校教育管理机制中体现出来的文化内涵。塑造具有公共性内涵的校园文化，能使大学生在"润物细无声"中自觉产生公共意识，明确树立公共价值观，并积极践行公共性。

第一，塑造公共文化空间，传播公共理念。高校要以共在共存、共识共享为核心理念塑造校园公共文化空间，积极营造具有公共意蕴的校园文化氛围。通过把教室、活动室等变为实体的公共场域，把校园网站、学校微信、微博公众账号等变为无形的公共场域等，打造校园公共环境，创建校园学习共同体、社团共同体、活动共同体等，让大学生对校园中的每一处空间、每一件设施都感知到公共性的文化味道。除了在硬件上塑造公共文化空间，大学生思想政治教育还应该充分利用这些公共文化空间传播公共理念。大学生思想政治教育要充分利用宣传栏、广播站、校园电视台、报纸、学校各种网络媒体等进行公共理念的宣传，倡导学生关注公共事务，表达学校在"公共人"培养上的价值方向和文化理念，使得学生在无形中褪去个体化、功利化的价值取向，自觉接受公共精神并转化为自身的价值追求，积极参与学校的校园文化建设。

第二，开展系列公共性主题校园文化活动。校园文化活动是大学生喜闻

乐见的教育形式，它寓教于乐，吸引了大部分学生的热情参与。把公共性教育融入校园文化活动中，能让学生更容易接受公共性理念。因此，在校园文化的设计上，大学生思想政治教育要在传统的歌舞、征文、朗诵等活动的基础上，结合社会热点事件，设计一些具有思辨性的公共话题，设置一些学生感兴趣的、关切自身利益的公共活动，如辩论会、小型沙龙、交流会等。同时，校园文化活动不能只是学生的自娱自乐，师生的互动更有助于公共性主题校园文化活动取得预设的效果。因此，教师要积极参与学生校园文化活动，在活动过程中与学生做真诚的交流，把握时代的思潮脉搏并善于引导学生理性地分析社会思潮的多元化，通过批判的引导、理性的建构，帮助学生澄清是非价值观；教师还要有能力进行公共言说并身体力行践行公共性，引导学生增强对公共事件的关注度和理性辨识能力，从而潜移默化地影响学生将公共性理念内化为内在的价值观。

　　第三，创建师生共同治校的民主机制和学生社团自治的运行机制。首先要明确学生在高校中始终是处于主体的地位，让学生参与管理学校而不仅仅是被学校管理，是培养学生独立自主、提升公共参与能力的重要途径。因此，高校在进行公共决策中要把学生纳入民主讨论、民主决策的主体中来，通过学生代表大会、座谈会、听证会等形式让学生参与到学校的管理和决策中来，从而培育学生的民主意识和公共参与精神。同样，作为"基于共同的兴趣或共同的目标而组成"，有着"民主决策、共同管理、学生自治"等公共组织特征的学生社团①，是大学生进行公共交往的重要平台。大学生在社团自治的过程中，要秉持平等对话、交流协商、民主决策的公共原则，既彼此独立又相互合作，共同管理、完成社团的目标。通过参与师生共同治校和学生社团自治的公共实践活动，进一步培养大学生公共交往的素养，提升大学生的公共实践能力。

---

① 叶飞. 学校公民教育的公共生活策略 [J]. 湖南师范大学教育科学学报，2012（5）.

余　论

培养世界历史的"公共人"

马克思坚称，历史将向世界历史转变，公共性将朝着共产主义阶段发展，"共产主义革命将不是仅仅一个国家的革命，而是将在一切文明国家里……它是世界性的革命，所以将有世界性的活动场所"①。马克思认为资本主义开启了历史向世界历史的转变，但资本主义不可克服的痼疾和矛盾使其并不具有"生产力普遍发展"的前提和"世界普遍交往"的特征，因此，资本主义虚幻公共性并不是世界历史发展的最终归宿。在马克思看来，"各个人的世界历史性的存在，也就是与世界历史直接联系的各个人的存在"②，而"每一个单个人的解放程度是与历史完全转变为世界历史的程度一致的"③，"无产阶级只有在世界历史意义上才能存在，就像共产主义——它的事业——只有作为'世界历史性的'存在才有可能实现一样"④。也就是说，人是一种世界历史范围的公共性存在，世界历史发展的根本旨意指向产生世界性的、普遍联系的个人，个人自由全面发展程度与世界历史发展的程度是同步的。因此，"马克思把共产主义的实现作为世界历史发展的最深层次的理想追求"⑤。从这个意义上看，马克思公共性思想兼具了历史发展的向度

---

① 马克思，恩格斯．马克思恩格斯选集：第 1 卷［M］．北京：人民出版社，1995：241.

② 马克思，恩格斯．马克思恩格斯选集：第 1 卷［M］．北京：人民出版社，1995：87.

③ 马克思，恩格斯．马克思恩格斯选集：第 1 卷［M］．北京：人民出版社，1995：89.

④ 马克思，恩格斯．马克思恩格斯选集：第 1 卷［M］．北京：人民出版社，1995：87.

⑤ 贾英健．公共性视域：马克思哲学的当代阐释［M］．北京：人民出版社，2009：357.

和价值追求的向度，两者相互关联和牵涉，共同指向世界历史的本质——培养世界历史的"公共人"。

马克思虽然没有提及"全球化"的概念，但当我们从马克思世界历史的思想中去观察当代生活世界，从当前的世界公共生活来反观社会的公共性状态时，人类拥有一个"共同的世界"这样的事实已然越来越清晰。这种世界共在的事实呈现出两个截然相反的层面。第一层面：人类超越国界范围内的公共实践正在不断展开。世界上几乎所有的国家都在全球化的进程中与其他国家进行着政治、经济、文化的交往，各种世界性的、区域性的政治组织、经济组织、文化组织等在全球性的公共事务中发挥着越来越重要的作用，各种跨国公司遍布全球，交通的迅猛发展、信息技术的革命使得世界各国人民的交往空前扩大。第二层面：越来越多的世界性公共问题已超出一个或者几个国家的能力范围之内。随着全球化的扩展，恐怖主义、生态危机、饥饿贫困等公共问题不断地在全球性中扩大与蔓延，这些世界性问题必须通过各国联盟才能得以解决。从反向的角度来看，世界公共性问题促进了人们对公共生活困境的思考，也促进了人类的进一步合作与交往。无疑，在全球化背景下，世界历史所表现出来的"类"本质日益凸显，"类"的公共性日益彰显。这意味着人类将不断超越国家、民族、地域的限制把自我与整个世界关联起来，"漫漫求索"人类真实共同体的发展路径。

毫不夸张地说，"马克思幽灵"在全球化时代才散发出其巨大的思想魅力。全球化是当今世界的重要特征之一，全球化是劳动实践和交往实践发展所带来的历史效应。如何在世界大型的公共领域、公共空间中与他国进行平等的交往、对话和合作，如何在分歧、差异、争端中始终坚守社会主义制度，如何在文化冲突以及多元理念共存中坚持国家主流意识形态？这是我们必须要面对并解决的问题。马克思在论述世界历史思想过程中，始终将人置于世界历史的主体地位，指出世界历史是人创造的，世界史就是人的实践活动史。因此，"人本身的未来这个问题在一系列其他全球性问题之中具有独特的地位，并且它是一个中心，是所有这些问题所组成的整个体系的集合点"①。从马克思的世界历史思想中，我们窥探到马克思不仅对"世界公民"

① ［苏联］H. T. 弗罗洛夫. 人的前景［M］. 王思斌，译. 北京：中国社会科学出版社，1989：108.

做出一种期待,还对"世界公民"的公共性品质做了规定。尽管我们的历史远未完全地转化为世界历史,我们的时代尚未实现"生产力的普遍发展",我们的公共性远未摆脱"物"的依赖,但在当代,任何一个国家都不可能脱离世界而存在,人与世界已然是个有机体,谋合作共发展是世界的主题。

党的十八大报告中指出,我们"要倡导人类命运共同体意识,在追求本国利益时兼顾他国合理关切,在谋求本国发展中促进各国共同发展"。自十八大以来,习近平在联合国、G20峰会等多个场合阐述了人类命运共同体的理念和思想,展示了中国在推进人类命运共同体构建中的不懈努力,为构建包容、和谐、美好的大同世界贡献了中国智慧和中国方案。2017年,习近平在党的十九大报告中开宗明义地指出:"中国共产党始终把为人类做出新的更大的贡献作为自己的使命",并对人类命运共同体做出了明确具体的内涵阐释,即建设"持久和平、普遍安全、共同繁荣、开放包容、清洁美丽"的世界。作为一个以实现共产主义为目标的社会主义国家,作为一个倡导"求同存异"的负责任大国,在国际这个公共大舞台上,中国始终坚持运用马克思公共性的"世界历史"思想指导中国外交实践,积极开展对话合作,尊重不同国家的合理利益诉求,谋求世界的公平与正义,维护世界的和平发展秩序。此外,中国始终坚持以马克思的人类解放理论为指导,坚定不移地推动人类命运共同体的构建,坚定不移地为实现共产主义事业而奋斗。

因此,当代大学生思想政治教育应该具有世界历史的发展眼光和宽广的心胸气量,以马克思世界性的公共性理想为价值追求,以人类命运共同体构建为具体目标,研究和关注类主体在世界中的共在、共生、共发展,在坚持国家主流意识形态的同时,摒弃狭隘的民族主义和地域限制,立足全球,着力培养大学生世界公民意识、全球意识、世界视野,培养大学生处理国际事务所需的公共性品质,培养大学生世界性的公共情怀,勇于承担世界赋予的公共责任,促进中国与世界的和谐发展,推动人类命运共同体的构建。

同时,当代大学生思想政治教育要以世界历史发展的气度和视野,以永恒的时间维度去把握"天下",去考虑当代人、下一代人甚至更多代人的公共利益和公共福祉。唯有如此,大学生思想政治教育才能在世界历史的进程中培养出世界历史的"公共人",尽管这是一个长期的历史过程。

主要参考文献

一、著作文献

1. 马克思，恩格斯. 马克思恩格斯全集：第 1 卷 ［M］. 北京：人民出版社，1995.

2. 马克思，恩格斯. 马克思恩格斯全集：第 2 卷 ［M］. 北京：人民出版社，1995.

3. 马克思，恩格斯. 马克思恩格斯全集：第 3 卷 ［M］. 北京：人民出版社，2002.

4. 马克思，恩格斯. 马克思恩格斯全集：第 3 卷 ［M］. 北京：人民出版社，1995.

5. 马克思，恩格斯. 马克思恩格斯全集：第 4 卷 ［M］. 北京：人民出版社，1995.

6. 马克思，恩格斯. 马克思恩格斯全集：第 10 卷 ［M］. 北京：人民出版社，1998.

7. 马克思，恩格斯. 马克思恩格斯全集：第 30 卷 ［M］. 北京：人民出版社，1995.

8. 马克思，恩格斯. 马克思恩格斯全集：第 39 卷 ［M］. 北京：人民出版社，1995.

9. 马克思，恩格斯. 马克思恩格斯选集：第 1 卷 ［M］. 北京：人民出版社，1995.

10. 马克思，恩格斯. 马克思恩格斯选集：第 4 卷 ［M］. 北京：人民出版社，1995.

11. 马克思，恩格斯．马克思恩格斯文集：第 1 卷［M］．北京：人民出版社，2009.

12. 马克思，恩格斯．马克思恩格斯文集：第 5 卷［M］．北京：人民出版社，2009.

13. 马克思．1844 年经济学哲学手稿［M］．北京：人民出版社，2000.

14. 马克思．资本论：第 3 卷［M］．北京：人民出版社，2004.

15. 马克思，恩格斯．德意志意识形态［M］．节选本，北京：人民出版社，2003.

16. 毛泽东．毛泽东选集：第 2 卷［M］．北京：人民出版社，1991.

17. 毛泽东．毛泽东选集：第 3 卷［M］．北京：人民出版社，1991.

18. 毛泽东．毛泽东选集：第 4 卷［M］．北京：人民出版社，1991.

19. 毛泽东．毛泽东文集：第 6 卷［M］．北京：人民出版社，1999.

20. 毛泽东．毛泽东文集：第 7 卷［M］．北京：人民出版社，1999.

21. 毛泽东．毛泽东论教育革命［M］．北京：人民出版社，1967.

22. 邓小平．邓小平文选：第 3 卷［M］．北京：人民出版社，1993.

23. 江泽民．江泽民文选：第 3 卷［M］．北京：人民出版社，2006.

24. ［德］康德．历史理性批判文集［M］．北京：商务印书馆，2005.

25. ［德］黑格尔．法哲学原理［M］．北京：商务印书馆，1961.

26. ［古希腊］亚里士多德．政治学［M］．吴鹏寿，译．北京：商务印书馆，1963.

27. ［法］莫里斯·迪韦尔热．政治社会学：政治学要素［M］．杨祖功，等译．北京：华夏出版社，1987.

28. 杨仁忠．公共领域论［M］．北京：人民出版社，2009.

29. ［美］罗尔斯．政治自由主义［M］．万俊人，译．南京：译林出版社，2000.

30. ［加］菲利普·汉森．汉娜·阿伦特：历史、政治与公民身份［M］．刘佳林，译．南京：江苏人民出版社，2007.

31. ［德］哈贝马斯．在事实与规范之间［M］．童世骏，译．北京：生活·读书·新知三联书店，2003.

32. ［德］哈贝马斯．公共领域的结构转型［M］．曹卫东，译．上海：学林出版社，1999.

33. 曹鹏飞．公共性理论研究［M］．北京：党建读物出版社，2006.

34.［美］弗里德里克森．公共行政的精神［M］．张成福，等译．北京：中国人民大学出版社，2003.

35. 张康之，李传军．公共行政学［M］．北京：北京大学出版社，2007.

36. 夏铸久．公共空间［M］．台北：台北艺术家出版社，1994.

37. 张成福，党秀云．公共管理学［M］．北京：中国人民大学出版社，2007.

38.［美］古尔德．马克思的社会本体论：马克思社会实在理论中的个性和共同体［M］．王虎学，译．北京：北京师范大学出版社，2009.

39.［德］海德格尔．存在与时间［M］．陈嘉映，等译．上海：三联书店，1987.

40.［意］托马斯．阿奎那．阿奎那政治著作选［M］．马清奎，译．北京：商务印书馆，1963.

41.［德］汉娜·阿伦特．马克思与西方政治思想传统［M］．孙传钊，译．南京：江苏人民出版社，2006.

42. 贾英健．公共性视域：马克思哲学的当代阐释［M］．北京：人民出版社，2009.

43.［匈牙利］卢卡奇．历史与阶级意识［M］．杜章智，任立，燕宏远，译．北京：商务印书馆，1996.

44. 郭湛．社会公共性研究［M］．北京：人民出版社，2009.

45. 胡群英．社会共同体公共性建构［M］．北京：知识产权出版社，2011.

46. 金林南．思想政治教育学科范式的哲学沉思［M］．南京：江苏人民出版社，2013.

47. 张耀灿，徐志远．现代思想政治教育学科论［M］．武汉：湖北人民出版社，2003.

48. 张耀灿，等．思想政治教育学前沿［M］．北京：人民出版社，2006.

49. 高平叔．蔡元培教育论著选［M］．北京：人民教育出版社，1991。

50. 顾友仁．中国传统文化与思想政治教育的创新［M］．芜湖：安徽师范大学出版社，2011.

51. 张耀灿，陈万柏. 思想政治教育学基本原理［M］. 北京：高等教育出版社，2001.

52. 廖加林. 现代公民社会的道德基础［M］. 长沙：湖南大学出版社，2006.

53. 白显良. 思想政治教育的马克思主义理论基础研究［M］. 北京：人民出版社，2014.

54. 周茜蓉，程金生. 走向历史的深处：思想政治教育基本问题研究［M］. 南昌：江西人民出版社，2006.

55. 许奇贤. 中国共产党思想政治教育史［M］. 北京：人民出版社，1999.

56. 中共中央宣传部. 毛泽东邓小平江泽民论思想政治工作［M］. 北京：学习出版社，2000.

57. 王新生. 市民社会论［M］. 南宁：广西人民出版社，2003.

58. 黄济，王策三. 现代教育论［M］. 北京：人民教育出版社，1996.

59. 苗力田. 亚里士多德全集：第九卷［M］. 北京：中国人民大学出版社，1997.

60. ［英］齐格蒙特·鲍曼. 寻找政治［M］. 洪涛，周顺，郭台辉，译. 上海：上海世纪出版社，2006.

61. 鲁洁. 道德教育的当代论域［M］. 北京：人民出版社，2005.

62. ［美］赫伯特·金迪斯，萨缪·鲍尔斯. 人类的趋社会性及其研究［M］. 汪丁丁，叶航，罗卫东，译. 上海：上海人民出版社，2006.

63. ［法］萨特. 存在主义是一种人道主义［M］. 周煦良，汤永宽，译. 上海：上海译文出版社，1988.

64. 邹诗鹏. 生存论研究［M］. 上海：上海人民出版社，2005.

65. 贺来. 辩证法的生存论基础［M］. 北京：中国人民大学出版社，2004.

66. 俞吾金. 实践诠释学［M］. 昆明：云南人民出版社，2001.

67. 陆杰荣. 形而上学与境界［M］. 北京：中国社会科学出版社，2006.

68. 唐汉卫. 生活道德教育论［M］. 北京：教育科学出版社，2005.

69. 杜时忠. 德育十论［M］. 哈尔滨：黑龙江教育出版社，2003.

70. 陈秉公. 思想政治教育学原理［M］. 沈阳：辽宁人民出版社，2000.

71. 孟繁华. 学校发展论［M］. 北京：教育科学出版社，2011.

72. ［美］拉思斯. 价值与教学［M］. 谭松贤，译. 杭州：浙江教育出版社，2003.

73. 李合亮. 思想政治教育探本：关于其起源及本质的研究［M］. 北京：人民出版社，2007.

74. ［美］列文森. 儒教中国及其现代命运［M］. 郑大华，任菁，译. 北京：中国社会科学出版社，2001.

75. ［英］安东尼·吉登斯. 现代性与自我认同［M］. 赵旭东，方文，王铭铭，译. 北京：生活·读书·新知三联书店，1998.

76. 陈弱水. 中国历史上"公"的观念及其现代变形：一个类型的与整体的考查［M］//公共意识与中国文化. 北京：新星出版社，2006.

77. 樊改霞. 教育与公共性：公共教育的现代性转型［M］. 福州：福建教育出版社，2012.

78. 李佑新. 走出现代性道德困境［M］. 北京：人民出版社，2006.

79. 李劲. 公民社会与社会层级结构重塑［M］. 北京：中国社会出版社，2012.

80. 俞可平. 民主与陀螺［M］. 北京：北京大学出版社，2006.

81. 梁漱溟. 中国文化要义［M］. 上海：学林出版社，1987.

82. 兰久富. 社会转型时期的价值冲突［M］. 北京：北京师范大学出版社，1999.

83. ［加］查尔斯·泰勒. 现代性之隐忧［M］. 程炼，译. 北京：中央编译出版社，2001.

84. 周光迅. 哲学视野中的高等教育［M］. 青岛：中国海洋大学出版社，2006.

85. ［美］克利福德·格尔兹. 文化的解释［M］. 韩莉，译. 南京：译林出版社，1999.

86. ［美］米尔斯. 社会学的想象力［M］. 陈强，等译. 北京：生活·读书·新知三联书店，2005.

87. 联合国教科文组织. 教育: 财富蕴藏其中 [M]. 联合国教科文组织总部中文科, 译. 北京: 教育科学出版社, 2001.

88. 金生鈜. 保卫教育的公共性 [M]. 福州: 福建教育出版社, 2008.

89. 张汝伦. 历史与实践 [M]. 上海: 上海人民出版社, 1995.

90. 陈飞. 回归生活世界: 思想政治教育研究的一个视角 [M]. 北京: 人民出版社, 2014.

91. [苏联] 苏霍姆林斯基. 关于全面发展教育的问题 [M]. 王家驹, 译. 长沙: 湖南教育出版社, 1984.

二、期刊文献

1. 李江凌. 全球化与思想政治教育价值观的建构 [J]. 思想政治工作研究, 2007 (10).

2. 刘云林. 交叉学科视野下的思想政治教育研究 [J]. 学校党建与思想教育, 2011 (32).

3. 张莉华. "唯物史观视野中的公共性问题" 理论研讨会综述 [J]. 思想理论教育导刊, 2009 (9).

4. 袁祖社. 全球化与市场社会 "公共生活" 合理性的理性审视与价值吁求: 现代 "公共哲学" 的理论背景、实践旨趣及其含义识辨 [J]. 哲学动态, 2004 (3).

5. 张康之. 论 "公共性" 及其在公共行政中的实现 [J]. 东南学术, 2005 (1).

6. 袁祖社. 公共性实践的逻辑与人类自我造就和自为拥有的意义结构: 现实个人的自主活动与马克思社群共同体的理想 [J]. 河北学刊, 2007 (2).

7. 周志山, 冯波. 马克思社会关系理论的公共性意蕴 [J]. 马克思主义与现实, 2011 (4).

8. 张翀. 马克思公共性思想的政治哲学意蕴及其当代价值 [J]. 理论探讨, 2010 (6).

9. 杨仁忠, 任滢. 马克思人的发展思想的公共性向度 [J]. 吉首大学学报 (社会科学版), 2012 (3).

10. 刘东丽. 公共性: 马克思思想的原初阐释 [J]. 延边大学学报 (社

会科学版)，2011 (2)．

　　11. 袁玉立．公共性：走进我们生活的哲学范畴——马克思主义哲学的一个新视点 [J]．学术界，2005 (5)．

　　12. 蒋卓晔，时立荣．马克思的公共性思想与当代中国社会建设 [J]．科学社会主义，2014 (2)．

　　13. 刘义强，刘镭．论马克思的政府公共性理念 [J]．中南民族大学学报 (人文社会科学版)，2011 (2)．

　　14. 王同新，傅慧芳．论马克思恩格斯公共性思想对空想社会主义的继承与发展 [J]．中共福建省委党校学报，2010 (9)．

　　15. 崔丽娜．马克思交往实践的公共性意蕴 [J]．哈尔滨市委党校学报，2013 (6)．

　　16. 丰子义．公共性：马克思哲学创新的新视域——评《公共性视域：马克思哲学的当代阐释》[J]．东岳论丛，2010 (5)．

　　17. 夏庆波．论公共性视域中的思想政治教育 [J]．思想教育研究，2009 (6)．

　　18. 王永益．思想政治教育的公共性和差别性考察 [J]．求实，2012 (11)．

　　19. 戴锐．思想政治教育的公共化转型 [J]．马克思主义与现实，2013 (1)．

　　20. 赖纯胜．论思想政治教育的公共性转型 [J]．学术论坛，2014 (4)．

　　21. 蔡青竹．公共性理论研究的缘起与现状：兼论马克思的公共性思想 [J]．学术界，2014 (9)．

　　22. 袁祖社．公共性真实：当代马克思主义哲学范式转换的基点 [J]．河北学刊，2008 (4)．

　　23. 贾英健．社会关系的实践基础及共同体的价值追求：马克思社会观的精神实质及公共性意蕴 [J]．东岳论丛，2009 (3)．

　　24. 邵发军．马克思的共同体思想的阶段性问题研究 [J]．社会主义研究，2011 (2)．

　　25. 孙其昂．关于思想政治教育本质的探讨 [J]．南京师范大学学报 (社会科学版)，2002 (5)．

26. 陈志华. 坚持思想政治教育的本质属性：政治性与科学性的有机统一 [J]. 理论与改革，2006（5）.

27. 郭金哲，孙世庆. 试论当前思想政治教育理论创新要求 [J]. 沧州师范专科学校学报，2004（2）.

28. 曾德生. 复杂性：当代思想政治教育的新趋势 [J]. 求实，2010（2）.

29. 吴江生，苏玉菊. 论大学生公共精神的培育 [J]. 海南大学学报，2009（4）.

30. 刘秀华. 当代大学生马克思主义价值观教育的文化公共性审视 [J]. 思想教育研究，2008（6）.

31. 侯勇. 论思想政治教育公共性困境与公共化转型 [J]. 理论与改革，2015（4）.

32. 殷学东. 建构思想政治教育的学术家园：评《思想政治教育学科范式的哲学沉思》[J]. 江苏大学学报（社会科学版），2013（6）.

33. 贾英健. 公共性的出场与马克思哲学创新的当代视域 [J]. 湖南社会科学，2008（4）.

34. 乔春梅，李敏. 哈贝马斯对马克思自由观的承继 [J]. 求索，2013（9）.

35. 金林南. 论思想政治教育的公共性 [J]. 思想理论教育，2012（15）.

36. 沈壮海. 推进思想政治教育学科建设的思考 [J]. 思想理论教育，2006（6）.

37. 李雅兴. 论"三个代表"重要思想的内在活力 [J]. 前沿，2005（7）.

38. 王前. "视域"的认识论意义 [J]. 哲学研究，2011（11）.

39. 胡群英，郭湛. 哲学视野下公共性的历史生成与转换 [J]. 理论导刊，2010（8）.

40. 陈红桂. 论人的社会化及其对思想政治教育的意义 [J]. 理论与改革，2003（4）.

41. 金生鈜. 公共价值教育何以必要 [J]. 华中师范大学学报（人文社会科学版），2010（4）.

42. 金生鈜. 道德教育与公共理性的发展［J］. 现代教育论丛, 2002 (6).

43. 董德刚. 马克思主义哲学方法论概要［J］. 学术研究, 2008 (10).

44. 孙迎光. 马克思的总体性思想: 开启当代教育问题域的哲学视野［J］. 南京社会科学, 2012 (2).

45. 沈湘平. 马克思对方法论个人主义与整体主义的超越［J］. 浙江社会科学, 2008 (1).

46. 李思民. 问题意识的理论阐释［J］. 哈尔滨学院学报, 2002 (1).

47. 张理海, 魏宽勇. 论马克思主义哲学的 "问题意识": 从发展马克思主义哲学的角度［J］. 西安政治学院学报. 1999 (10).

48. 臧峰宇. 重建公共性: 从历史走向未来——读郭湛主编《社会公共性研究》［J］. 哲学动态, 2010 (1).

49. 金生鈜. 无立场的教育学思维: 关怀人间、人事、人心［J］. 华东师范大学学报 (教育科学版), 2006 (3).

50. 赵义良. 思维范式转换与马克思哲学变革的实质［J］. 辽宁师范大学学报, 2006 (2).

51. 张志勇. 马克思哲学思维范式的历史纬度探析［J］. 延边大学学报 (社会科学版), 2008 (4).

52. 邹广文, 臧峰宇. 中性智慧的思维旨趣与实践向度［J］. 文史哲, 2009 (1).

53. 沈壮海. 论思想政治教育理论研究的新范式与新形态［J］. 思想理论教育导刊, 2007 (2).

54. 臧峰宇. 当代共同体的中性智慧与实践反思［J］. 党政干部学刊, 2011 (11).

55. 石兰月. 对我国教育目的及其在实施中异化的思考［J］. 郑州大学学报, 2010 (1).

56. 叶澜. 试论当代中国教育价值取向之偏差［J］. 教育研究. 1989 (8).

57. 赵联, 孙福平. 试论我国的教育目的及其完善［J］. 江西社会科学, 2010 (8).

58. 扈中平. 教育目的应定位于培养"人"[J]. 北京大学教育评论, 2004 (7).

59. 李辽宁, 闻燕华. 公共管理视域中思想政治教育的伦理意蕴: 兼谈对思想政治教育本质的再思考 [J]. 思想理论教育, 2008 (5).

60. 常江, 胡海波. 论"为政以人"的政治哲学精神: 马克思主义中国化的政治哲学观 [J]. 东北师大学报 (哲学社会科学版), 2009 (2).

61. 袁祖社. "公共哲学"与当代中国的公共性社会实践 [J]. 中国社会科学, 2007 (3).

62. 冯建军. 公民社会认同教育: 重建公民社会共同体——兼论公民社会认同危机 [J]. 教育研究与实验, 2014 (2).

63. 金生鈜. 保卫教育的公共性 [J]. 教育研究与实验, 2007 (3).

64. 沈湘平. 公共性视野中的普世价值 [J]. 河北学刊, 2010 (9).

65. 许纪霖. 近代中国的公共领域: 形态、功能与自我理解——以上海为例 [J]. 史林, 2003 (2).

66. 贾英健, 肖蓉. 公共性与和谐社会的构建 [J]. 东岳论丛, 2012 (1).

67. 汪业周. 公民社会的意蕴、维度及当代中国语境 [J]. 广西社会科学, 2007 (2).

68. 冯建军. 教育转型·人的转型·公民教育 [J]. 高等教育研究, 2012 (4).

69. 孙迎光. 从主体性到公共性: 教育理论的发展历程 [J]. 教育理论与实践, 2011 (13).

70. 刘鑫淼. 试论马克思主义意识形态的公共性品质 [J]. 长白学刊, 2007 (4).

71. 张茂聪. 教育公共性的理论分析 [J]. 教育研究, 2010 (6).

72. 王同新. 论中国特色社会主义理论体系的公共性品质 [J]. 社科纵横, 2010 (7).

73. 金生鈜. 为什么需要教育哲学: 为教育的应然研究做一个哲学辩护 [J]. 教育理论与实践, 2004 (1).

74. 张九海. 意识形态的内在结构探析: 从库恩的"范式"理论谈起 [J]. 上饶师范学院学报, 2005 (2).

75. 袁祖社.“公共精神”：培育当代民族精神的核心理论维度 [J].北京师范大学学报（社会科学版），2006（1）.

76. 路壮志.和谐社会视野下的大学生公共精神塑造 [J].安徽工业大学学报（社会科学版），2009（1）.

77. 叶飞.“他者”道德视角与道德教育的“他性”建构 [J].江苏高教，2012（2）.

78. 金生鈜.教育的多元价值取向与公民培养 [J].教育理论与实践，2000（8）.

79. 孙新.论大学精神与大学存在：兼论当代中国大学的新精神性 [J].现代教育科学，2013（2）.

80. 叶飞.“治理”视域下公民教育的实践建构 [J].教育科学，2014（1）.

81. 邓纯余.基于专业发展的思想政治教育者角色论析 [J].中南民族大学学报（人文社会科学版），2014（5）.

82. 潘运军，陶然.公民教育：思想政治教育转型的指向 [J].前沿，2012（21）.

83. 冯建军.论学校教育作为公共生活 [J].华东师范大学学报（教育科学版），2014（3）.

84. 叶飞.学校公民教育的公共生活策略 [J].湖南师范大学教育科学学报，2012（5）.

三、外文资料

1. LIPPMANN W. The Phantom Public [M]. New York：Mike Milan Press，1927.

2. TAYLOR C. Philosophy and the Human Sciences：Philosophy Papers [M]. Cambridge：Cambridge University Press，1985.

3. CRITTENDEN J. Beyond Individualism：Reconstituting the Liberal Self [M]. Oxford：Oxford University Press，1992.

4. PAREKH B. Marx's Theory of Ideology [M]. London：Croom Helm，1982.

四、学位论文

1. 董晓丽. 哈贝马斯政治公共领域思想研究：马克思公共性思想的视角 [D]. 沈阳：辽宁大学，2014.

2. 卞绍斌. 现代性视域中的马克思"社会"概念 [D]. 长春：吉林大学，2008.

3. 汪倩倩. 思想政治教育视域下的公民意识教育研究 [D]. 苏州：苏州大学，2014.

4. 李宏亮. 论"公共人"的培育 [D]. 南京：南京师范大学，2011.

5. 褚凤英. 活动视野中的思想政治教育 [D]. 武汉：华中师范大学，2005.

6. 陈章龙. 社会转型时期的价值冲突与主导价值观的确立 [D]. 南京：南京师范大学，2005.